INFÂNCIA

INFÂNCIA
GRACILIANO RAMOS

54ª edição

A única edição autorizada pelo
Instituto Graciliano Ramos,
que reverte parte dos direitos autorais à
ONG Innocence Project Brasil.

2025

CIP-BRASIL. CATALOGAÇÃO NA PUBLICAÇÃO
SINDICATO NACIONAL DOS EDITORES DE LIVROS, RJ

R143i
54. ed.
Ramos, Graciliano, 1892-1953
Infância / Graciliano Ramos. – 54. ed. – Rio de Janeiro:
Record, 2025.

ISBN 978-85-01-11951-3

1. Ramos, Graciliano, 1892-1953 – Infância e juventude.
2. Escritores brasileiros – Biografia. I. Título.

20-62429
CDD: 928.69
CDU: 929:821.134.3(81)

Meri Gleice Rodrigues de Souza – Bibliotecária CRB-7/6439

Copyright © by herdeiros de Graciliano Ramos | http://www.graciliano.com.br

Todos os direitos reservados. Proibida a reprodução, armazenamento ou transmissão de partes deste livro, através de quaisquer meios, sem prévia autorização por escrito.

Texto revisado segundo o Acordo Ortográfico da Língua Portuguesa de 1990.

Direitos exclusivos desta edição reservados pela
EDITORA RECORD LTDA.
Rua Argentina, 171 – Rio de Janeiro, RJ – 20921-380 – Tel.: (21) 2585-2000.

Impresso no Brasil

ISBN 978-85-01-11951-3

Seja um leitor preferencial Record.
Cadastre-se no site www.record.com.br
e receba informações sobre nossos
lançamentos e nossas promoções.

Atendimento e venda direta ao leitor:
sac@record.com.br

SUMÁRIO

Nuvens 7

Manhã 21

Verão 29

Um cinturão 35

Uma bebedeira 41

Chegada à vila 47

A vila 53

Vida nova 63

Padre João Inácio 69

O fim do mundo 77

O inferno 83

O moleque José 89

Um incêndio 97

José da Luz 105

Leitura 115

Escola 123

D. Maria 131

O barão de Macaúbas 141

Meu avô 147

Cegueira 155

Chico Brabo 163

José Leonardo 171

Minha irmã natural 177
Antônio Vale 187
Mudança 191
Adelaide 195
Um enterro 203
Um novo professor 209
Um intervalo 215
Os astrônomos 223
Samuel Smiles 229
O menino da mata e o seu cão Piloto 235
Fernando 241
Jerônimo Barreto 247
Venta-Romba 255
Mário Venâncio 263
Seu Ramiro 271
A criança infeliz 277
Laura 285
Posfácio 295
Vida e obra de Graciliano Ramos 311

NUVENS

A primeira coisa que guardei na memória foi um vaso de louça vidrada, cheio de pitombas, escondido atrás de uma porta. Ignoro onde o vi, quando o vi, e se uma parte do caso remoto não desaguasse noutro posterior, julgá-lo-ia sonho. Talvez nem me recorde bem do vaso: é possível que a imagem, brilhante e esguia, permaneça por eu a ter comunicado a pessoas que a confirmaram. Assim, não conservo a lembrança de uma alfaia esquisita, mas a reprodução dela, corroborada por indivíduos que lhe fixaram o conteúdo e a forma. De qualquer modo a aparição deve ter sido real. Inculcaram-me nesse tempo a noção de pitombas — e as pitombas me serviram para designar todos os objetos esféricos. Depois me explicaram que a generalização era um erro, e isto me perturbou.

Houve uma segunda aberta entre as nuvens espessas que me cobriam: percebi muitas caras, palavras insensatas. Que idade teria eu? Pelas contas de minha mãe, andava em dois ou três anos. A recordação de uma hora ou de alguns minutos longínquos não me faz supor que a minha cabeça fosse boa. Não. Era, tanto quanto posso imaginar, bastante ordinária. Creio que se tornou uma péssima cabeça. Mas daquela hora antiga, daqueles minutos, lembro-me perfeitamente.

Achava-me numa vasta sala, de paredes sujas. Com certeza não era vasta, como presumi: visitei outras semelhantes, bem mesquinhas. Contudo pareceu-me enorme. Defronte alargava-se um pátio, enorme também, e no fim do pátio cresciam árvores enormes, carregadas de pitombas. Alguém mudou as pitombas em laranjas. Não gostei da correção: laranjas, provavelmente já vistas, nada significavam.

A sala estava cheia de gente. Um velho de barbas longas dominava uma negra mesa, e diversos meninos, em bancos sem encostos, seguravam folhas de papel e esgoelavam-se:

— Um *b* com um *a* — *b*, *a*: *ba*; um *b* com um *e* — *b*, *e*: *be*.

Assim por diante, até *u*. Em escolas primárias da roça ouvi cantarem a soletração de várias maneiras. Nenhuma como aquela, e a toada única, as letras e as pitombas convencem-me de que a sala, as árvores, transformadas em laranjeiras, os bancos, a mesa, o professor e os alunos existiram. Tudo é bem nítido, muito mais nítido que o vaso. Em pé, junto ao barbado, uma grande moça, que para o futuro adquiriu os traços de minha irmã natural, tinha nas mãos um folheto e gemia:

— A, B, C, D, E.

De repente me senti longe, num fundo de casa, mas ignoro de que jeito me levaram para lá, quem me levou. Dois ou três vultos desceram ao quintal, de terra vermelha molhada, alguém escorregou, abriu no chão um risco profundo. Mandaram-me descer também. Resisti: o degrau que me separava do terreiro era alto demais para as minhas pernas. Transportaram-me — e adormeci, não cheguei a pisar no barro vermelho. Acordei numa espécie de cozinha, sob um teto baixo, de palha, entre homens que vestiam camisas brancas. Um deles perguntou como se havia de assar o bacalhau e outro respondeu:

— Faz-se um grajau de madeira.

Grajau? Que seria grajau? Tornei a mergulhar no sono, um sono extenso.

Disseram-me depois que a escola nos servira de pouso numa viagem. Tínhamos deixado a cidadezinha onde vivíamos, em Alagoas, e entrávamos no sertão de Pernambuco, eu, meu pai, minha mãe, duas irmãs. Mas pai e mãe, entidades próximas e dominadoras, as duas irmãs, uma natural, mais velha que eu, a outra legítima, direita, dois anos mais nova, eram manchas paradas. Positivamente havia pitombas e um vaso de louça, esguio, oculto atrás de um móvel a que a experiência deu o nome de porta. Surgiram repentinamente a sala espaçosa, o velho, as crianças, a moça, bancos, mesa, árvores, sujeitos de camisas brancas. E sons estranhos também surgiram: letras, sílabas, palavras misteriosas. Nada mais.

E a hibernação continuou, inércia raramente perturbada por estremecimentos que me aparecem hoje como rasgões num tecido negro. Passam através desses rasgões figuras indecisas: Amaro vaqueiro, caboclo triste, encourado num gibão roto; sinha Leopoldina, companheira dele, vistosa na chita cor de sangue; mulheres que fumavam cachimbo. Mais vivo que todos, avulta um rapagão aprumado e forte, de olhos claros, risonho. Calçava alpercatas, vestia a camisa branca de algodão que usa o sertanejo pobre do Nordeste, áspera, encardida, ordinariamente desabotoada, as pontas das aberturas laterais presas em dois nós. Chamava-se José Baía e tornou-se meu amigo, com barulho, exclamações, onomatopeias e gargalhadas sonoras. Sentado, escanchava-me nas pernas e sacudia-me, sapateava, imitando o galope de um cavalo; em pé, segurava-me os braços, punha-se a rodopiar, cantando:

> *Eu nasci de sete meses,*
> *Fui criado sem mamar.*
> *Bebi leite de cem vacas*
> *Na porteira do curral.*

Quando me soltava, eu cambaleava, zonzo. Um dia, livre dos giros vertiginosos, saí aos tombos, esbarrei com um esteio e ganhei um calombo grosso na testa.

Datam desse tempo as minhas mais antigas recordações do ambiente onde me desenvolvi como um pequeno animal. Até então algumas pessoas, ou fragmentos de pessoas, tinham-se manifestado, mas para bem dizer viviam fora do espaço. Começaram pouco a pouco a localizar-se, o que me transtornou. Apareceram lugares imprecisos, e entre eles não havia continuidade. Pontos nebulosos, ilhas esboçando-se no universo vazio.

A cabeçada valente que dei, solto das garras de José Baía, firmou o copiar, sustentado por colunas robustas, de aroeira ou sucupira. Ali perto era a sala, de janelas sempre fechadas, armas de fogo e instrumentos agrícolas pelos cantos, arreios suspensos em ganchos, teias de aranha, a rede segura em armadores de pau, grosseiros caixões verdes, depósitos de cereais, se não me engano. No corredor desembocavam camarinhas cheias de treva e a sala de jantar. A cozinha desapareceu, mas o quintal subsiste, duro e nu, sem flores, sem verdura, tendo por único adorno, ao fundo, junto a montes de lixo, um pé de turco, ótimo para a gente se esconder nas perseguições. Desse lado o pé de turco marcava o limite do mundo. Do outro lado a terra se estendia por longas distâncias. A casa, de material rijo, estava completa por dentro. Mas exteriormente havia nela singularidades. O oitão esquerdo era de altura incrível; à direita faltava oitão, não sei como o telhado podia equilibrar-se. Talvez currais e chiqueiros, construídos na vizinhança, ocultassem um dos muros. Chiqueiros e currais esvaíram-se.

Durante um redemoinho brabo notei esquisitices. Nuvens de poeira enrolaram-se em briga feia, escureceu, um rumor diferente dos outros rumores cresceu, espalhou-se, e no meio da terrível desordem um couro de boi espichado quebrou o relho que o amarrava a um galho e voou no turbilhão. Uma senhora magra, minha indistinta mãe, tentou com desespero fechar uma porta balançada pela ventania. Folhas e garranchos entraram na sala, um bicho zangado soprou ou assobiou, a mulher agitou-se pendurada na chave. Findo o despropósito, vi a pessoinha com a mão envolta em panos. Um dedo inchou demais, e foi necessário que lhe cortassem o anel com lima. Em seguida perdi a moça de vista. E a letargia continuou.

O pátio, que se desdobrava diante do copiar, era imenso, julgo que não me atreveria a percorrê-lo. O fim dele tocava o céu. Um dia, entretanto, achei-me além do pátio, além do céu. Como cheguei ali não sei. Homens cavavam o chão, um buraco se abria, medonho, precipício que me encolhia apavorado entre montanhas erguidas nas bordas. Para que estariam fazendo aquela toca profunda? para que estariam construindo aqueles montes que um pó envolvia como fumaça? Retraí-me na admiração que me causava o extraordinário formigueiro. As formigas suavam, as camisas brancas tingiam-se, enegreciam, ferramentas cravavam-se na terra, outras jogavam para cima o nevoeiro que formava os morros.

Nova solução de continuidade. As sombras me envolveram, quase impenetráveis, cortadas por vagos clarões: os brincos e a cara morena de sinha Leopoldina, o gibão de Amaro vaqueiro, os dentes alvos de José Baía, um vulto de menina bonita, minha irmã natural, vozes ásperas, berros de animais ligando-se à fala humana. O moleque José ainda não se tinha revelado. Meu pai e minha mãe conservavam-se grandes, temerosos, incógnitos. Revejo pedaços deles, rugas, olhos raivosos, bocas irritadas e sem lábios, mãos grossas e calosas, finas e leves, transparentes. Ouço pancadas, tiros, pragas, tilintar de esporas, batecum de sapatões no tijolo gasto. Retalhos e sons dispersavam-se. Medo. Foi o medo que me orientou nos primeiros anos, pavor. Depois as mãos finas se afastaram das grossas, lentamente se delinearam dois seres que me impuseram obediência e respeito. Habituei-me a essas mãos, cheguei a gostar delas. Nunca as finas me trataram bem, mas às vezes molhavam-se de lágrimas — e os meus receios esmoreciam. As grossas, muito rudes, abrandavam em certos momentos. O vozeirão que as comandava perdia a aspereza, um riso cavernoso estrondava — e os perigos ocultos em todos os recantos fugiam, deixavam em sossego os viventes miúdos: alguns cachorros, um casal de moleques, duas meninas e eu. De repente surgiu a terceira irmã, insignificância, nos braços de sinha Leopoldina. Não fiz caso disso.

    O que então me pasmou foi o açude, maravilha, água infinita onde patos e marrecos nadavam. Surpreenderam-

-me essas criaturas capazes de viver no líquido. O mundo era complicado. O maior volume de água conhecido antes continha-se no bojo de um pote — e aquele enorme vaso metido no chão, coberto de folhas verdes, flores, aves que mergulhavam de cabeça para baixo, desarranjava-me a ciência. Com dificuldade, estabeleci relação entre o fenômeno singular e a cova fumacenta. Esta, porém, fora aberta numa região distante, e o açude se estirava defronte da casa. Estava ali, mas tinha caprichos, mudava de lugar, não se aquietava, era uma coisa vagabunda.

A vazante das abóboras, por exemplo, ficava longe. Sozinho, não me seria possível atingi-la. Dez ou vinte aboboreiras na terra de aluvião. Amaro havia dito que uma bastava. Se o inverno viesse, aquele despotismo seria estrago; chegando a seca, não se colheria um fruto, ainda que enterrassem na lama todas as sementes. Meu pai desprezou o conselho do caboclo — e o resultado foi uma praga de abóboras. A princípio uns cordõezinhos se torceram na vasa, enfeitaram-se de botões amarelos, de pequenas cabaças. Um homem carrancudo examinava-as, marchando vagaroso. Era um meu tio, hóspede, convidado para ser padrinho da insignificância que berrava nos cueiros. Ofereceu-me uma caixa de fogos de artifício, desapareceu — e no ponto onde o conheci as vergônteas floridas engrossaram, tornaram-se cordas robustas, peludas. E as abóboras cresceram, tantas que a gente andava na roça pisando em cima delas. Juntavam-se, enganchavam-se duas, três, num bloco, figuravam bela calçada movediça. Os caçuás enchiam-se. Acomodava-me numa carga e lá nos íamos sacolejando, eu e o animal, em caminhos esburacados. Abarrotaram-se os caixões da sala, fizeram-se tulhas no alpendre, nos quartos. E a produção levantava-se, espalhava-se, desvalorizada. Escancararam-se afinal as porteiras, houve licença para que toda a gente se abastecesse. Franqueza vã: saciada a população escassa, empanzinada a meia dúzia de porcos da fazenda, a safra inútil apodreceu no campo.

Nesse tempo meu pai e minha mãe estavam caracterizados: um homem sério, de testa larga, uma das mais belas testas que já vi, dentes fortes, queixo rijo, fala tremenda; uma senhora enfezada, agressiva, ranzinza, sempre a mexer-se, bossas na cabeça mal protegida por um cabelinho ralo, boca má, olhos maus que em momentos de cólera se inflamavam com um brilho de loucura. Esses dois entes difíceis ajustavam-se. Na harmonia conjugal a voz dele perdia a violência, tomava inflexões estranhas, balbuciava carícias decentes. Ela se amaciava, arredondava as arestas, afrouxava os dedos que nos batiam no cocuruto, dobrados, e tinham dureza de martelos. Qualquer futilidade, porém, ranger de dobradiça ou choro de criança, lhe restituía o azedume e a inquietação.

Zangava-se ouvindo alguém afastar-se da sua prosódia curiosa. Suponho que nunca houve outra igual. A sintaxe e o vocabulário também diferiam bastante do que usamos comumente. Nessa linguagem capenga, d. Maria matracava um longo romance de quatro volumes, lido com apuro, relido, pulverizado, e contos que me pareciam absurdos. De um deles ressurgem vagas expressões: *tributo, papa-rato,* maluquices que vêm, fogem, tornam a voltar. Tento arredá--las, pensar no açude, nos mergulhões, nas cantigas de José Baía, mas os disparates me perseguem. Lentamente adquirem sentido e uma historieta se esboça:

> Acorde, seu papa...

Papa quê? Julgo a princípio que se trata de *papa-figo*, vejo que me engano, lembro-me de *papa-rato* e finalmente de *papa-hóstia*. É *papa-hóstia*, sem dúvida:

> Acorde, seu Papa-hóstia,
> Nos braços de...

Nova pausa. Três ou quatro sílabas manhosas dissimulam-se obstinadas. Despontam algumas, que experimento e abandono, imprestáveis. Enquanto procuro desviar as ideias, a impertinência se insinua no meu espírito, arrasta--me para a sala escura, cheia de abóboras. Subitamente as fugitivas aparecem e com elas o início da narrativa:

*Acorde, seu Papa-hóstia,
Nos braços de Folgazona.*

Aí temos uma alteração:

*Levante, seu Papa-hóstia,
Dos braços de Folgazona.*

Outra emenda. O hábito de corrigir a língua falada instiga-me a consertar o primeiro verso:

Levante-se, Papa-hóstia.

Vacilo um minuto, buscando cá por dentro a forma exata da composição. Persuado-me enfim de que minha mãe dizia:

Levante, seu Papa-hóstia.

E repete-se a aventura seguinte, que d. Maria recitava embalando-se na rede, perto dos caixões verdes. Um menino pobre foi recebido caridosamente em casa de certo vigário amancebado. Temendo ver na rua os seus podres, o reverendo ensinou ao pequeno uma gíria extravagante que baldaria qualquer indiscrição possível. Afirmou que se chamava Papa-hóstia e à amante deu o nome de Folgazona; gato era papa-rato, fogo era tributo. Esqueci o resto, e não consigo adivinhar por que razão tributo serviu para designar fogo. Seguros de que o rapaz não os denunciaria, o padre e a rapariga começaram a maltratá-lo. Não se mencionou o gênero dos maus-tratos, mas calculei que deviam assemelhar-se aos que meus pais me infligiam: bolos, chicotadas, cocorotes, puxões de orelhas. Acostumaram-me a isto muito cedo — e em consequência admirei o menino pobre, que, depois de numerosos padecimentos, realizou feito notável: prendeu no rabo de um gato um pano embebido em querosene, acendeu-o, escapuliu-se gritando:

> *Levante, seu Papa-hóstia,*
> *Dos braços de Folgazona.*
> *Venha ver o papa-rato*
> *Com um tributo no rabo.*

Falta meia dúzia de linhas, não chego a reconstituí-las. Sei que, tendo-se queimado roupas e móveis, a história finda assim, furiosamente:

> *Acuda com todos os diabos.*

Esta obra de arte popular até hoje se conservou inédita, creio eu. Foi uma dificuldade lembrar-me dela, porque a façanha do garoto me envergonhava talvez e precisei extingui-la. Ouvindo a modesta epopeia, com certeza desejei exibir energia e ferocidade. Infelizmente não tenho jeito para violência. Encolhido e silencioso, aguentando cascudos, limitei-me a aprovar a coragem do menino vingativo. Mais tarde, entrando na vida, continuei a venerar a decisão e o heroísmo, quando isto se grava no papel e os gatos se transformam em papa-ratos. De perto, os indivíduos capazes de amarrar fachos nos rabos dos gatos nunca me causaram admiração. Realmente são espantosos, mas é necessário vê-los a distância, modificados.

MANHÃ

Mergulhei numa comprida manhã de inverno. O açude apojado, a roça verde, amarela e vermelha, os caminhos estreitos mudados em riachos, ficaram-me na alma. Depois veio a seca. Árvores pelaram-se, bichos morreram, o sol cresceu, bebeu as águas, e ventos mornos espalharam na terra queimada uma poeira cinzenta. Olhando-me por dentro, percebo com desgosto a segunda paisagem. Devastação, calcinação. Nesta vida lenta sinto-me coagido entre duas situações contraditórias — uma longa noite, um dia imenso e enervante, favorável à modorra. Frio e calor, trevas densas e claridades ofuscantes.

Naquele tempo a escuridão se ia dissipando, vagarosa. Acordei, reuni pedaços de pessoas e de coisas, pedaços de mim mesmo que boiavam no passado confuso, articulei tudo, criei o meu pequeno mundo incongruente. Às vezes as peças se deslocavam — e surgiam estranhas mudanças. Os objetos se tornavam irreconhecíveis, e a humanidade, feita de indivíduos que me atormentavam e indivíduos que não me atormentavam, perdia os característicos.

Bem e mal ainda não existiam, faltava razão para que nos afligissem com pancadas e gritos. Contudo as pancadas e os gritos figuravam na ordem dos acontecimentos, partiam sempre de seres determinados, como a chuva e o sol vinham do céu. E o céu era terrível, e os donos da casa eram fortes. Ora, sucedia que minha mãe abrandava de repente e meu pai, silencioso, explosivo, resolvia contar-me histórias. Admirava-me, aceitava a lei nova, ingênuo, admitia que a natureza se houvesse modificado. Fechava-se o doce parêntese — e isto me desorientava.

Na manhã de inverno as cercas e as plantas quase se dissolviam, a neblina vestia o campo, dos montes de lixo do quintal subia fumaça, pingos espaçados caíam das goteiras, a cruviana mordia a gente. Sapatões de vaqueiros depositavam grossas camadas de barro no tijolo. Roupas molhadas deixavam manchas largas nos bancos do copiar. As paredes úmidas enegreciam. Deitava-me na rede, encolhia-me, enrolava-me nas varandas. Um candeeiro de querosene lambia a névoa com labaredas trêmulas.

Alguns viventes idosos chegavam, sumiam-se, tornavam a manifestar-se depois de longas ausências. De um deles, meu avô paterno, ficaram notícias vagas e um retrato desbotado no álbum que se guardava no baú. Legou-me talvez a vocação absurda para as coisas inúteis. Era um velho tímido, que não gozava, suponho, muito prestígio na família. Possuíra engenhos na mata; enganado por amigos e parentes sagazes, arruinara e dependia dos filhos. Às vezes endireitava o espinhaço, o antigo proprietário ressurgia, mas isto, rabugice da enfermidade, findava logo e o pobre homem resvalava na insignificância e na rede. Bom músico, especializara-se no canto. Em recordação imprecisa, revejo mulheres ajoelhadas em redor de um oratório. Meu avô, em pé, cantava — e havia-se tornado enorme. Como podia uma pessoa gritar de semelhante maneira? A grandeza e a harmonia singular hoje desdobram a figura gemente e mesquinha, de ordinário ocupada, apesar da moléstia, em fabricar miudezas. Tinha habilidade notável e muita paciência. Paciência? Acho agora que não é paciência. É uma obstinação concentrada, um longo sossego que os fatos exteriores não perturbam. Os sentidos esmorecem, o corpo se imobiliza e curva, toda a vida se fixa em alguns pontos — no olho que brilha e se apaga, na mão que solta o cigarro e continua a tarefa, nos beiços que murmuram palavras imperceptíveis e descontentes. Sentimos desânimo ou irritação, mas isto apenas se revela pela tremura dos dedos, pelas rugas que se cavam. Na aparência estamos tranquilos. Se nos falarem, nada ouviremos ou ignoraremos o sentido do que nos dizem. E como há frequentes suspensões no trabalho, com certeza imaginarão que temos preguiça. Desejamos realmente abandoná-lo. Contudo gastamos uma eternidade no arranjo de ninharias, que se combinam, resultam na obra tormentosa e falha. Meu avô nunca aprendera nenhum ofício. Conhecia, porém, diversos, e a carência de mestre não lhe trouxe desvantagem. Suou na composição das urupemas. Se resolvesse desmanchar uma, estudaria facilmente a fibra, o aro, o tecido. Julgava isto um plágio. Trabalhador caprichoso e honesto, procurou os seus caminhos e executou urupemas fortes, seguras. Provavelmente não gostavam delas: prefeririam vê-las tradicionais e corriqueiras, enfeitadas e frágeis. O autor, insensível à crítica, perseverou nas urupemas rijas e sóbrias, não porque as estimasse, mas porque eram o meio de expressão que lhe parecia mais razoável.

Meu avô materno, alto, magro, de cabelos e barba como pasta de algodão, muito se diferençava dessa criatura achacada: não desperdiçava tempo em cantiga nem se fatigava em miuçalhas. De perneiras, gibão e peitoral, as abas do chapéu de couro, repuxado para a nuca, a emoldurar-lhe o rosto vermelho, impunha-se. A voz lenta, nasal, pigarreada pelo excesso de tabaco, rolava com um rom-rom descontente que nos arranhava os ouvidos, depois se insinuava, se adocicava, tomava a consistência de goma. Tínhamos a impressão de que a fala ranzinza nos acariciava e repreendia. Os gestos eram vagarosos. Homem de imenso vigor, resistente à seca, ora na prosperidade, ora no desmantelo, reconstruindo corajoso a fortuna, em geral não se expandia. Escutava sereno as conversas, o lenço encarnado no ombro ou nos joelhos, o olho azul perdido na capoeira familiar, percebendo sinais invisíveis ao observador comum. Possuía conhecimentos infusos a respeito de tudo quanto se refere a bichos: indicava com segurança as crias das vacas paridas no mato, adivinhava o peso exato dos bois de era. Para vender o seu gado nunca precisou de balança. Esse avô bárbaro dispensava ao civilizado, artífice e cantor, exageros de atenção, em que havia talvez surpresa, desdém, o receio de magoá-lo, estragá-lo com as mãos duras.

Minha avó, grave, ossuda, tinha protuberâncias na testa e bugalhos severos. Anos depois contou-me desgostos íntimos: o marido, ciumento, afligira-a demais. Só aí me inteirei de que ela havia sofrido e era boa, mas na época do ciúme e da tortura não lhe notei a bondade.

Existia também um casal de bisavós: uma santa morena e encarquilhada, um velhinho autoritário que embirrava com meu pai.

Além dessas pessoas e dos moradores da fazenda, surgiam no pátio ciganos em magotes, vaqueiros encourados, aboiando, algum raro viajante. Dois passageiros conservaram-se nos relatos da família. O primeiro, um cabra macambúzio e suspeito, foi mal recebido. Minha mãe espiou a vizinhança, buscando Amaro ou José Baía, e sentou-se num canto da sala, perto das armas de fogo. O tipo acocorou-se à porta. E assim permaneceram, ele ferindo a pederneira com o fuzil, chupando o cigarro, ela observando-lhe os movimentos, defendida pelos bacamartes, confiante na firmeza da mão e na pontaria. À tarde o cabra macambúzio declarou a meu pai que a dona era reimosa.

O outro visitante apareceu duas ou três vezes, cochichou demorado no copiar e sumiu-se levando algumas dezenas de mil-réis. Esse dinheiro significava o imposto dos proprietários rurais aos numerosos grupos de cangaceiros que percorriam o sertão, pouco exigentes comparados aos posteriores. Mediante algumas cédulas, uma novilha ou marrã, obtinham-se dedicações, amizades proveitosas. Quando nos mudamos para a vila, cinco ou seis bandoleiros que transitavam pelos arredores saíram do caminho, embrenharam-se na catinga, para não assustar a mulher e as crianças.

Ausentes os hóspedes e os passageiros, caíamos no ramerrão fastidioso. Os mesmos trabalhos de pega, ferra, ordenha; ferrolhos rangendo pela madrugada e ao escurecer; vozes ásperas, exigências curtas, ordens incompreensíveis. Por toda a parte despojos de animais: ossos branquejando nas veredas, caveiras de bois espetadas em estacas, couros espichados, malas de couro, surrões de couro, roupas de couro suspensas em tornos, chocalhos com badalos de chifre, montes de látegos, relhos, arreios, cabrestos de cabelo.

Agora o mundo se estirava além do monturo do quintal, mas não nos aventurávamos a penetrar nessa região desconhecida. O pé de turco era o meu refúgio. As meninas arrastavam-se no alpendre e na cozinha. O moleque José começava a revelar-se. Minha irmã natural se desenvolvia, recebendo com frequência arranhões nos melindres. A aversão que inspirava traduzia-se em remoques e muxoxos; quando tomava feição agressiva, fazia ricochete e vinha atingir-nos. Se não existisse aquele pecado, estou certo de que minha mãe teria sido mais humana. De fato meu pai mostrava comportar-se bem. Mas havia aquela evidência de faltas antigas, uma evidência forte, de cabeleira negra, beiços vermelhos, olhos provocadores. Minha mãe não dispunha dessas vantagens. E com certeza se amofinava, coitada, revendo-se em nós, percebendo cá fora, soltos dela, pedaços da sua carne propícia aos furúnculos. Maltratava-se maltratando-nos. Julgo que aguentamos cascudos por não termos a beleza de Mocinha.

VERÃO

Desse antigo verão que me alterou a vida restam ligeiros traços apenas. E nem deles posso afirmar que efetivamente me recorde. O hábito me leva a criar um ambiente, imaginar fatos a que atribuo realidade. Sem dúvida as árvores se despojaram e enegreceram, o açude estancou, as porteiras dos currais se abriram, inúteis. É sempre assim. Contudo ignoro se as plantas murchas e negras foram vistas nessa época ou em secas posteriores, e guardo na memória um açude cheio, coberto de aves brancas e de flores. A respeito de currais há uma estranha omissão. Estavam na vizinhança, provavelmente, mas isto é conjectura. Talvez até o mínimo necessário para caracterizar a fazenda meio destruída não tenha sido observado depois. Certas coisas existem por derivação e associação; repetem-se, impõem-se — e, em letra de fôrma, tomam consistência, ganham raízes. Dificilmente pintaríamos um verão nordestino em que os ramos não estivessem pretos e as cacimbas vazias. Reunimos elementos considerados indispensáveis, jogamos com eles, e se desprezamos alguns, o quadro parece incompleto.

O meu verão é incompleto. O que me deixou foi a lembrança de importantes modificações nas pessoas. De ordinário pachorrentas, azucrinaram-se como tanajuras, zonzas. Findaram as longas conversas no alpendre, as visitas, os risos sonoros, os negócios lentos; surgiram rostos sombrios e rumores abafados. Enorme calor, nuvens de poeira. E no calor e na poeira homens indo e vindo sem descanso, molhados de suor, aboiando monotonamente.

Pela primeira vez falaram-me no diabo. É possível que tenham falado antes, mas foi aí que fixei o nome deste espírito: sem conhecê-lo direito, soube que ele andava solto nos redemoinhos que varriam o pátio, misturado a folhas e garranchos.

Um dia faltou água em casa. Tive sede e recomendaram-me paciência. A carga de ancoretas chegaria logo. Tardou, a fonte era distante — e fiquei horas numa agonia, rondando o pote, com brasas na língua. Essa dor esquisita perturbou-me em excesso. Nos sofrimentos habituais eu percebia gestos desarrazoados, palavras coléricas. A minha vida era um extenso enleio que sobressaltos agitavam. Para bem dizer, eu flutuava, pequeno e leve. De repente, um choque, novos choques, estremecimentos dolorosos. Impossível queixar-me agora. Não me dirigiam ameaças, abrandavam, e as recusas apareciam quase doces. Na verdade não recusavam. Num minuto haveria muitos canecos de água. Chorei, embalei-me nas consolações, e os minutos foram pingando, vagarosos. A boca enxuta, os beiços gretados, os olhos turvos, queimaduras interiores. Sono, preguiça — e estirei-me num colchão ardente. As pálpebras se alongavam, coriáceas, o líquido obsessor corria nas vozes que me acalentavam, umedecia-me a pele, esvaía-se de súbito. E em redor os objetos se deformavam, trêmulos. Veio a imobilidade, veio o esquecimento. Não sei quanto durou o suplício.

Vivia a surpreender-me. E as surpresas se multiplicavam. Amaro e José Baía, armados de facões, estariam enchendo cestos com pedaços de mandacaru? Os sentidos me diziam que sim, mas isto discordava dos serviços comuns. Tentava esclarecer-me, largava uma interrogação maluca. Não indagava o motivo de se encherem os cestos, perguntava se eles realmente se enchiam. Caso me confirmassem a observação, eu continuaria a importunar os empregados, inteirar-me-ia de que aquilo era alimento para os animais. Não me ligavam importância. Amaro fungava, resmungava, franzia a cara cabeluda; José Baía pilheriava. Por quê? Não era tão fácil asseverarem que estavam cortando mandacaru nos cestos? Eu necessitava uma autoridade, um apoio. Desconfiava da coisa próxima, vista, ouvida, pegada, mas em geral admitia sem esforço o que me contavam.

Aceitei, pois, o cavalo-do-cão, o bicho que o diabo monta quando faz estrepolias pelo mundo. Há outra espécie de cavalo-do-cão, um inseto negro, de asas grandes, barulhento. O que o diabo utilizava nas viagens devia ser como este, negro, barulhento e muito maior. Acreditei nele, dócil, porque o homônimo concreto lhe forneceu alguns caracteres, porque a voz da experiência o revelou, enfim porque nos redemoinhos que açoitavam a catinga pelada havia provavelmente um ser furioso, soprando, assobiando, torcendo paus e rebentando galhos. Essa criatura de sonho e bagunça, um cavalo de asas, não me causou espanto.

Espanto, e enorme, senti ao enxergar meu pai abatido na sala, o gesto lento. Habituara-me a vê-lo grave, silencioso, acumulando energia para gritos medonhos. Os gritos vulgares perdiam-se; os dele ocasionavam movimentos singulares: as pessoas atingidas baixavam a cabeça, humildes, ou corriam a executar ordens. Eu era ainda muito novo para compreender que a fazenda lhe pertencia. Notava diferenças entre os indivíduos que se sentavam nas redes e os que se acocoravam no alpendre. O gibão de meu pai tinha diversos enfeites; no de Amaro havia numerosos buracos e remendos. As nossas roupas grosseiras pareciam-me luxuosas comparadas à chita de sinha Leopoldina, à camisa de José Baía, sura, de algodão cru. Os caboclos se estazavam, suavam, prendiam arame farpado nas estacas. Meu pai vigiava-os, exigia que se mexessem desta ou daquela forma, e nunca estava satisfeito, reprovava tudo, com insultos e desconchavos. Permanente, essa birra tornava-se razoável e vantajosa: curvara espinhaços, retesara músculos, cavara na piçarra e na argila o açude que se cobrira de patos, mergulhões e flores de baronesa. Meu pai era terrivelmente poderoso, e essencialmente poderoso. Não me ocorria que o poder estivesse fora dele, de repente o abandonasse, deixando-o fraco e normal, um gibão roto sobre a camisa curta.

Sentado junto às armas de fogo e aos instrumentos agrícolas, em desânimo profundo, as mãos inertes, pálido, o homem agreste murmurava uma confissão lamentosa à companheira. As nascentes secavam, o gado se finava no carrapato e na morrinha. Estranhei a morrinha e estranhei o carrapato, forças evidentemente maiores que as de meu pai. Não entendi o sussurro lastimoso, mas adivinhei que ia surgir transformação. A vila, uma loja e dinheiro entraram-me nos ouvidos. O desalento e a tristeza abalaram-me. Explicavam a sisudez, o desgosto habitual, as rugas, as explosões de pragas e de injúrias. Mas a explicação me apareceu anos depois. Na rua examinei o ente sólido, áspero com os trabalhadores, garboso nas cavalhadas. Vi-o arrogante, submisso, agitado, apreensivo — um despotismo que às vezes se encolhia, impotente e lacrimoso. A impotência e as lágrimas não nos comoviam. Hoje acho naturais as violências que o cegavam. Se ele estivesse embaixo, livre de ambições, ou em cima, na prosperidade, eu e o moleque José teríamos vivido em sossego. Mas no meio, receando cair, avançando a custo, perseguido pelo verão, arruinado pela epizootia, indeciso, obediente ao chefe político, à justiça e ao fisco, precisava desabafar, soltar a zanga concentrada. Aperreava o devedor e afligia-se temendo calotes. Venerava o credor e, pontual no pagamento, economizava com avareza. Só não economizava pancadas e repreensões. Éramos repreendidos e batidos.

UM CINTURÃO

As minhas primeiras relações com a justiça foram dolorosas e deixaram-me funda impressão. Eu devia ter quatro ou cinco anos, por aí, e figurei na qualidade de réu. Certamente já me haviam feito representar esse papel, mas ninguém me dera a entender que se tratava de julgamento. Batiam-me porque podiam bater-me, e isto era natural.

Os golpes que recebi antes do caso do cinturão, puramente físicos, desapareciam quando findava a dor. Certa vez minha mãe surrou-me com uma corda nodosa que me pintou as costas de manchas sangrentas. Moído, virando a cabeça com dificuldade, eu distinguia nas costelas grandes lanhos vermelhos. Deitaram-me, enrolaram-me em panos molhados com água de sal — e houve uma discussão na família. Minha avó, que nos visitava, condenou o procedimento da filha e esta afligiu-se. Irritada, ferira-me à toa, sem querer. Não guardei ódio a minha mãe: o culpado era o nó. Se não fosse ele, a flagelação me haveria causado menor estrago. E estaria esquecida. A história do cinturão, que veio pouco depois, avivou-a.

Meu pai dormia na rede armada na sala enorme. Tudo é nebuloso. Paredes extraordinariamente afastadas, rede infinita, os armadores longe, e meu pai acordando, levantando-se de mau humor, batendo com os chinelos no chão, a cara enferrujada. Naturalmente não me lembro da ferrugem, das rugas, da voz áspera, do tempo que ele consumiu rosnando uma exigência. Sei que estava bastante zangado, e isto me trouxe a covardia habitual. Desejei vê-lo dirigir-se a minha mãe e a José Baía, pessoas grandes, que não levavam pancada. Tentei ansiosamente fixar-me nessa esperança frágil. A força de meu pai encontraria resistência e gastar-se-ia em palavras.

Débil e ignorante, incapaz de conversa ou defesa, fui encolher-me num canto, para lá dos caixões verdes. Se o pavor não me segurasse, tentaria escapulir-me: pela porta da frente chegaria ao açude, pela do corredor acharia o pé de turco. Devo ter pensado nisso, imóvel, atrás dos caixões. Só queria que minha mãe, sinha Leopoldina, Amaro e José Baía surgissem de repente, me livrassem daquele perigo.

Ninguém veio, meu pai me descobriu acocorado e sem fôlego, colado ao muro, e arrancou-me dali violentamente, reclamando um cinturão. Onde estava o cinturão? Eu não sabia, mas era difícil explicar-me: atrapalhava-me, gaguejava, embrutecido, sem atinar com o motivo da raiva. Os modos brutais, coléricos, atavam-me; os sons duros morriam, desprovidos de significação.

Não consigo reproduzir toda a cena. Juntando vagas lembranças dela a fatos que se deram depois, imagino os berros de meu pai, a zanga terrível, a minha tremura infeliz. Provavelmente fui sacudido. O assombro gelava-me o sangue, escancarava-me os olhos.

Onde estava o cinturão? Impossível responder. Ainda que tivesse escondido o infame objeto, emudeceria, tão apavorado me achava. Situações deste gênero constituíram as maiores torturas da minha infância, e as consequências delas me acompanharam.

O homem não me perguntava se eu tinha guardado a miserável correia: ordenava que a entregasse imediatamente. Os seus gritos me entravam na cabeça, nunca ninguém se esgoelou de semelhante maneira.

Onde estava o cinturão? Hoje não posso ouvir uma pessoa falar alto. O coração bate-me forte, desanima, como se fosse parar, a voz emperra, a vista escurece, uma cólera doida agita coisas adormecidas cá dentro. A horrível sensação de que me furam os tímpanos com pontas de ferro.

Onde estava o cinturão? A pergunta repisada ficou-me na lembrança: parece que foi pregada a martelo.

A fúria louca ia aumentar, causar-me sério desgosto. Conservar-me-ia ali desmaiado, encolhido, movendo os dedos frios, os beiços trêmulos e silenciosos. Se o moleque José ou um cachorro entrasse na sala, talvez as pancadas se transferissem. O moleque e os cachorros eram inocentes, mas não se tratava disto. Responsabilizando qualquer deles, meu pai me esqueceria, deixar-me-ia fugir, esconder-me na beira do açude ou no quintal.

Minha mãe, José Baía, Amaro, sinha Leopoldina, o moleque e os cachorros da fazenda abandonaram-me. Aperto na garganta, a casa a girar, o meu corpo a cair lento, voando, abelhas de todos os cortiços enchendo-me os ouvidos — e, nesse zum-zum, a pergunta medonha. Náusea, sono. Onde estava o cinturão? Dormir muito, atrás dos caixões, livre do martírio.

Havia uma neblina, e não percebi direito os movimentos de meu pai. Não o vi aproximar-se do torno e pegar o chicote. A mão cabeluda prendeu-me, arrastou-me para o meio da sala, a folha de couro fustigou-me as costas. Uivos, alarido inútil, estertor. Já então eu devia saber que rogos e adulações exasperavam o algoz. Nenhum socorro. José Baía, meu amigo, era um pobre-diabo.

Achava-me num deserto. A casa escura, triste; as pessoas tristes. Penso com horror nesse ermo, recordo-me de cemitérios e de ruínas mal-assombradas. Cerravam-se as portas e as janelas, do teto negro pendiam teias de aranha. Nos quartos lúgubres minha irmãzinha engatinhava, começava a aprendizagem dolorosa.

Junto de mim, um homem furioso, segurando-me um braço, açoitando-me. Talvez as vergastadas não fossem muito fortes: comparadas ao que senti depois, quando me ensinaram a carta de A B C, valiam pouco. Certamente o meu choro, os saltos, as tentativas para rodopiar na sala como carrapeta, eram menos um sinal de dor que a explosão do medo reprimido. Estivera sem bulir, quase sem respirar. Agora esvaziava os pulmões, movia-me, num desespero.

O suplício durou bastante, mas, por muito prolongado que tenha sido, não igualava a mortificação da fase preparatória: o olho duro a magnetizar-me, os gestos ameaçadores, a voz rouca a mastigar uma interrogação incompreensível.

Solto, fui enroscar-me perto dos caixões, coçar as pisaduras, engolir soluços, gemer baixinho e embalar-me com os gemidos. Antes de adormecer, cansado, vi meu pai dirigir-se à rede, afastar as varandas, sentar-se e logo se levantar, agarrando uma tira de sola, o maldito cinturão, a que desprendera a fivela quando se deitara. Resmungou e entrou a passear agitado. Tive a impressão de que ia falar-me: baixou a cabeça, a cara enrugada serenou, os olhos esmoreceram, procuraram o refúgio onde me abatia, aniquilado.

Pareceu-me que a figura imponente minguava — e a minha desgraça diminuiu. Se meu pai se tivesse chegado a mim, eu o teria recebido sem o arrepio que a presença dele sempre me deu. Não se aproximou: conservou-se longe, rondando, inquieto. Depois se afastou.

Sozinho, vi-o de novo cruel e forte, soprando, espumando. E ali permaneci, miúdo, insignificante, tão insignificante e miúdo como as aranhas que trabalhavam na telha negra.

Foi esse o primeiro contacto que tive com a justiça.

UMA BEBEDEIRA

Andamos cerca de duas léguas a cavalo: minha mãe posta de meia esguelha, envolta na saia comprida e larga, uma perna presa no gancho do silhão; meu pai todo pachola, boa lança nas cavalhadas, viajando no preceito, como quem executa um dever; eu seguro por ele, na maçaneta da sela, porque era pequeno demais e não me aguentava na garupa do animal.

Íamos visitar um fazendeiro vizinho, homem considerável, de hábitos que mereciam a reprovação da gente cautelosa. Nesse dia não o percebi direito. Avistei-o alguns anos depois, na vila próxima, de calça branca, paletó de casimira, chapéu do chile, botinas lustrosas, guarda-chuva caro, uma libra esterlina pendurada no correntão de ouro, escandalosamente próspero. E, ao cabo de longo intervalo, encontrei-o de novo, muito por baixo, carregando na aguardente, jogando baralho com polícias em balcões de bodegas e em calçadas. Meus parentes, econômicos em excesso, atribuíam esse desmantelo ao guarda-chuva e à libra esterlina. E também às superfluidades que nos exibiu naquela manhã de verão: móveis esquisitos; redes alvas, de varandas grossas e macias, trabalhadas como rendas; panos limpos, cheirosos; a garrafinha vermelha, na salva, rodeada de cálices, objetos que me provocaram admiração.

No meio estranho encabulei — e isto me atenaza. Ainda isento de compromissos, murchava diante de pessoas desconhecidas. Com certeza já me haviam habituado a julgar-me um ente mesquinho. A minha roupa curta era chinfrim. Tentei esconder-me, arrastei-me sob os punhos das redes, coxeando, tropeçando, que os sapatos me aperreavam. Em casa eu usava alpercatas — dois pedaços de sola e correias. Quando me impunham sapatos, era uma dificuldade: os pés formavam bolos, recalcitravam, não queriam meter-se nas prisões duras e estreitas. Arrumavam-se à força, e durante a resistência eu ouvia berros, suportava tabefes e chorava. Um par de borzeguins amarelos, um par de infernos, marcou-me para toda a vida.

Ignoro como chegamos à fazenda: as minhas recordações datam da hora em que entramos na sala. Meu pai e o proprietário sumiram-se, foram cuidar de negócios, numa daquelas conversas cheias de gritos. Minha mãe e eu ficamos cercados de saias.

As paredes eram brancas e talvez tenham concorrido para me agravar o embaraço. Defronte da casa um carro de bois descansava sob a ramagem quase sem folhas de uma árvore alta. Desinteressei-me do carro de bois, igual a outros já vistos, mas desejei que me explicassem a árvore pelada, muito diferente do pé de turco do meu quintal. Guardei silêncio, temeroso, aluí num canto da parede, longe das saias. Minha mãe, entre elas, estava importante. Não reparei na importância: os sapatos faziam-me esquecer o carro de bois, as redes, as mulheres que adulavam minha mãe, desprezando-a. Julgo que ela se chateava com as gentilezas. Não as entendia e bocejava de leve, sisuda, ausente dos que se esforçavam por obsequiá-la. Havia uma senhora idosa e várias moças: uma grande, morena, bulhenta, outras que se escondiam por detrás dela, secundárias, hoje obliteradas. Riam, mexiam, animavam-se.

Não sei como de repente me vi no meio do bando rumoroso: sei que me afastaram da parede e os sapatos deixaram de magoar-me os dedos e os calcanhares. Escancharam-me numa das redes, perto da senhora velha, e penso que me consideraram digno de interesse. Aí trouxeram a bandeja, a garrafinha de licor e os cálices. Minha mãe tocou a linha esquiva dos beiços naquela surpresa que tingia a substância rara, cruzou as mãos, franziu a boca numa tentativa de agradecimento. Com rigor, não me seria possível afirmar que tais gestos se realizaram. Surpreendi-os, contudo, em visitas posteriores e arrisco-me a referi-los. Os dedos finos e nodosos juntavam-se, inofensivos; os lábios duros contraíam-se, mudos; os olhos se esbugalhavam, parados, frios, indecisos.

O que nessa figura me espantava era a falta de sorriso. Não ia além daquilo: duas pregas que se fixavam numa careta, os beiços quase inexistentes repuxando-se, semelhantes às bordas de um caneco amassado. Assim permanecia, contendo bocejos indiscretos. Miúda e feia, devia inquietar-se, desconfiar das amabilidades, recear mistificações. Quando cresci e tentei agradá-la, recebeu-me suspeitosa e hostil: se me acontecia concordar com ela, mudava de opinião e largava muxoxos desesperadores.

Quem me deu o primeiro cálice de licor foi a morena vistosa, mas não sei quem deu o segundo. Bebi vários, bebi o resto da garrafa. Comportei-me indecentemente, perdi a vergonha, achei-me à vontade, falando muito, desvariando e exigindo licor. Uma das moças trouxe-me um copo de vinho com mel. Minha mãe enferrujou a cara, estirou o braço enérgico, mas naquele momento eu desafiava as oposições. Através de uma neblina, distinguia formas vagas e inconsistentes. Repeli a mão que avançava para mim, tomei o copo. Daí em diante, até que adormeci, o tempo desapareceu. Certos pormenores avultaram, com certeza se dissiparam casos apreciáveis. Ganhei coragem de supetão, os perigos se esvaíram. Fortaleci-me, percebi aliados nas criaturas que me rodeavam.

Uma se distinguia, morena, grande, vermelha, risonha, barulhenta. Senhorinha. Vinte anos depois, ao saber que ela havia dado com os burros na água, afligi-me. Arruinou, provavelmente acabou depressa. A honra sertaneja encolheu-se, uma tradição reduziu-se a cacos. Todavia continuarão a espalhar mentiras na cidade. A literatura popular e os cancioneiros matutos gastar-se-ão repisando camponeses brabos e vingativos, donzelas ingênuas, puras demais. Engano. Senhorinha, educada perto do curral, conhecia os mistérios da procriação e era simples. Filha de proprietário, submeteu-se à honestidade e aguardou casamento. Mas as dívidas se avolumaram, a fazenda se despovoou, tombaram as cercas, o coronel, sem correntão nem guarda-chuva, aderiu à canalha — e Senhorinha renunciou à virtude, infringiu a moral, curvou-se à lei do instinto.

Bonitona. Avizinhei-me dela com impudência camarada, esfreguei-me. Essa precisão de receber carícias de uma pessoa do outro sexo surgiu-me de golpe, estimulada pelo álcool.

Suponho que não foi a primeira vez que me embriagaram. As sertanejas do Nordeste entorpecem os filhos à noite com uma garapa de vinho forte. Meus irmãos ingeriram isso e procederam bem: não choraram, não gritaram, não manifestaram nenhuma exigência. Acordavam quietinhos, moles, bestas, bons como uns santos. Umedeciam as cobertas, mas isto não os incomodava: dormiam no líquido. E, longe deles, d. Maria sossegava. Quando apurei o olfato e a vista, percebi que os lençóis de meus irmãos eram fétidos, horríveis. Os meus deviam ter sido assim.

Vendo-me o desembaraço, minha mãe tentou agarrar-me. Não me considerando bastante seguro na rede, ergui-me trôpego, arrastei a senhora velha, desejei exprimir-lhe simpatia. Chegamos a um marquesão, sentamo-nos, deitei familiarmente a cabeça nas pernas da mulher. Os objetos esfumavam-se, entre eles, remota, quase imperceptível, a árvore que se despojava no pátio, junto ao carro de bois. Voltou-me a curiosidade, apontei com desânimo a planta calva, gaguejei:

— Minha filha, que pau é aquele?

Obtive a informação e ao cabo de minutos tornei a perguntar:

— Minha filha, que pau é aquele?

Veio novamente a resposta, mas a necessidade de instruir-me acendia-se e apagava-se, faiscava-me no interior como um vaga-lume. Estranha loquacidade inutilizava o silêncio obtuso que me haviam imposto. O animalzinho bisonho papagueava, e gargalhadas estrugiam na sala, abafando a quizília de minha mãe. Essa potência baqueava. Não me ocorria que ela se restabelecesse, voltasse comigo à casa triste, me fustigasse e puxasse as orelhas. Parecia-me que as moças ruidosas e a senhora encanecida iriam, no futuro, trazer-me a garrafinha, os cálices e a bandeja, escutar-me os devaneios.

Quando meu pai regressou, eu me achava num momento de evasão, indiferente às censuras, nos joelhos de uma desconhecida, tagarelando com outras desconhecidas encantadoras, meio invisíveis no espesso nevoeiro que me envolvia.

CHEGADA À VILA

Era uma noite fria. Vozes misturavam-se na calçada, andava gente em redor de uma fogueira grande, no pátio. Estalavam brasas, labaredas cresciam, iluminavam pedaços de figuras, esmoreciam, e da sombra fumacenta vinham risadas longas. Meu pai, invisível, comentava:

— Parece um papa-lagartas.

Que seria papa-lagartas? Se meu pai não me esfriasse a curiosidade repetindo uma frase suja a respeito dos perguntadores, resolver-me-ia a interrogá-lo. A frase me espantava sempre. Não queria convencer-me de que ouvia nomes tão feios, e quando me inteirava bem do sentido deles, afastava-me triste e humilhado, achando meu pai grosseiro e jurando emendar-me.

Pensei em dirigir-me a uma das pessoas ocultas na escuridão. Havia rebuliço: rinchos, passos, pancadas de tampas de baús. E as gargalhadas junto ao fogo. Que seria papa-lagartas? Sem os malditos sapatos duros como pau, decidir-me-ia a entrar, sair, informar-me. Certamente não me ligariam importância. E os sapatos me incomodavam os dedos, esfolavam os calcanhares. Onde estariam as minhas alpercatas? Na roupa estreita, movia-me com dificuldade. Em geral eu usava camisa, saltava e corria como um bichinho, trepava nas pernas de José Baía, que nascera de sete meses e fora criado sem mamar. José Baía era ótimo, talvez por não ter mamado e haver nascido de sete meses, o que devia ser uma exceção. Se José Baía aparecesse ali, explicar-me-ia o papa-lagartas. A calça, o paletó e os sapatos pressagiavam acontecimentos volumosos. E palavras enigmáticas haviam-me despertado suspeitas vagas, medíocre entusiasmo por aventuras imprecisas e medo. Que iria suceder? Bom que José Baía estivesse comigo, papagueando na sua língua fácil e capenga, livrando-me de sustos.

A recordação dessa antiga cena mostra-me a casa virada, extravagância que mais tarde se reproduziu. Muitas vezes as ruas e os prédios se deslocaram, deixando-me perplexo, desnorteado. A porta da frente e o copiar não davam para o açude, como de ordinário, mas para os montes de lixo e o pé de turco. Houve uma pausa. As vozes, o rumor de malas arrastadas, as chamas da fogueira, os rinchos, as gargalhadas do papa-lagartas, sumiram-se.

Achei-me, horas depois, dia claro, escanchado na maçaneta de uma sela, horrivelmente sacolejado pelo trote de um cavalo, grossas mãos amparando-me. Atravessávamos uma povoação — duas filas de casebres desertos e entre elas cabanas de barro negro e palha seca. Para que serviria aquilo? Alguém falou em botequins e em festa. Não compreendi os botequins nem a festa, mas as construções de terra e palha queimada impressionaram-me. Perdi-as de vista, esqueci-as logo, sacudido pela andadura que me desarrumava as entranhas, aumentava e diminuía a vegetação espinhosa e familiar de xiquexiques e mandacarus.

De repente me vi apeado, em abandono completo, num mundo estranho, cheio de casas, brancas ou pintadas, sem alpendres, notáveis. Havia duas maravilhosas: uma de quadrados faiscantes, uma que se montava noutra. Avizinhei-me do sobradinho, fugi medroso e confuso: nunca teria podido imaginar uma casa trepada. Na de baixo percebi criaturas vermelhas e azuis, todas iguais; na de cima dois sujeitos se debruçavam, conversando, a uma janela, e, nem sei por quê, talvez por estarem de poleiro, julguei-os enormes. Um deles vestia farda vermelha e azul, como os do andar térreo, mas com listas de galões amarelos nos punhos. Eu ignorava as fardas e os galões, objetos preciosos, evidentemente. Procurei Amaro e José Baía, debalde. Longe da fazenda, considerei-me fora da realidade e só. De fato não estava só: várias pessoas transitavam por ali, ruídos vagos quebravam o silêncio. Admirável a casa suspensa, como um garoto erguido em pernas de pau. Cheguei-me a ela novamente, arredei-me para a que brilhava, faiscava. O paletó feria-me os sovacos, os sapatos mordiam-me os pés e tropicavam no tijolo. Senti falta da camisa e das alpercatas. No outro lado da rua um longo corredor expunha um quintal cheio de roseiras. Deixei a farda, os galões, as paredes luminosas, fiquei muito tempo olhando as flores. Tencionei examiná-las de perto. Ressurgiu o isolamento, pus-me a caminhar ansioso na calçada. O meu desejo era gritar, pedir informações. Necessário voltar, distrair-me com as baronesas do açude, os marrecos e a vazante. Absurdo alguém viver num lugar onde se apertavam tantas casas. Até então houvera quatro ou cinco. O copiar da nossa era escorado por esteios robustos de aroeira. José Baía segurava-me os braços e rodava. Ao largar-me, eu saía tonto, cambaleando. As cercas e as árvores giravam, os esteios giravam e batiam-me na cabeça. Minha mãe descompunha José Baía, mas ele não lhe dava atenção: rodopiava, contava histórias de onças, dizia que tinha nascido de sete meses, fora criado sem mamar, bebera leite de cem vacas na porteira do curral. A porteira do curral estava longe. O açude, a vazante, os marrecos e as baronesas desmaiavam. Chamas lambiam vultos, um arrieiro soltava gargalhadas. Papa-lagartas. Depois vinham botequins de barro e palha, o trote de um animal a sacudir-me pelas estradas, xiquexiques e mandacarus subindo e descendo. Os botequins e os papa-lagartas envelheciam. Sensações violentas obliteravam xiquexiques e mandacarus: essas plantas não se acomodariam junto à grande arapuca levantada em pernas de pau. Senti vontade de chorar. Também não me acomodaria. Vi uma porta aberta, entrei, fui à sala de jantar, farejando o meu povo. D. Clara, a mulher que ia chamar-se d. Clara, sentada numa esteira, dava papa a um menino. Embrulhei-me. E, descobrindo um gato, perguntei de quem era o gato. D. Clara respondeu que era dela. Retirei-me, andei à toa na calçada, procurando José Baía, muitas queixas fervilhando-me no interior. Não me recordava da chegada, não sabia como tinha ido parar ali. Se me esquecessem no meio de surpresas? Precisei recolher-me. Enxerguei outra porta, enveredei por ela, detive-me na sala de jantar, percebi o gato, a esteira, o menino e d. Clara. Tornei a perguntar de quem era o gato e obtive a mesma resposta. Esperei mais algumas palavras. Não vieram — e saí desapontado. Pretendera, referindo-me ao gato, não que d. Clara se contentasse com ele, mas puxasse conversa, falasse nos homens de roupa vermelha e azul, na casa faiscante, nas roseiras. D. Clara não decifrou o meu intuito. E achei-me na rua, encolhido, murcho. A janela do sobradinho fechou-se. No andar térreo, porém, os sujeitos coloridos mexiam-se com animação, e um deles cantava uma cantiga mole, bamba, muito diferente da de José Baía. Duas ou três velhas surgiram na casa das roseiras. Elas e alguns transeuntes constituíram de chofre multidão — e a multidão me fascinava e amedrontava. Acercava-me timidamente do sobradinho. Queria ouvir histórias, risadas, cantigas. E queria ausentar-me dali, descalçar-me, ver minhas irmãs, entreter-me com o moleque José. Vaguei na calçada, coxeando, os olhos turvos, as virilhas úmidas. Sentei-me no chão, cansado e infeliz. Encostei-me depois a uma parede e adormeci.

A VILA

Buíque tinha a aparência de um corpo aleijado: o largo da Feira formava o tronco; a rua da Pedra e a rua da Palha serviam de pernas, uma quase estirada, a outra curva, dando um passo, galgando um monte; a rua da Cruz, onde ficava o cemitério velho, constituía o braço único, levantado; e a cabeça era a igreja, de torre fina, povoada de corujas. Nas virilhas, a casa de seu José Galvão resplandecia, com três fachadas cobertas de azulejos, origem do imenso prestígio de meninos esquivos: Osório, taciturno, Cecília, enfezada, e d. Maria, que pronunciava *garafa*. Na coxa esquerda, isto é, no começo da rua da Pedra, o açude da Penha, cheio da música dos sapos, tingia-se de manchas verdes, e no pé, em cima do morro, abria-se a cacimba da Intendência. Alguns becos rasgavam-se no tronco: um ia ter à lagoa; outro fazia um cotovelo, dobrava para o Cavalo-Morto, areal mal-afamado que findava no sítio de seu Paulo Honório; no terceiro as janelas do Vigário espiavam as da escola pública, alva, de platibanda, regida por um sujeito de poucas falas e barba longa, semelhante ao mestre rural visto anos atrás. Essa parecença me deu a convicção de que todos os professores machos eram cabeludos e silenciosos.

D. Maria, particular e casada com seu Antônio Justino, funcionava na rua da Palha — e, por ser particular, excedia o colega, oficial e, consequentemente, desleixado, na opinião dos pais de família. Seu Antônio Justino, homem sem profissão, era quinca, marido de professora, mas não completamente quinca, apesar de viver desocupado. Se a mulher possuísse carta, seu Antônio Justino perderia nome e sobrenome. D. Maria não tinha carta nem recebia dinheiro do governo — e seu Antônio Justino ainda não se havia inteiramente despersonalizado.

Perto dessa escola instalavam-se o quartel da polícia e a cadeia. No corpo da guarda o destacamento local bocejava, preguiçava nas tarimbas, e José da Luz, cafuzo pachola e risonho, cantava.

A vida social se concentrava no largo, ponto de comércio, fuxicos, leitura de jornais quando chegava o correio. Nos sábados armavam-se barracas, fervilhavam matutos. Nos domingos eram os exercícios espirituais: missa extensa, confissões, casamentos, batizados, injúrias abundantes de padre João Inácio. Tinham andado pelo sertão dois missionários muito diferentes na catequese: frei Caetano, pessoa de infinita doçura, quase santo, e frei Clemente, um bárbaro que fustigava as mulheres e infundia enorme respeito. Padre João Inácio tinha muito de frei Clemente: não chegava a açoitar os paroquianos, mas, se se aperreava, distribuía insultos aos pequenos, raça de cachorro com porco. Este desacato era proferido com energia e gritos, fora do púlpito, pois não consta que padre João Inácio haja pregado.

Os maiorais do município, governo e oposição, vinham de um grupo de famílias mais ou menos entrelaçadas, poderosas no Nordeste: Cavalcantis, Albuquerques, Siqueiras, Tenórios, Aquinos. Padre João Inácio era Albuquerque. O comendador Badega, parente de todos os graúdos, autor de vários filhos naturais, esfarinhado em César Cantu, vestia cassineta esfiapada e ruça, usava chapéu de abas roídas e botas pretas com remendos amarelos. Assim, de rebenque e esporas, entrou uma noite no paço municipal com um lote de caboclas novas e, ao som da harmônica, dançou valsas e quadrilhas até o nascer do sol. Apesar da comenda, os roceiros davam-lhe o título de capitão.

De ordinário a gente da rua, excetuados os três meses de safra, descansava seis dias na semana. Em negócios raros buscava-se lucro exorbitante.

Pelos agudos frios da serra, andavam figuras solitárias, de mãos atrás das costas, em capotes escuros, como urubus arrepiados na garoa.

E findo o inverno, indivíduos loquazes reuniam-se em torno dos balcões, discutiam política, tesouravam o próximo. À tarde estabeleciam-se nas calçadas, à sombra. Os dados chocalhavam, as pedras estalavam nos tabuleiros de gamão. E as discussões não tinham fim. Comentava-se a coragem do advogado Bento Américo, um que chegou a professor de direito e conseguiu fama por trajar mal e escrever sem verbos. Num discurso no júri, Bento Américo arremedara o coronel Antônio de Aquino, chefe político: acendera um cigarro barato e pusera o pé em cima de uma cadeira. Esse discurso provocava admiração desmedida.

Fatos antigos se renovavam, confundiam-se com outros recentes, e as notícias dos jornais determinavam perturbações nos espíritos. Debatiam-se Canudos, a revolta da armada, a abolição e a guerra do Paraguai como acontecimentos simultâneos. A república, no fim do segundo quadriênio, ainda não parecia definitivamente proclamada. Realmente não houvera mudança na vila. Os mesmos jogos de gamão e solo transmitiam-se de geração a geração; as mesmas pilhérias provocavam as mesmas risadas. Certas frases decoravam-se, achavam meio de arranjar-se com outras de sentido contrário — e essas incompatibilidades firmavam-se nas mentes como artigos de fé.

Sem dúvida Floriano Peixoto e Deodoro da Fonseca eram grandes, tão grandes que, deixando a política, recebiam consagração popular e entravam nas emboladas:

Pedro Paulino, Leodoro, Loriano.
Foi a lei republicana
Que inventou guarda local.

Os frequentadores das calçadas conheciam dos generais famosos alguma coisa mais que os nomes truncados. Não percebiam neles virtudes públicas (isto ninguém estava em condições de notar), mas descobriam qualidades preciosas a um sertanejo: vigor e dissimulação. Aquela resposta de Floriano aos estrangeiros causava entusiasmo. Bichão, sim senhor: prendia, deportava, não receava caretas. Deodoro é que havia procedido mal. No começo da vida era um pobrezinho, e d. Pedro o recolhera, educara, dera-lhe posição e dragonas. Em paga de tantos favores, uma rasteira no protetor bambo. Ingrato. Devia ter esperado que o velhinho desse o couro às varas.

Meu pai, negociante, concordava com todos. Tinha às vezes, porém, ideias próprias, que não chocavam as outras. No 15 de Novembro enxergava um herói, o barão de Ladário, desconhecido antes da revolta, nascido para resistir à prisão, receber tiros, não permitir que se derrubasse a monarquia suavemente. Esse pouco sangue bastava. E meu pai, livre de leituras, livre de sentimentos belicosos, viu no ministro uma glória incomparável. Esqueceu-o depois completamente, deixou de aludir a qualquer espécie de bravura. Tinha imaginação fraca e era bastante incrédulo. Aborrecia os ateus, mas só acreditava no contas-correntes e nas faturas. Desconfiava dos livros, que papel aguenta muita lorota, e negou obstinadamente os aeroplanos. Em 1934 considerava-os duvidosos. Talvez até admitisse o barão de Ladário como personagem de ficção.

A política nacional era um romance que os meninos barbados folheavam, largavam, retomavam, deturpavam. Versáteis, não permaneciam nessas alturas, caíam nos sucessos vulgares, que eram também contos de fadas.

O doutor juiz de direito mencionava a comarca onde servira, no Amazonas. Jacarés monstruosos, onças inofensivas, cobras que engoliam bois.

Seu André Cursino, gordinho, baixinho, barrigudo, saía à rua vestido em robe de chambre.

Seu Batista, embutido na camisa dura, enforcado na gravata preta, a barba em bico alongando-lhe a cara magra, falava devagar. Quando se calava, as cabeças em redor balançavam-se aprovando-o, e os olhos maliciosos troçavam dele.

Seu Filipe Benício, encorpado, tinha rugas e bigode grisalho. Sério, causava medo. Na conversa a gravidade esmorecia.

Tipo mofino era o velho Quinca Epifânio, ossudo, inquieto, cara de fome, sovina até nas palavras. Guardava a despensa na loja: barricas bem cobertas, defendidas contra os ratos. De manhã um moleque se chegava ao balcão, a cesta pendurada no braço. O avarento destapava os esconderijos, pesava e media longamente a ração miserável: duzentos gramas de charque, dois dedos de toicinho, um pires de feijão. Privava-se disso e despedia o portador, gaguejando.

Para lá da lagoa, no alto de um monte, seu Félix Cursino recebia visitas no alpendre de uma casa rodeada de cajueiros.

Abaixo dessa classe andavam criaturas que não liam jornais, ignoravam d. Pedro II e o barão de Ladário.

André Laerte, barbeiro muito sujo, usava um avental ensanguentado, pisava macio, com modos de gato.

As gargalhadas do pedreiro Carcará feriam todos os ouvidos.

Seu Acrísio, jogador e quase cego, ziguezagueava, batia nas paredes, tenteava degraus e portas com o cajado. No jogo, unia as cartas aos óculos, apalpava-as lentamente, como se as visse com os dedos.

Mestre Firmo alfaiate, a agulha metida na gola, pedia um cigarro. Se não o obtinha, entrava na bodega e comprava um maço. Tirava o cigarro necessário e distribuía dezenove, porque lhe faltava o instinto de proprietário, moderava-se no vício e devia a toda a gente.

Alguns indivíduos, quando não se apresentavam nas calçadas, incorriam em censuras rigorosas. Seu Antônio Justino e seu Afro estavam entre eles, o primeiro por ser indolente, o segundo por acomodar-se a uma vida irregular.

Dificilmente se provaria que seu Antônio Justino fosse mais preguiçoso que os outros habitantes da vila, mas todos o condenavam: não tinha fazenda nem ofício, não jogava e nas reuniões das esquinas opinava medianamente.

Seu Afro, vítima de uma infelicidade que só muito mais tarde compreendi, não se julgava infeliz, aparentava não julgar-se infeliz: era um rapagão corado, forte, risonho. Vendo-o pelas costas, as pessoas que discutiam Canudos e o barão de Ladário faziam caretas de repugnância, largavam frases contundentes ou gestos obscenos. Porque seu Afro, casado no religioso, morava no Cavalo-Morto, zona imprópria, com a mulher, grande loura sardenta, e um compadre. Esse amigo tinha residência nominal na fazenda, mas de fato vivia na rua e no pecado, entregue de corpo e alma à família adotiva — uma dedicação que o tempo e os remoques não esfriavam nem corrompiam. Os três achavam no seu pequenino mundo substância para manter a sociabilidade que havia neles. Dispensavam festas, visitas, palestras. E d. Maroca, vistosa, branca de carnes e de roupa, bem lavada e bem esfregada, caminhava firme nos passeios, sem se voltar para as janelas, isenta de cortesias. As mulheres honestas se desviavam dela, rancorosas. E as desonestas, caiadas, pintadas, enxeriam-se:

— Hum! hum! Maroca passa, nem olha.

Diziam na verdade *nem uia*. Creio que diziam *nenhuia*, coisa estranha. D. Maroca não olhava. Seguia o seu caminho, aprumada — e só.

Espantaram-me a desconsideração e a frieza que envolviam essas criaturas. Não me capacitava de que a moça bonita, cheirosa, engomada, fosse de qualquer maneira inferior a d. Águeda de seu Acrísio, magra e pontuda. Também me parecia injusto dar ao velho Quinca Epifânio, engelhado e faminto, mais valor que a seu Afro, robusto e alegre. O juízo dos homens era esquisito. Bem esquisito.

Contudo esse julgamento absurdo acompanhou-me. Fixou-se, ganhou raízes. Indigno-me, quero extirpá-lo, reabilitar seu Afro e d. Maroca. Duas pessoas normais. Penso assim. E desprezo-as, sinto-as decaídas. Impossível deixar de senti-las decaídas. Repito mentalmente os desconchavos de padre João Inácio.

VIDA NOVA

A nossa casa era na rua da Palha, junto à de d. Clara, pessoa grave que tinha diversos filhos, um gato, marido invisível. Uma parenta dela, irmã ou sobrinha, dessas criaturas que não pedem, não falam, não desejam, aparecem quando são úteis e logo se somem, fogem aos agradecimentos, familiarizou-se conosco, tomou conta dos arranjos da instalação. Espanou, esfregou, arrumou as cadeiras pretas, os armários, os baús cobertos de sola, enfeitados de brochas. Findos os trabalhos, ausentou-se. Até o nome dela se perdeu.

Meu pai, transformado em comerciante, estabeleceu-se no largo da Feira. Aí, num socavão triste, de que mais tarde me lembrei ao ver subterrâneos em folhetins, passou dias abrindo caixas e fardos, empilhando mercadorias, examinando faturas, calculando, a lápis, em pedaços de papel de embrulho. Esperei debalde vê-lo concluir esse exercício, voltar ao banco do alpendre e à vazante. Aproximava-me dele muitas vezes, com recados. E no caminho largo a princípio me retardava, contemplando as roseiras do jardim, as paredes brilhantes de azulejos, o sobradinho onde havia homens fardados.

Isso durou pouco. Minha mãe descobriu nódoas no chão, raspou o tijolo, apavorou-se ao ter notícia de que elas eram sangue de tuberculoso. Lavou muito as mãos, chorou, desesperou-se, convenceu-se de que as hemoptises velhas iam penetrá-la e matá-la. Fechou o quarto contaminado e resolveu mudar-se.

Algum tempo depois estávamos localizados, negócio e família, numa esquina, perto do Cavalo-Morto. Atrás da loja, de quatro portas, duas em cada frente, havia o armazém de ferragens e o depósito de milho, onde eu e minhas irmãs brincávamos. A um lado, a sala de visitas, as cavernas do casal e das meninas, a despensa e a cozinha. Um corredor separava a habitação do estabelecimento, desembocava na sala de jantar, larga e baixa. Aí bancos ladeavam a mesa grosseira, e uma cama de lona escondia-se num canto, a cama que me ofereceram quando larguei a rede, por causa das almas do outro mundo.

As almas vieram uma noite, quatro ou cinco, estirando-se e acocorando-se à entrada do corredor. Assustei-me, gritei, acordei toda a gente, descrevi as figuras luminosas que se moviam na escuridão, subindo, baixando. Quando subiam, as cabeças delas alcançavam o teto. Fui deitar-me noutro lugar e no dia seguinte obtive uma notoriedade que me envergonhou. Repetiram o fato, acreditaram nele, responsabilizaram-me por minudências de que não me recordava. Podia um ser tão miúdo inventar aquilo? Atordoava-me, queria evitar os exageros, dizer que a minha história não merecia importância, e receava desprestigiar-me. Eu tinha julgado perceber umas luzes — e as luzes tomavam corpo de repente, entravam nas conversas. Senti remorso, desejei reduzir as minhas almas. Assombrara-me à toa. Vinham-me, porém, dúvidas. Afirmaram, desenvolveram o caso estranho — e por fim admiti a visão. Talvez não me houvesse enganado completamente. Não enxergara as claridades que se alongavam e encurtavam, mas devia ter visto qualquer coisa.

Esqueci pouco a pouco a aventura e apaguei-me, reassumi as proporções ordinárias. Ficou-me, entretanto, um resto de pavor, que se confundiu com os receios domésticos. Arrepios súbitos, cabelos eriçados, tonturas, se alguém me falava. Nas trevas das noites compridas consegui afugentar perigos enrolando-me, deixando apenas o rosto descoberto. Uma ponta do lençol envolvia a testa, rodeava a cara. Sentia-me assim protegido: nenhum fantasma viria ameaçar-me a boca, o nariz e os olhos expostos. Se o pano se soltava, enchia-me de terrores. Era preciso que as orelhas e o couro cabeludo se escondessem, provavelmente por serem as partes mais sujeitas a acidentes. Talvez os duendes viessem magoá-las.

Vivíamos numa prisão, mal adivinhando o que havia na rua, enevoada longos meses. Conhecíamos o beco: da janela do armazém, trepando em rolos de arame, víamos, em dias de sol, matutos de saco no ombro, cavalos amarrados num poste grosso, transeuntes que se chegavam cautelosos ao muro, espiavam os arredores e se afastavam depois de molhar o tijolo vermelho.

A alguns passos, na outra esquina, uma casa semelhante à nossa. Três meninos, uma senhora magra, nervosa, um homem de pernas finas metidas em calças estreitas demais, pernas que lhe tinham rendido a alcunha. Desajeitado em cima delas, Teotoninho Sabiá piscava os olhos amarelos de ave, sacudia as grandes asas depenadas e bocejava um cacarejo inexpressivo. Observávamos pedaços de vida, namorávamos o oitão da outra gaiola, aberta, e tínhamos inveja imensa dos Sabiás pequenos, desejávamos correr e voar com eles.

Nos dias de inverno o beco se transformava num rego de água suja, onde se desfaziam complicados edifícios e navegavam barquinhos de papel, sob o comando de um garoto enlameado. A garoa crescia. A chuva oblíqua enregelava-nos. Uma cortina oscilante ocultava os móveis, as prateleiras da loja. Os tecidos criariam mofo, os metais se oxidariam. Fechavam-se as portas e as janelas. As figuras moviam-se na sombra, indeterminadas.

Ia recolher-me à cama da sala de jantar, envolvia-me nas cobertas úmidas. Enxergava a custo as poças do quintal, as manchas que se alargavam nas paredes, a telha escura, uma quina da prensa de farinha, velha e carunchosa, caída no alpendre. Havia um cheiro acre de lenha verde queimada; a fumaça da cozinha unia-se à poeira de água, engrossava a fuligem que tingia as teias de aranha. Enorme bica de madeira, um rio suspenso, transbordava nas trovoadas, com surdo rumor. Depois amansava, ficava dias e dias atirando pingos no chão, derramando além do copiar um esguicho leve e silencioso, que o vento agitava.

Não se distinguia nenhum ruído fora a cantiga dos sapos do açude da Penha — vozes agudas, graves, lentas, apressadas, e no meio delas o berro do sapo-boi, bicho terrível que morde como cachorro e, se pega um cristão, só o larga quando o sino toca. Foi Rosenda lavadeira quem me explicou isto. Admirável o sino. Como seria o sapo-boi? Pelas informações, possuía natureza igual à natureza humana. Esquisito. Se eu pudesse correr, sair de casa, molhar-me, enlamear-me, deitar barquinhos no enxurro e fabricar edifícios de areia, com o Sabiá novo, certamente não pensaria nessas coisas. Seria uma criatura viva, alegre. Só, encolhido, o jeito que tinha era ocupar-me com o sapo-boi, quase gente, sensível aos sinos. Nunca os sinos me haviam impressionado.

Sapo-cururu
Da beira do rio.
Não me bote na água,
Maninha:
Cururu tem frio.

Cantiga para embalar crianças. Os cururus do açude choravam com frio, de muitos modos, gritando, soluçando, exigentes ou resignados. Eu também tinha frio e gostava de ouvir os sapos.

PADRE JOÃO INÁCIO

O ponto de reunião e fuxicos era a sala de jantar, que, por duas portas, olhava o alpendre e a cozinha. Como falavam muito alto, as pessoas se entendiam facilmente de uma peça para outra. Nos feixes de lenha arrumados junto ao fogão, na prensa de farinha, nos bancos duros que ladeavam a mesa, a gente se sentava e ouvia as emboanças do criado, um caboclo besta e palrador. Rosenda lavadeira cachimbava e engomava roupa numa tábua. O moleque José e a moleca Maria esgueiravam-se da sombra, perdiam a condição e a cor, não se distinguiam quase dos meninos de Teotoninho Sabiá.

Vivíamos todos em grande mistura — e a sala de visitas era inútil, com as cadeiras pretas desocupadas, uma litografia de S. João Batista e uma do inferno, o pequeno espelho de cristal que Amâncio, afilhado de meu pai, trouxera do

Rio ao deixar o exército no posto de sargento. Esse espelho caía da parede e nunca se partiu, rivalizava com o copo azul, lembrança do casamento de meu avô, e o paliteiro que representava dois galos e uma raposa. Há meia dúzia de anos o paliteiro ainda existia, mas um dos galos se tinha ausentado.

As cadeiras pretas não se espanavam. Certo dia o tenente de polícia desconfiou delas, tirou o lenço e esfregou uma. Horrível. Minha mãe se enfureceu, tencionou besuntar os móveis com azeite de peixe, arruinar a farda não me toque daquele safadinho. Desistiu da vingança — e a sala se conservou deserta, abrindo-se raramente para receber d. Conceição, d. Clara, d. Águeda, outras senhoras que se enfastiavam no silêncio, espiando o santo, os demônios chifrudos, o espelho, a sola do marquesão empoeirado.

Afinal aquilo se transformou em paiol. Retirou-se a mobília, transportou-se para ali o milho que no depósito era um viveiro de borboletas. Ficara o grão exposto, aguardando a carestia por causa da seca, e a lagarta dera nele. Desvalorizava-se agora. Indispensável tratá-lo com veneno, matar os bichos. Uma festa para as crianças. Eu e minhas irmãs revolvemos a tulha cor de ouro, espalhando o arsênico. Dispensou-se o trabalhador — e nós nos encarregamos gostosamente da tarefa. Abandonamos a prensa de farinha, o armazém atravancado de ferragens, o quintal nu, donde se ouvia o descaroçador barulhento do Cavalo-Morto.

Na sala, mudada em celeiro, o nosso ambiente se alargava de chofre, adquiríamos liberdade. As sementes se derramavam no corredor, iam-se acumulando, formavam uma ladeira, que subíamos até alcançar as janelas. Daí dominávamos a rua, víamos os transeuntes mais baixos que nós. Seu Acrísio errava o caminho, tropeçava, batia nas paredes e rosnava: "Diabo! diabo! diabo!" Alguns passos à direita, seu Chico Brabo maltratava João. No solo movediço achávamos firmeza. A nossa brincadeira representava utilidade — e não viriam desmancha-prazeres aquietar-nos, impor-nos disciplina.

Contudo uma sombra às vezes nos toldava a alegria: a recordação do vigário. Na cozinha e na sala de jantar pintavam-no terrível, uma espécie de lobisomem criado para forçar-nos à obediência. Citavam-se os despropósitos dele na igreja. Isto não nos interessava. Tínhamos, porém, razão para temer aquele homem tenebroso por fora e por dentro. Não ria. O olho postiço, imóvel num círculo negro, dava-lhe aspecto sinistro.

Além disso padre João Inácio habituara-se a cuidar de variolosos, viventes que infundiam pavor a toda a vila. Se aparecia notícia deles, as portas se fechavam, o comércio enfraquecia, nas pontas de ruas queimavam excremento de boi e creolina em cacos de telha. Uma noite levavam os infelizes, enrolados, para os barracões de palha feitos nas brenhas, onde a carne doente apodrecia quase ao abandono, sobre folhas de bananeiras. Alguns enfermeiros imunizados furavam-lhes as pústulas com espinhos de mandacaru, lavavam-nas com aguardente e cânfora. Havia grande mortandade, e as marcas dos sobreviventes eram horrorosas. Os curandeiros dessa praga inspiravam tanto receio como as vítimas dela. Cercava-os uma faixa de isolamento. Admiração e repugnância.

Pois numa epidemia das mais violentas padre João Inácio e capitão Badega, isentos de preservativos, se haviam estabelecido nos barracões. Gente medrosa sucumbira. Os dois tinham saído ilesos e, em consequência, virado comendadores. Distinção balda. O vigário nunca chegou a cônego. E capitão Badega permaneceu capitão, sumido na fazenda, insensível a honrarias, lendo César Cantu, governando vários filhos naturais e um lote de cabrochas.

Depois da façanha, padre João Inácio arranjara tubos de linfa e começara a furar os braços da humanidade na vila e circunvizinhança. Os sertanejos não queriam meter a desgraça no corpo, adoecer por gosto. Se um médico tentasse a inoculação, haveria distúrbios. Mas aquela autoridade franzina usava despotismo, não descia a explicações. Insultava a canalha, raça de cachorro com porco. Mandava porque tinha poderes: era Albuquerque e sacerdote. E os paroquianos se deixavam contaminar, covardes, lamentando que s. rev.ma não se dedicasse inteiramente às cerimônias do culto. Não se dedicava. Dirigia um partido político — e o culto lhe merecia fraca atenção.

Fora condiscípulo do padre Cícero. Falava no taumaturgo, que principiava a notabilizar-se: apagado, sofrível, por não ser Albuquerque.

Padre João Inácio era pobre e tinha credores, que dominava. Conseguia, cheio de necessidades, exibir independência, injuriar, gritar.

Fomos vacinados na loja, graúdos e miúdos. Na surpresa, ignorando a tendência má do homem, não senti dor nem medo. Mas as feridas que vieram, resguardos, febre, quarenta dias sem toicinho, me pareceram obra do reverendo. Comentei o desastre com minhas irmãs. A pequena, um animalzinho, não atribuía às picadas o longo padecimento e a dieta rigorosa. A mais velha, porém, que já discernia motivos e me auxiliava no furto de doces, concordou comigo: realmente a criatura malvada nos dava achaques e nos proibia o toicinho. Suspeitamos que a infelicidade se renovaria, e a suspeita, confirmada no alpendre e na cozinha, se cometíamos alguma falta, mudou-se em convicção.

Uma tarde preguiçávamos no milho. Fazíamos buracos, e quando estavam bastante fundos, mergulhávamos neles, provocávamos o desmoronamento das rampas e desaparecíamos sob ruínas amarelas. Isto me dava imenso prazer.

Muito me haviam impressionado, em narrativas de José Baía, as referências a orações fortes, especialmente à da cabra preta, de enorme virtude. Quem possui essa mandinga escapa às mais graves situações, desdenha emboscadas, suprime inimigos, anda afoito pelos caminhos, emudece as armas de fogo. No perigo, transforma-se num toco. Ou some-se, evapora-se — e diante do bacamarte fixo na forquilha da tocaia apresenta-se a imagem de Nosso Senhor crucificado.

Eu desejava conhecer a reza valorosa. Ser-me-ia agradável passar uma hora em sossego, olhando o muro do quintal, ouvindo os sapos do açude da Penha, o descaroçador do Cavalo-Morto. Não me repreenderiam. Caso me chamassem, conservar-me-ia sentado na prensa de farinha, silencioso. Podiam gritar. Avizinhar-se-iam de mim — eu me afastaria alguns centímetros, calmo, em segurança. E pregaria um susto à moleca Maria, puxando-lhe de leve o pixaim. Depois, defendido pelo feitiço enérgico, lançar-me-ia em contravenções importantes: vagaria nas ruas, invisível, jogando piões invisíveis, empinando papagaios invisíveis. Demorar-me-ia nas esquinas, escutando histórias curiosas, deitar-me-ia nas calçadas, juntar-me-ia aos garotos sujos e turbulentos. Permanecendo isolado, incorporar-me-ia a todos os grupos. E se avistasse padre João Inácio, correria para ele, examinar-lhe-ia a magrém disfarçada na batina ruça, o olho duro imóvel na órbita negra. Passearíamos como dois amigos.

Ali, oculto no milho, apenas com o rosto descoberto, enchia-me dessas ideias, imaginava-me um ser encantado. Punha-me a tagarelar. Minha irmã divagava também, sem corpo, escondida no mistério. As nossas conversas, às vezes tempestuosas, eram agora um sussurro, como as que tínhamos à noite, na sala de jantar.

No momento em que o padre chegou, duas covas estavam prontas. Surgiu perto de nós, tão perto que poderia, estirando o braço, alcançar-nos com o guarda-chuva.

— Leonor! cochichei numa agonia.

Leonor voltou-se e desfaleceu. Caímos em desânimo esquisito, como dois bichinhos magnetizados. Faltava-me a força necessária para mover-me, ganhar a porta, fugir pelo corredor. A figura medonha prendia-me — e o bugalho parecia querer sair da mancha que se alargava na cara magra, saltar em cima de mim. O queixo roçava quase o peitoril da janela. A boca franzida comia os beiços. Foi o que vi. Isso e o cabo curvo do guarda-chuva cavalgando um ombro. Em seguida veio uma turvação, nevoeiro. E, no burburinho que houve, duas ou três palavras secas, autoritárias, incompreensíveis, feriram-me os ouvidos. Com certeza o vigário mandou algum recado aos donos da casa, mas isto ia além de meu entendimento. Um arrepio, súbito golpe de ar invadindo-me os pulmões e ficando lá dentro, aperto na garganta, o coração desmaiado, a carne bamba, a vontade suspensa. O instinto me atraía para a cova, ali a um palmo de distância, mas achava-me incapaz de sepultar-me nela. Sob os membros paralisados, as sementes se deslocavam, chiavam, e não se decidiam a resvalar depressa, arrastar-

-nos, cobrir-nos. O fantasma esteve um longo minuto esperando que nos levantássemos e obedecêssemos. Como não nos mexemos, desviou-se resmungando fanhoso — o seu modo ordinário de manifestar desaprovação. Estúpidos. Livres das bexigas e ingratos. Deve ter pensado assim.

— Estúpidos.

Padre João Inácio não sabia falar conosco, sorrir, brincar — e as nossas almas se fecharam para ele. Em padre João Inácio, homem de ações admiráveis, só percebíamos dureza.

O FIM DO MUNDO

Minha mãe lia devagar, numa toada inexpressiva, fazendo pausas absurdas, engolindo vírgulas e pontos, abolindo esdrúxulas, alongando ou encurtando as palavras. Não compreendia bem o sentido delas. E, com tal prosódia e tal pontuação, os textos mais simples se obscureciam.

Essas deturpações me afastaram do exercício penoso, verdadeiro enigma. Isso e o aspecto desagradável do romance de quatro volumes, enxovalhado e roto, que as vizinhas soletravam, achando intenções picarescas nas gravuras soltas, onde a tinta esmorecia sob nódoas. "Um grupo estranho e por igual..." Falta o adjetivo que rematava a legenda de uma das ilustrações. Julgo que era *vistoso*. Várias pessoas numa caixa com rodas, puxada por dois cavalos, diferente dos carros de bois que chiavam nos caminhos sertanejos. Em cima da caixa emproava-se um tipo de chicote e bigode, um cocheiro, segundo me disseram, nome inadequado, na minha opinião. Cocheiro devia tratar de cochos, objetos que não se viam no livro. Tudo ali discordava da nossa linguagem familiar. "Um grupo estranho e por igual vistoso." Parecia cantiga.

Minha mãe repetiu isso até decorar a história de Adélia e d. Rufo. Cansou-se, transferiu-se para uns folhetos de capa amarela, publicação dos salesianos. Passava horas no marquesão preto da sala de visitas, os olhos esbugalhados, atenta, a boca franzida, volvendo de longe em longe, com saliva, a página piedosa. Enchia-se de milagres ingênuos, parábolas, biografias de santos, lendas, conselhos exigentes, ofertas indefinidas e ameaças. Extasiava-se com as ações de d. Bosco, ótimo velhinho, semelhante a frei Caetano, o missionário que andou pelo Nordeste, elevando as almas caboclas.

Abandonava essas alturas, tomava-se de pavores, metia-se na camarinha, a esconder-se dos castigos eternos. Excitava-se, desanimava, encontrando talvez na consciência qualquer miudeza censurada na brochura de capa amarela. Fugia da terra, espiava o além. Em seguida se ausentava da prova severa, caía no vulgar, comentava os mexericos da vila, repreendia os moleques, resmungando, largando muxoxos. Não admitia que falássemos em muxoxo. Era uma birra esquisita. Se um de nós soltava a expressão condenada, ela se zangava e corrigia: *tunco*. Não gostávamos da onomatopeia: insistíamos no vocábulo perseguido, sabendo que isto nos rendia desgosto.

A existência ordinária, entregue a negócios terrestres e caseiros, durava duas, três semanas, até o correio trazer o fornecimento mensal de literatura religiosa. Surgiam as beatas estigmatizadas, d. Bosco, diálogos singelos, casos edificantes, delícias vagas do céu e torturas minuciosas do inferno.

Purificando-se nessa boa fonte, minha mãe às vezes necessitava expansão: transmitia-me arroubos e sustos. Uma tarde, reunindo sílabas penosamente, na gemedeira habitual, teve um sobressalto, chegou o rosto ao papel. Releu a passagem — e os beiços finos contraíram-se, os olhos abotoados cravaram-se no espelho de cristal. Certamente se inteirava de um sucesso mau e recusava aceitá-lo. Antes de mergulhar no pesadelo, segurava-se aos trastes mesquinhos — o espelho, o relógio, as cadeiras — e buscava amparar-se em alguém.

Atraiu-me, segredou queixas sumidas e insensatas. Perplexa, ora se voltava para as janelas, ora examinava o livrinho aberto na sola do marquesão, negra e côncava. Não se conservou muito tempo indecisa. Na doentia curiosidade, arrojou-se à leitura, desperdiçou uma hora afligindo-se em demasia. Levantou-se, atravessou o corredor, a sala de jantar, arriou na prensa de farinha do alpendre. Segui-a, sentei-me perto, calado, esperei que ela me chamasse. As nossas desavenças morreram. Julguei-a fraca e boa, desejei poder aliviá-la, dizer qualquer coisa oportuna. Sentia o coração pesado, um bolo na garganta, e propendia a alarmar-me também. Odiei a brochura, veio-me a ideia de furtá-la, escondê-la ou rasgá-la.

A pobre mulher desesperava em silêncio. Apertava as mãos ossudas, inofensivas; o peito magro subia e descia; limitando a mancha vermelha da testa, uma veia engrossava. Diversas pessoas da família tinham a mancha curiosa. Em momentos de excitação ela se avivava, quase roxa, da sobrancelha à raiz do cabelo — e essas criaturas se enfureciam, avizinhavam-se da loucura.

Afinal minha mãe rebentou em soluços altos, num choro desabalado. Agarrou-me, abraçou-me violentamente, molhou-me de lágrimas. Tentei livrar-me das carícias ásperas. Por que não se aquietava, não me deixava em paz?

A exaltação diminuiu, o pranto correu manso, estancou, e uma vozinha triste confessou-me, entre longos suspiros, que o mundo ia acabar. Estremeci e pedi explicações. Ia acabar. Estava escrito nos desígnios da Providência, trazidos regularmente pelo correio. Na passagem do século um cometa brabo percorreria o céu e extinguiria a criação: homens, bichos, plantas. Riachos e açudes se converteriam em fumaça, as pedras se derreteriam. Antigamente a cólera de Deus exterminara a vida com água; determinava agora suprimi-la a fogo.

Eu ignorava o século, os cometas, a tradição. E estendia fraternalmente a minha ignorância a todos os indivíduos. Não percebendo o mistério das letras, achava difícil que elas se combinassem para narrar a infeliz notícia. Provavelmente minha mãe se tinha equivocado, supondo ver na folha desastres imaginários. Expus esta conjectura, que foi repelida. A desgraça estava anunciada com muita clareza. Olhei o muro de tijolo, considerei-o indestrutível.

Algum tempo depois eu e minha irmã brincávamos junto dele. Corríamos daí para o copiar, voltávamos, descansávamos um instante na sombra, corríamos de novo. Numa dessas viagens, alcançando a prensa de farinha, ouvimos grande barulho. Viramo-nos. O muro tinha desaparecido. Vimos entulho, barro, uma nuvem de poeira, árvores no quintal subitamente crescido, fundos de casas, o descaroçador do Cavalo-Morto. Enquanto não se fez outra parede, habituamo-nos a saltar os escombros, admirar ferrinhos caprichosos, a máquina a devorar capulhos, pastas de algodão a esvoaçar, lentas, formando uma saraiva grossa e fofa. A diligência do motor, os giros das rodas, da polia, da correia, das serras, substituíam os rumores que nos embalavam durante a safra. Ganhamos experiência, discutimos. E a minha confiança nas construções minguou.

Naquela tarde, porém, informando-me da profecia, eu ainda não acreditava nos desmoronamentos. O muro estava inabalável. Convenci-me de que um fenômeno duvidoso e afastado, quase sem nome, não teria força para derrubá-lo. Também achei que Deus não eliminaria por atacado, sem motivo, seu Afro, Carcará. José da Luz, André Laerte, mestre Firmo, seu Acrísio, Rosenda, os meninos de Teotoninho Sabiá. E padre João Inácio. Quem tinha contado ao sujeito do livro que Deus resolvera matar padre João Inácio? Padre João Inácio era poderoso. Recusei o vaticínio, firme. Conversa: o mundo não ia acabar. Um mundo tão vasto, onde se arrumavam desafogadamente a vila e a fazenda, resistiria.

Minha mãe estranhou a manifestação rebelde, tentou provar-me que os doutores conheciam as trapalhadas do céu e adivinhavam as consequências delas. Mas queria certificar-se de que se enganava, pelo menos na parte relativa ao enorme incêndio. Refutou a minha afirmação com descomposturas enérgicas lançadas em tom amável. Foi serenando, terminou o debate como se nos referíssemos a visões de sonho. Teimava em declarar-me um animal. Não conseguiu intimidar-me. E era essa ausência de medo, indiferença aos perigos distantes, ao fogo, ao extermínio, que a tranquilizava.

Esteve alguns dias apreensiva, folheando a brochura, os olhos arregalados, séria. Enfim abandonou o cataclismo, embrenhou-se em novos temores.

O cometa veio ao cabo de uns dois anos e comportou-se bem. Minha mãe foi observá-lo da porta da igreja, sem nenhum receio, esquecida inteiramente da predição. Nesse tempo nós nos tínhamos mudado, vivíamos longe da vila. O mundo estava imenso, com muitas léguas de comprimento — e desafiava, seguro, profecias e cometas.

O INFERNO

Às vezes minha mãe perdia as arestas e a dureza, animava-se, quase se embelezava. Catorze ou quinze anos mais moço que ela, habituei-me, nessas tréguas curtas e valiosas, a julgá-la criança, uma companheira de gênio variável, que era necessário tratar cautelosamente. Sucedia desprecatar-me e enfadá-la. Os catorze ou quinze anos surgiam entre nós, alargavam-se de chofre — e causavam-me desgosto.

Um dia, em maré de conversa, na prensa de farinha do copiar, minha mãe tentava compor frases no vocabulário obscuro dos folhetos. Eu me deixava embalar pela música. E de quando em quando aventurava perguntas que ficavam sem respostas e perturbavam a narradora.

Súbito ouvi uma palavra doméstica e veio-me a ideia de procurar a significação exata dela. Tratava-se do inferno. Minha mãe estranhou a curiosidade: impossível um menino de seis anos, em idade de entrar na escola, ignorar aquilo. Realmente eu possuía noções. O inferno era um nome feio, que não devíamos pronunciar. Mas não era apenas isso. Exprimia um lugar ruim, para onde as pessoas mal-educadas mandavam outras, em discussões. E num lugar existem casas, árvores, açudes, igrejas, tanta coisa, tanta coisa que exigi uma descrição. Minha mãe condenou a exigência e quis permanecer nas generalidades. Não me conformei. Pedi esclarecimentos, apelei para a ciência dela. Por que não contava o negócio direitinho? Instada, condescendeu. Afirmou que aquela terra era diferente das outras. Não havia lá plantas, nem currais, nem lojas, e os moradores, péssimos, torturados por demônios de rabo e chifres, viviam depois de mortos em fogueiras maiores que as de S. João e em tachas de breu derretido. Falou um pouco a respeito dessas criaturas.

Fogueiras de S. João eu conhecia. Tinha-se feito uma diante da casa. Eu andara à tardinha em redor do monte de lenha que o moleque José arrumava. Admirando os aprestos, espantava-me de haver nascido ali de supetão um mamoeiro carregado de frutos verdes. À noite deitara-se na pilha uma garrafa de querosene, viera um tição. E eu ficara na calçada até dez horas, olhando as labaredas, que meu pai alimentava com aduelas e sarrafos. A gente da vila mexia--se, ria e cantava, iluminada por outros fogos. No dia seguinte as folhas do mamoeiro se torravam, pulverizavam. E na rua, desentulhada, apareciam grandes manchas negras.

Também conhecia o breu derretido. No armazém, barricas finas continham substância escura que, pisada, tomava a cor das moedas de vintém livres do azinhavre, raspadas no tijolo, molhadas e enxutas. Eu havia esfarelado um pedaço dessa maravilha, com um peso de meio quilo, junto à balança romana da loja. Tinha posto a massa dourada num cartucho de jornal, riscado um fósforo em cima e esperado o fenômeno. Uma lágrima correra no papel, alcançara-me o dedo anular, descera da unha à primeira falange. Largando a experiência, eu me desesperara, abafando os gritos, fora meter a mão num pote de água. Tinha sofrido em silêncio, receando que percebessem a traquinada e a queimadura.

Quando minha mãe falou em breu derretido, examinei a cicatriz do dedo e balancei a cabeça, em dúvida. Se o pequeno torrão, esmagado com o peso de meio quilo, originara aquele desastre, como admitir que pessoas resistissem muitos anos a barricas cheias derramadas em tachas fundas, sobre fogueiras de S. João?

— A senhora esteve lá?

Desprezou a interrogação inconveniente e prosseguiu com energia.

— Eu queria saber se a senhora tinha estado lá.

Não tinha estado, mas as coisas se passavam daquela forma e não podiam passar-se de forma diversa. Os padres ensinavam que era assim.

— Os padres estiveram lá?

A pergunta não significava desconfiança na autoridade. Eu nem pensava nisso. Desejava que me explicassem a região de hábitos curiosos. Não me satisfaziam as fogueiras, as tachas de breu, vítimas e demônios. Necessitava pormenores.

Minha mãe estragara a narração com uma incongruência. Assegurara que os diabos se davam bem na chama e na brasa. Desconhecia, porém, a resistência das almas supliciadas. Dissera que elas suportariam padecimentos eternos. Logo insinuara que, depois de estágio mais ou menos longo, se transformariam em diabos. Indispensável esclarecer esse ponto. Não busquei razões, bastavam-me afirmações. Achava-me disposto a crer, aceitaria os casos extraordinários sem esforço, contanto que não houvesse neles muitas incompatibilidades. Reclamava uma testemunha, alguém que tivesse visto diabos chifrudos, almas nadando em breu. Ainda não me havia capacitado de que se descrevem perfeitamente coisas nunca vistas.

— Os padres estiveram lá? tornei a perguntar.

Minha mãe irritou-se, achou-me leviano e estúpido. Não tinham estado, claro que não tinham estado, mas eram pessoas instruídas, aprendiam tudo no seminário, nos livros. Senti forte decepção: as chamas eternas e as caldeiras medonhas esfriaram. Começava a julgar a história razoável, adivinhava por que motivo padre João Inácio, poderoso e meio cego, furava os braços da gente, na vacina. Com certeza padre João Inácio havia perdido um olho no inferno e de lá trouxera aquele mau costume. A resposta de minha mãe desiludiu-me, embaralhou-me as ideias. E pratiquei um ato de rebeldia:

— Não há nada disso.

Minha mãe esteve algum tempo analisando-me, de boca aberta, assombrada. E eu, numa indignação por se haverem dissipado as tachas de breu, os demônios, o prestígio de padre João Inácio, repeti:

— Não há não. É conversa.

Minha mãe curvou-se, descalçou-se e aplicou-me várias chineladas. Não me convenci. Conservei-me dócil, tentando acomodar-me às esquisitices alheias. Mas algumas vezes fui sincero, idiotamente. E vieram-me chineladas e outros castigos oportunos.

O MOLEQUE JOSÉ

A preta Quitéria engendrou vários filhos. Os machos fugiram, foram presos, tornaram a fugir — e antes da abolição já estavam meio livres. Sumiram-se. As fêmeas, Luísa e Maria, agregavam-se à gente de meu avô. Maria, a mais nova, nascida forra, nunca deixou de ser escrava. E Joaquina, produto dela, substituiu-a na cozinha até que, mortos os velhos, a família não teve recurso para sustentá-la. Aí Joaquina se libertou. E casou, diferençando-se das ascendentes. Luísa era intratável e vagabunda. Em tempo de seca e fome chegava-se aos antigos senhores, instalava-se na fazenda, resmungona, malcriada, a discutir alto, a fomentar a desordem. Ao cabo de semanas arrumava os picuás e entrava na pândega, ia gerar negrinhos, que desapareciam comidos pela verminose ou oferecidos, como crias de gato. Parece que só escaparam os dois recolhidos por meu pai.

A moleca Maria tinha a natureza da mãe. E não podendo revelar-se, lavava pratos e varria a casa em silêncio, morna, fechada, isenta de camaradagens, esperando ganhar asas e voar. Realizou esse projeto.

O moleque José, tortuoso, sutil, falava demais, ria constantemente, suave e persuasivo, tentando harmonizar-se com todas as criaturas. Repelido, baixava a cabeça. Voltava, expunha as suas pequenas habilidades sem se ofender, jeitoso, humilde, os dentes à mostra. Não era alegre. Os olhos brancos ocultavam-se, frios e assustados, os beiços tremiam às vezes, mas isto se disfarçava numa careta engraçada que amolecia a cólera das pessoas grandes. E José se escapulia, escorregava, brando e gelatinoso, das mãos que o queriam agarrar. Apanhado na malandragem, mentia, inocente e sem-vergonha. Juntava os indicadores em cruz, beijava-os: "Por Deus do céu, pelas cinco chagas de Nosso Senhor Jesus Cristo, por esta luz que nos alumia." Franzino, magrinho, achatava-se. Uma insignificante mancha trêmula.

Nunca o vi chorar. Gemia, guinchava, pedia, soluçava infinitas promessas, e os olhos permaneciam enxutos e duros. Enchia-me de inveja, desejava conter as minhas lágrimas fáceis. Tomava-o por modelo. E, sendo-me difícil copiar-lhe as ações, imitava-lhe a pronúncia, o que me rendia desgosto. Esfriavam-me a ambição de melhorar e instruir-me, forçavam-me a recuperar a fala natural. Haviam obrigado o moleque a tratar-me por senhor, não admitiam que me reconhecesse indigno, me privasse voluntariamente daquele respeito miúdo. José, insensível às minhas desvantagens, perseverava na obediência, modesto, a proteger-me.

Íamos com frequência ao sítio que meu pai cultivava perto da rua, para lá do cemitério novo. Debaixo das árvores do aceiro, descansando sobre folhas secas, conservava-me horas entorpecido, a olhar as fileiras de mandioca, as cercas, periquitos que namoravam espigas amarelas. José vadiava nos ranchos vizinhos. Logo ao sair de casa, dobrando a esquina do Cavalo-Morto, reunia-se a um lote de garotos. E o bando aumentava, era diante do muro de seu Paulo Honório um pelotão ruidoso, que enfeitava a areia com flores de mulungu. As mulheres da lavoura percebiam nas corolas encarnadas formas indecentes, pisavam-nas furiosas, dirigiam insultos às moitas. Os pirralhos ocultos gritavam, corriam pelo mato, espalhavam no chão outras flores, vermelhas e peludas, ficavam de tocaia, aperreando as mulheres. Montado no meu carneiro branco, espantava-me da indignação delas, queria saber por que esmagavam com os pés coisas tão bonitas. Achava tola a brincadeira e enjoava-me dos meninos barulhentos. Certo dia um se aproximou de mim, puxou conversa usando palavras misteriosas. José interveio:

— Cala a boca. Ele não entende isso.

Entristeci, humilhado por anunciarem a minha ignorância. Quis reclamar, fingir-me esperto, mas desanimei, confessei interiormente que eles procediam de modo singular. Afastei-me sério, livre de curiosidade.

O meu carneiro branco morreu, os passeios ao sítio findaram.

José conhecia lugares, pessoas, bichos e plantas. Uma vez enganou-se. Presumiu enxergar meu bisavô num cavaleiro encourado visto de longe:

— Seu Ferreira de gibão, no cavalo de seu Afro.

Discordei. Meu bisavô só vestia couro no trabalho do campo. Na rua apresentava-se de colarinho e gravata, à feira, à missa, às eleições, ao júri. E não viajava em animal emprestado. Quando o homem se avizinhou, notamos o equívoco — e isto me deu satisfação. Senti o moleque próximo e falível. Eu julgava a ciência dele instintiva e segura. Modifiquei o juízo e alimentei a esperança de, com esforço, decorar nomes também, orientar-me em caminhos e veredas.

Apesar do erro, o prestígio de José não diminuiu. Convenci-me de que ele se havia expressado bem e repeti com entusiasmo:

— Seu Ferreira de gibão, no cavalo de seu Afro.

Acabei por dividir a frase em dois versos, que a princípio declamei e depois cantei:

Seu Ferreira de gibão,
No cavalo de seu Afro.

Minha mãe se aborreceu, atirou-me os qualificativos ordinários. Estúpido, idiota. Mordi os beiços, fui esconder-me no armazém, olhar o beco. Mas, trepado na janela, as pernas caídas para fora, não esquecia o disparate e monologava, batendo com os calcanhares no tijolo:

> *Seu Ferreira de gibão,*
> *No cavalo de seu Afro.*

José deu-me várias lições. E a mais valiosa marcou-me a carne e o espírito. Lembro-me perfeitamente da cena. Era de noite, chovia, as goteiras pingavam. Na sala de jantar meu pai arguia o pretinho, que se justificava mal. Nenhum indício de tempestade e violência, pois a culpa era leve e meu pai não estava zangado: contentar-se-ia com algumas injúrias. Achando-se disposto a absolver, aceitava facilmente as explicações. A um desconchavo do acusado, a voz áspera se amaciava, um riso grosso estalava — e a calma se restabelecia. Atravessávamos, porém, momentos difíceis: não podíamos saber se ele ia abrandar ou enfurecer-se. E o nosso procedimento o levava para um lado, para outro. Acertávamos ou falhávamos como se jogássemos o cara ou cunho. Se os fregueses andavam direito na loja, obtínhamos generosidades imprevistas; se não andavam, suportávamos rigor. Provavelmente é assim em toda a parte, mas ali essas viravoltas se expunham com muita clareza.

Naquela noite José, como de costume, negou uma traquinada insignificante. Apertado na inquirição, continuou a negar. Vieram provas, surgiu a evidência. O negro estava obtuso, não percebeu que devia soltar ao menos uns pedaços de confissão e defender-se depois, jurar por esta luz, pelas chagas de Cristo, não reincidir. Perdeu o ensejo — e a autoridade se arrenegou, não por causa da falta, venial, mas pela teimosia, agravada talvez com a recordação de fatos estranhos. Agora o infeliz precisava resignar-se ao castigo. E resistia, procurava atenuar a raiva esmagadora. A infração inchava, confundia-se com outras mais velhas, já perdoadas, e estas cresciam também, tornavam-se crimes horríveis.

Quando meu pai se tinha irado bastante, segurou o moleque, arrastou-o à cozinha. Segui-os, curioso, excitado por uma viva sede de justiça. Nenhuma simpatia ao companheiro desgraçado, que se agoniava no pelourinho, aguardando a tortura. Nem compreendia que uma intervenção moderada me seria proveitosa, originaria o reconhecimento de um indivíduo superior a mim. Conservei-me perto da lei, desejando a execução da sentença rigorosa. Não me afligiam receios, porque ninguém me acusava, ninguém me bulia a consciência. Não distinguindo perigos, supunha que eles se haviam dissipado inteiramente.

As brasas no fogão cobriam-se de cinza, morriam sob chuviscos; a água da bica salpicava o ladrilho escorregadio;

a labareda fumacenta do candeeiro oscilava. Num murmúrio, a criança beijava os dedos finos. De repente o chicote lambeu-lhe as costas e uma grande atividade animou-a. Pôs-se a girar, desviando-se dos golpes. E as palavras afluíam num jorro:

— Por esta luz, meu padrinho. Pelas cinco chagas de Nosso Senhor Jesus Cristo.

A súplica lamurienta corria inútil, doloroso ganido de cachorro novo. Muitas vergastadas se perdiam, fustigavam as canelas do juiz transformado em carrasco. Este largou o instrumento de suplício, agarrou a vítima pelas orelhas, suspendeu-a e entrou a sacudi-la. Os gemidos cessaram. O corpo mofino se desengonçava, a sombra dele ia e vinha na parede tisnada, alcançava a telha, e os pés se agitavam no ar.

Aí me veio a tentação de auxiliar meu pai. Não conseguiria prestar serviço apreciável, mas estava certo de que José havia cometido grave delito e resolvi colaborar na pena. Retirei uma acha curta do feixe molhado, encostei-a de manso a uma das solas que se moviam por cima da minha cabeça. Na verdade apenas toquei a pele do negrinho. Não me arriscaria a magoá-lo: queria somente convencer-me de que poderia fazer alguém padecer. O meu ato era a simples exteriorização de um sentimento perverso, que a fraqueza limitava. Se a experiência não tivesse gorado, é possível que o instinto ruim me tornasse um homem forte. Malogrou-se — e tomei rumo diferente.

Com certeza José nada sentiu. Cobrei ânimo, cheguei-lhe novamente ao pé o inofensivo pau de lenha. Nesse ponto ele berrou com desespero, a dizer que eu o tinha ferido. Meu pai abandonou-o. E, vendo-me armado, nem olhou o ferimento: levantou-me pelas orelhas e concluiu a punição transferindo para mim todas as culpas do moleque. Fui obrigado a participar do sofrimento alheio.

UM INCÊNDIO

Numa das viagens ao sítio, José convidou-me para visitar os restos do incêndio que devorara uma das cabanas arrumadas além do aceiro. Fui, receoso. Nunca me havia aproximado daqueles ranchos, onde fervilhavam os diabinhos maliciosos que afligiam as mulheres da lavoura.

Venceu-me a curiosidade: um fogo capaz de suprimir casas era realmente admirável. Eu não supunha o fogo com tantos poderes. Via-o doméstico, lambendo a trempe da cozinha, elevando-se um pouco no largo, em noites de S. João, e às vezes causando malefícios diminutos, como no dia em que uma brasa caíra do cachimbo de Maria Melo no ombro de minha irmã. Responsabilizavam-no agora por uma devastação volumosa — e isto me surpreendia. Zangara-se, procedera como os cavalos mansos que tomam o freio nos dentes.

Deixei o meu carneiro branco amarrado à sombra e saí com o moleque em direção às cabanas. Uma havia desaparecido. Os destroços dela espalhavam-se, ainda fumegantes, cinza, um lixo negro e quente que não nos consentia aproximação. De longe, senti-me logrado: esperava descobrir labaredas subindo ao céu, madeira estalando, nuvens rubras — e ali se achatavam porcarias. Desgostei-me e não pude atentar nelas.

No terreiro, diante do rescaldo, homens e mulheres choravam, lamentavam-se, gesticulavam. E alguns, sentados em baús, pareciam idiotas, silenciosos e inertes. Desviei-me de um objeto escuro, semelhante a um toco chamuscado. Os olhos em redor estavam fixos naquilo, e pouco a pouco distingui palavras no alarido, o esboço do caso medonho.

Enquanto os homens trabalhavam na roça e os meninos vadiavam pela vizinhança, duas pretinhas faziam a comida, soprando a lenha, agitando o abano. Uma faísca chegara à parede e em minutos a palha ardia. As criaturas haviam tentado reparar o desastre. Nada conseguindo, a mais nova fugira. A outra resolvera esvaziar a casa: salvara as panelas, o ralo, as esteiras, a cama de varas, a trouxa de roupa, as arcas. Surda aos chamados da irmã, arrecadara todos os trastes, menos a litografia de Nossa Senhora, provavelmente sapecada na camarinha. As paredes sumiam-se, o teto se desmoronava, a porta única era uma goela vermelha, donde saíam línguas temerosas. Apesar disso, mergulhara na fornalha, em busca da imagem benta. De volta, achara a passagem obstruída e morrera. Estava ali. Uma rapariga gemia entre soluços que procurara dissuadir a infeliz: Nossa Senhora não precisava de ninguém, escaparia, se quisesse. A teimosa recusara os conselhos — e estava ali. Os olhos se pregavam na coisa estendida junto ao borralho.

A narração me embrulhava o estômago, a fumaça me arrancava lágrimas, dava-me dores de cabeça. Eu nunca tinha visto um cadáver. Receava e desejava examinar aquele, mas certamente se desmanchara na catástrofe. Arrependia-me de haver atendido ao convite de José. Bom voltar ao sítio, deitar-me num colchão de folhas, admirar os periquitos, as flores de mulungu, as espigas amarelas. Não conseguiria, porém, tranquilidade. Excitava-me, preso ao cisco ardente e fuliginoso, ao choro, às lamúrias, propenso, num gosto mórbido, a torturar-me.

Seguindo o gesto do grupo inconsolável, cheguei-me ao tronco escuro, exposto no chão, uma preciosidade. Por quê? Não me capacitava do valor, estranhava que se referissem a ele com respeito, lhe dessem nome de cristão. Pedaços da realidade me entravam no entendimento, eram repelidos, tornavam, confusos. Afirmações e negações quase simultâneas me assaltavam. Jazia ali um ser humano. Logo recusava a proposição insensata. Nada de humano: tinha a aparência vaga de um rolo de fumo. Isto, rolo de fumo, semelhante aos que meu pai guardava no armazém, umedecidos em líquido viscoso, empacavirados em bananeira. Apenas aquele não estava úmido nem coberto: estava nu e torrado. Um rolo de fumo ordinário, dos que se vendem nas barracas de feira, pelando-se, esfarelando-se ao sol. Difícil atribuir-lhe nome de mulher, existência de mulher. Contudo as exclamações reiteradas, fragmentos de asserções contínuas, desbarataram a evidência, deram-me afinal a certeza de que se achavam no terreiro porções da negra morta. Forçava-me a não perceber nexo entre aquela espécie de barrote queimado e a sujeita valente que se mexera, defendendo os trens domésticos, a ausência de braços e de pernas. A energia mencionada e a inércia visível debatiam-se dentro de mim. A indecisão transformou-se em grande medo, não da coisa parada, mas da que se movera e continuava a mover-se nas queixas próximas. Esta iria surgir talvez, animar a outra e punir-me. Não havendo obtido licença para ver o desastre, sentia-me culpado, mas era impossível determinar o grau da culpa. Considerava-me profanador. Não me permitiriam ver defuntos, sobretudo aquele, privado das formas comuns, consequência de tragédia. Curvei-me num arremesso de coragem. Faltava-lhe o cabelo, faltava a pele — e não havendo seios nem sexo, perdiam-se os restos de animalidade. A superfície vestia-se de crostas, como a dos metais inúteis, carcomidos no abandono e na ferrugem. Em alguns pontos semelhava carne assada, e havia realmente um cheiro forte de carne assada; fora daí ressecava-se demais. Nesse torrão cascalhoso sobressaía a cabeça, o que fora cabeça, com as órbitas vazias, duas fileiras de dentes alvejando na devastação, o buraco do nariz, a expelir matéria verde, amarelenta. Distingui uma cara, sobra de cara, máscara pavorosa, mais feia que as dos papangus do carnaval. Não enxerguei pormenores: vi apenas, de relance, a dentadura, as órbitas vazias, o fluxo purulento.

Mudei a vista, arredei-me engulhando, amaldiçoando José, que me expusera a enorme desgraça e analisava tudo com interesse. Afastei-o, regressamos ao sítio, mas as sombras das árvores, as flores de mulungu e as aves não me deram sossego. Condenava-me e condenava o moleque. Se não me houvesse rendido à tentação, aquela imundície não existiria, pelo menos não existiria no meu espírito.

Cheguei a casa precisando confessar-me, livrar-me da recordação medonha. Narrei o que vira e o que ouvira: fagulhas alcançando a palha, roendo a palha, semeando estragos; a mulher conduzindo móveis, defendendo a Virgem Maria, sucumbindo enrolada em chamas, depois estirada no chão, sem braços e sem pernas, os dentes arreganhados numa careta. Dois buracos tenebrosos, gelatina esverdeada a correr das ventas.

Arrepiava-me, repetia a descrição, excitava-me tanto que meus pais tentaram acalmar-me, reduzir o sinistro. Não havia motivo para a gente se aperrear. Fora uma infelicidade, sem dúvida. Mas era a vontade de Deus, estava escrito. E podia ser pior, muito pior. Se se tivesse queimado a igreja, ou a loja de seu Quinca Epifânio, a mais importante da vila, o dano seria tremendo. Deus era misericordioso: contentava-se com uma habitação miserável, situada longe da rua, e com o sacrifício de uma preta anônima. Não me convenci. A loja de seu Quinca Epifânio e a igreja não tinham nada com o negócio. Eu não vira incêndio na igreja nem na loja de seu Quinca Epifânio: vira uma choupana destruída, e a choupana crescia, igualava-se às construções de tijolo. Seu Quinca Epifânio e padre João Inácio estavam vivos. Se tivessem morrido no fogaréu, não seriam mais nojentos que a negra.

Deviam repreender-me, dizer que me comportara mal abandonando o aceiro, as árvores, os periquitos, as flores. A lembrança infeliz me atormentava: necessário que os outros soubessem isto e me censurassem. Tinham sido sempre rigorosos em demasia, e agora me deixavam com aquele peso no interior. A arguição e o castigo me dariam talvez um pouco de calma: eu esqueceria, nos lamentos e na zanga, a visagem terrível. Não me puniram, quiseram transformar aquele horror num fato ordinário.

À noite o sono fugiu, não houve meio de agarrá-lo. A negra estava ali perto da minha cama, na mesa da sala de jantar, sem braços, sem pernas, e tinha dois palmos, três palmos de menino. De repente se desenvolvia em excesso, monstruosa. Sob a testa imensa rasgavam-se precipícios imensos. O nariz era um açude imenso, de pus. E os dentes se alargavam, numa gargalhada imensa. Em noites comuns, para escapar aos habitantes da treva, eu envolvia a cabeça. Isto me resguardava: nenhum fantasma viria perseguir-me debaixo do lençol. Agora não conseguia preservar-me. O tição apagado avizinhava-se, puxava a coberta, ligava-se ao meu corpo, sujava-me com a salmoura que vertia de gretas profundas. As órbitas vazias espiavam-me, a lama do nariz borbulhava num estertor, os dentes se acavalavam e queriam morder-me. Encolhia-me, escondia o rosto no travesseiro, e a visão continuava a atenazar-me. Os arrepios que me agitavam mudaram-se em tremor violento. Não resisti ao suplício, gritei como um doido, alarmei a família. Vieram buscar-me, tentaram varrer-me o espectro da imaginação, acomodaram-me aos pés da cama do casal. Aí me abati, no círculo de luz da lamparina, ouvindo o canto dos galos, até que a madrugada me trouxe uma ligeira modorra cheia de sonhos ruins. Adormeci com a figura asquerosa, despertei com ela.

Durante o dia voltei a mencioná-la, a descrevê-la, nauseado. Procurei o autor daquela sórdida agonia e responsabilizei Nossa Senhora. Se a criatura não tivesse tido a ideia de salvar a imagem, estaria cortando palmas de ouricuri para fabricar nova cabana. Tinha devoção, e isto a perdera. Evidentemente a mãe de Deus era ingrata e feroz. Em paga de tão puro desvelo — cólera, destruição.

As pessoas grandes, porém, refutaram o meu juízo de modo singular. A Virgem Maria tinha sido generosa. Escolhera a negra porque a julgava digna de salvação. Impusera-lhe algumas dores e em troca lhe oferecia o paraíso, sem o estágio do purgatório. O fogo do purgatório, horroroso, não se comparava aos lumes terrestres, e todos nós, cedo ou tarde, nos frigiríamos nele. A negra tivera sorte. Provavelmente já estava no céu, diante de Jesus, misturada aos serafins.

Essa esquisita benevolência deixou-me perplexo. Calei-me, prudente, mas achei o comentário duvidoso e embrulhado. Não me parecia que o purgatório fosse indispensável. E a negra, incompleta e imunda, não estava no céu. Que ia fazer lá? Estragaria as delícias eternas, mancharia as asas dos anjos.

JOSÉ DA LUZ

Para reduzir-me as travessuras, encerrar-me na ordem, utilizaram diversos elementos: a princípio os lobisomens, que, por serem invisíveis, nenhum efeito produziram; em seguida a religião e a polícia, reveladas nas figuras de padre João Inácio e José da Luz. Resumiram-me o valor dessas autoridades, que admirei e temi de longe, mas quando elas se aproximaram, só o vigário manteve a reputação. José da Luz desprestigiou-se logo. Não havia meio de apresentá-lo sério e firme, capaz de inspirar medo. Um papão ineficaz. Rosto cor de azeitona, a grenha domada a banha de porco, nos olhos espertos a alegria fervilhando, nariz chato, boca larga, provida de armas fortes, ruidosa. Na pele baça nenhuma ruga, nenhuma ruga na blusa, nas calças alisadas a capricho pela Rosenda lavadeira. Limpo, de colarinho lustroso, botinas ringidoras e brilhantes, José da Luz diferia muito dos polícias comuns, desleixados, amarrotados, provocadores de barulho nas feiras e em pontas de ruas, entre caboclos e meretrizes.

Provavelmente esses homens se comportavam assim por vingança. Tinham, nos duros tempos de paisanos, sofrido repelões e desaforos, dormido na cadeia sem motivo, aguentado nos calos saltos de reiunas, zinco no lombo. Vestindo o uniforme, eram insolentes e agressivos, apagavam as humilhações antigas afligindo outros infelizes. Bebiam cachaça, malandravam, torvos, importantes, vagarosos, e o desmazelo — cinto frouxo, quepe de banda, topete ameaçador — dava-lhes consideração. Arredios, oblíquos, promoviam sambas e furdunços em casas de palha, onde as violências passavam despercebidas e ninguém se queixava.

José da Luz chegava-se aos tipos que jogavam gamão e discutiam política. Um caboré enxerido, bem-falante, escorregando na companhia dos proprietários. Amável, jeitoso, com certeza escapava às marchas rigorosas da força volante, às diligências cruas. Não guardava ressentimento, não precisava desforra. Aceitava de coração leve a tarimba. E cantava, fanhoso e mole:

> *Assentei praça. Na polícia eu vivo*
> *Por ser amigo da distinta farda.*
> *Agora é tarde. Me recordo e penso.*
> *Trabalho imenso, não se lucra nada.*

Uma das estrofes terminava com estes versos:

Eu largo a farda, pego no capote,
Vou remar no bote: tudo é serviço.

José da Luz abria muito o *e* de *serviço*, prosódia que depois ouvi confirmada em várias terras. Em geral os militares inferiores arrastam a voz na primeira sílaba de *serviço* quando se referem às ocupações da caserna, que deste modo se distinguem das civis e ordinárias, sem vogal modificada.

Foi nessa cantiga mofina que José da Luz se manifestou, achando excessivas as exigências do ofício. Parecia um desgraçado, na longa choradeira. Afirmaram-me depois que ele era péssimo, e isto me perturbou. Surgiu-me um terceiro indivíduo, nem triste nem mau. Realmente jovial e bom, meio tonto, ingênuo. Os botões amarelos, a farda vermelha e azul, a distinta farda mencionada no lamento, eram brinquedos.

Nesse tempo, em razão de culpas indecisas, costumavam prender-me algumas horas na loja. Sentenciavam-me sem formalidades, mas o castigo implicava falta. E ali, no silêncio e no isolamento, adivinhando o mistério dos códigos, fiz compridos exames de consciência, tentei catalogar as ações prejudiciais e as inofensivas, desenvolvi à toa o meu diminuto senso moral. Atrapalhava-me perceber que um ato às vezes determinava punição, outras vezes não determinava. Impossível orientar-me, estabelecer norma razoável de procedimento. Mais tarde familiarizei-me com essas incongruências, mas no começo da vida elas me apareciam sem disfarces e me atenazavam. Mexia-me como se andasse entre cacos de vidro. Julgando inúteis as cautelas, curvei-me à fatalidade. Corroboravam esta disposição certas frases ouvidas na sala de jantar e na cozinha: "Que se há de fazer? Foi vontade de Deus. Estava escrito." Ainda hoje suponho que os meus poucos acertos e numerosos escorregos são obras de um destino irônico e safado, fértil em astúcias desconcertantes. Resignava-me, encolhido junto ao balcão, provisoriamente em segurança. Estava escrito, era vontade de Deus. E esgueirava-me como um rato, desfazia montes de papel, capim e maravalhas da embalagem, sondava as prateleiras e os caixões.

O castigo moderado, além de inculcar-me as regras de bem viver, tinha o fim de obrigar-me a vigiar o estabelecimento. Enquanto me achava ali, meu pai se distraía na vizinhança, parolando, aos gritos. Alarmava-me com frequência, convencia-me de que ele estava brigando. O riso grosso de Filipe Benício e o cacarejo de Teotoninho Sabiá tranquilizavam-me. Livre do susto, recolhia-me ao passatempo ordinário e arrancava dele alguma satisfação. De fato as horas pingavam monótonas no espaço que me concediam, mas em qualquer parte a insipidez era a mesma. Proibiam-me sair, e os outros meninos, distantes, causavam-me inveja e receio. Certamente eram perigosos. Afastado, não possuindo bolas de borracha, papagaios, carrinhos de lata, divertia-me com minhas irmãs, a construir casas de encerado e arreios de animais, no alpendre, e a revolver o milho no depósito. Durante a prisão, lembrava-me desses exercícios com pesar. Entretinha-me remexendo as maravalhas, explorando os recantos escuros, observando o trabalho das aranhas e a fuga das baratas. Divagava imaginando o mundo coberto de homens e mulheres da altura de um polegar de criança. Não me havendo chegado notícia das viagens de Gulliver, penso que a minha gente liliputiana teve origem nas baratas e nas aranhas. Esse povo mirim falava baixinho, zumbindo como as abelhas. Nem palavras ásperas nem arranhões, cocorotes e puxões de orelhas. Esforcei-me por dirimir as desavenças. Quando os meus insetos saíam dos eixos, revelavam instintos rudes, eram separados, impossibilitados de molestar-se. E recebiam conselhos, diferentes dos conselhos vulgares. Podiam saltar, correr, molhar-se, derrubar cadeiras, esfolar as mãos, deitar barquinhos no enxurro. Nada de zangas. Impedidos os gestos capazes de motivar lágrimas.

Largando esses devaneios, entregava-me à inspeção das mercadorias. Trepava-me na escada, abria caixas, desmanchava pacotes de dobradiças, admirava o mecanismo das fechaduras. Experimentava as chaves, ouvia o tilintar seco, via as linguetas entrando e saindo. Receava que me surpreendessem, reprovassem a curiosidade. Talvez uma peça lá dentro se rebentasse. Forças ali contidas iriam soltar-se, explodir, jogar-me da escada abaixo. Recordava-me do caso da pistola. Tinha sido anos atrás, na fazenda. Meu tio, hóspede, guardara a arma numa gaveta, recomendando-me que não tocasse naquilo. Eu havia assegurado não tocar. Sozinho, desejara conhecer de perto a máquina horrível que detonava, matava bichos. Rondara a mesa, reagindo à tentação, sabendo que não resistiria muito tempo. Descerrara a gaveta, jurando não pegar na pistola. Era o que havia prometido. Queria apenas vê-la. Bem, estava ali. Uma garrucha comum, preta, carregada com chumbo e pólvora. Apoiando nela um dedo e não acontecendo nenhum desastre, retirara-a, desvanecendo as precauções. Levantara o gatilho e não conseguira fazê-lo voltar ao descanso. Em seguida me viera a ideia de examinar o conteúdo de um pequeno estojo embutido na coronha. Erguera a tampa — e uma chuva de espoletas vermelhas se espalhara no chão. Soltando a pistola, escapulira-me, deixando a gaveta aberta. Em horas de angústia, sem me animar a entrar na sala, esperara que me chamassem, me responsabilizassem pelo desarranjo. Não chamaram. Num degrau alto da escada, movendo a chave, eu temia que se derramassem espoletas da fechadura. Não exatamente espoletas. Mas os ferrinhos tilintantes podiam querer desencaixar-se com espalhafato.

Repunha tudo nos seus lugares, descia, abandonava as miudezas e as ferragens, ia embeber-me nas estampas que ornavam as peças de chita. O mais vistoso desses pedaços de papel mostrava uma árvore encalombada de frutos em forma de cabaças. Um machado encostava-se ao tronco. E, ameaçando inimigos ausentes, um tigre arreganhava a dentuça, equilibrava-se em dois pés. Apresentavam-se assim os panos de Machado, Pereira & Cia., grandes fornecedores do Recife. A companhia era o tigre, Delfino Tigre. Eduquei-me no respeito a entidades semelhantes.

Uma tarde em que espiava na litografia o cabo de Machado, os ramos de Pereira e as garras de Tigre, vi José da Luz entrar na loja e esfriei. Quis fugir, esconder-me debaixo do balcão: as juntas endureceram, os músculos relaxaram-se. Tentei vencer o medo, endireitar o espinhaço, articular uma frase, sorrir. Em vão. José da Luz era terrível. Metia gente na cadeia, dava surras e muxicões nos feirantes. Superior a Machado, Pereira & Cia., credores de meu pai. O vermelho e o azul da firma notável, expostos na chita, exibiam-se no vestuário de José da Luz — e isto me isolava. Ainda que eu ignorasse a enorme importância do cafuzo, não me seria possível tomar intimidades com as cores das litografias.

Deu-se então o caso extraordinário. O soldado pregou os cotovelos no balcão e pôs-se a conversar comigo, natural, como os viventes mesquinhos, Amaro, José Baía, os moradores da fazenda. O terror sumiu-se, a espinha gelada aqueceu-se, os movimentos surgiram. Na presença de meu pai, a fala da personagem seria gentileza indireta. Julgava-me indigno de atenção. Contudo, se me viam acompanhado, sujeitos maneirosos falavam-me, careteando, lisonjeando. As caretas e as lisonjas deixavam-me desconfiança. Quando me achava só, tudo isso desaparecia. José da Luz não esperava de mim nenhum favor: a conversa dele era gratuita.

Vieram outras conversas — e tornamo-nos amigos. Por fim não me limitava, na prisão, a inventar fantasmagorias, reparar nas fechaduras e nos papéis coloridos. Tinha um companheiro excelente, que diminuía junto do balcão e era quase do meu tamanho. Não conservo nenhuma das histórias que ele contava, curtas e variadas, sem dúvida pouco significativas. Ouvia-as pensando em coisas diferentes, interrompia-as muitas vezes:

— Cante um bocado, Zé da Luz.

José da Luz temperava a goela e dizia as tristezas mentirosas da caserna:

> *Agora é tarde. Me recordo e penso.*
> *Trabalho imenso...*

Versátil, eu atentava nos botões amarelos da blusa prestigiosa, no quepe miúdo. Por que era que ele usava chapéu sem aba? As perguntas saíam espontâneas, e José da Luz me explicava que chapéu de soldado era assim mesmo. Contentava-me com isso, a minha curiosidade não tinha exigências. A farda vermelha e azul de José da Luz desbotava, não diferia muito da minha roupa. E as botinas de José da Luz, brilhantes e ringidoras, aproximavam-se dos meus borzeguins duros, cada vez mais estreitos. Éramos duas insignificâncias, uma loquaz, buliçosa, outra cheia de sonhos, emperrada. Os meus bonecos da altura de um polegar esmoreceram.

Esse mestiço pachola teve influência grande e benéfica na minha vida. Desanuviou-me, atenuou aquela pusilanimidade, avizinhou-me da espécie humana. Ótimo professor. Acho, porém, que era um mau funcionário. O Estado não lhe pagava etapa e soldo para desviar-se dos colegas, sujos e ferozes, encher com lorotas as cabeças das crianças. Um anarquista.

LEITURA

Achava-me empoleirado no balcão, abrindo caixas e pacotes, examinando as miudezas da prateleira. Meu pai, de bom humor, apontava-me objetos singulares e explicava o préstimo deles.

    Demorei a atenção nuns cadernos de capa enfeitada por três faixas verticais, borrões, nódoas cobertas de riscos semelhantes aos dos jornais e dos livros. Tive a ideia infeliz de abrir um desses folhetos, percorri as páginas amarelas, de papel ordinário. Meu pai tentou avivar-me a curiosidade valorizando com energia as linhas mal impressas, falhadas, antipáticas. Afirmou que as pessoas familiarizadas com elas dispunham de armas terríveis. Isto me pareceu absurdo: os traços insignificantes não tinham feição perigosa de armas. Ouvi os louvores, incrédulo.

    Aí meu pai me perguntou se eu não desejava inteirar-me daquelas maravilhas, tornar-me um sujeito sabido como padre João Inácio e o advogado Bento Américo. Respondi que não. Padre João Inácio me fazia medo, e o advogado Bento Américo, notável na opinião do júri, residia longe da vila e não me interessava. Meu pai insistiu em considerar esses dois homens como padrões e relacionou-os com as cartilhas da prateleira. Largou pela segunda vez a interrogação pérfida. Não me sentia propenso a adivinhar os sinais pretos do papel amarelo?

Foi assim que se exprimiu o Tentador, humanizado, naquela manhã funesta. A consulta me surpreendeu. Em geral não indagavam se qualquer coisa era do meu agrado: havia obrigações, e tinha de submeter-me. A liberdade que me ofereciam de repente, o direito de optar, insinuou-me vaga desconfiança. Que estaria para acontecer? Mas a pergunta risonha levou-me a adotar procedimento oposto à minha tendência. Receei mostrar-me descortês e obtuso, recair na sujeição habitual. Deixei-me persuadir, sem nenhum entusiasmo, esperando que os garranchos do papel me dessem as qualidades necessárias para livrar-me de pequenos deveres e pequenos castigos. Decidi-me.

E a aprendizagem começou ali mesmo, com a indicação de cinco letras já conhecidas de nome, as que a moça, anos antes, na escola rural, balbuciava junto ao mestre barbado. Admirei-me. Esquisito aparecerem, logo no princípio do caderno, sílabas pronunciadas em lugar distante, por pessoa estranha. Não haveria engano? Meu pai asseverou que as letras eram realmente batizadas daquele jeito.

No dia seguinte surgiram outras, depois outras — e iniciou-se a escravidão imposta ardilosamente. Condenaram-me à tarefa odiosa, e como não me era possível realizá-la convenientemente, as horas se dobravam, todo o tempo se consumia nela. Agora eu não tocava nos pacotes de ferragens e miudezas, não me absorvia nas estampas das peças de chita: ficava sentado num caixão, sem pensamento, a carta sobre os joelhos.

Meu pai não tinha vocação para o ensino, mas quis meter-me o alfabeto na cabeça. Resisti, ele teimou — e o resultado foi um desastre. Cedo revelou impaciência e assustou-me. Atirava rápido meia dúzia de letras, ia jogar solo. À tarde pegava um côvado, levava-me para a sala de visitas — e a lição era tempestuosa. Se não visse o côvado, eu ainda poderia dizer qualquer coisa. Vendo-o, calava-me. Um pedaço de madeira, negro, pesado, da largura de quatro dedos.

Minha mãe e minha irmã natural me protegeram: arredaram-me da loja e, na prensa do copiar, forneceram-me as noções indispensáveis. Arrastava-me, desanimado. O folheto se puía e esfarelava, embebia-se de suor, e eu o esfregava para abreviar o extermínio.

Isso de nada servia. Chegava outro folheto — e as linhas gordas e safadas, os três borrões verticais, davam-me engulhos. Que fazer? A lembrança do côvado me arregalava os olhos. Mas ia-me pouco a pouco entorpecendo, a cabeça inclinava-se, os braços esmoreciam — e, entre bocejos e cochilos, gemia a cantiga fastidiosa que Mocinha sussurrava junto a mim. Queria agitar-me e despertar. O sono era forte, enjoo enorme tapava-me os ouvidos, prendia-me a fala. E as coisas em redor mergulhavam na escuridão, as ideias se imobilizavam. De fato eu compreendia, ronceiro, as histórias de Trancoso. Eram fáceis. O que me obrigavam a decorar parecia-me insensato.

Enfim consegui familiarizar-me com as letras quase todas. Aí me exibiram outras vinte e cinco, diferentes das primeiras e com os mesmos nomes delas. Atordoamento, preguiça, desespero, vontade de acabar-me. Veio terceiro alfabeto, veio quarto, e a confusão se estabeleceu, um horror de quiproquós. Quatro sinais com uma só denominação. Se me habituassem às maiúsculas, deixando as minúsculas para mais tarde, talvez não me embrutecesse. Jogaram-me simultaneamente maldades grandes e pequenas, impressas e manuscritas. Um inferno. Resignei-me — e venci as malvadas. Duas, porém, se defenderam: as miseráveis dentais que ainda hoje me causam dissabores quando escrevo.

Sozinho não me embaraçava, mas na presença de meu pai emudecia. Ele endureceu algumas semanas, antes de concluir que não valia a pena tentar esclarecer-me. Uma vez por dia o grito severo me chamava à lição. Levantava-me, com um baque por dentro, dirigia-me à sala, gelado. E emburrava: a língua fugia dos dentes, engrolava ruídos confusos. Livrara-me do aperto crismando as consoantes difíceis: o T era um boi, o D uma peruinha. Meu pai rira da inovação, mas retomara depressa a exigência e a gravidade. Impossível contentá-lo. E o côvado me batia nas mãos. Ao avizinhar-me dos pontos perigosos, tinha o coração desarranjado num desmaio, a garganta seca, a vista escura, e no burburinho que me enchia os ouvidos a reclamação áspera avultava. Se as duas letras estivessem juntas, o martírio se reduziria, pois, libertando-me da primeira, a segunda acudia facilmente. Distanciavam-se, com certeza havia na colocação um desígnio perverso — e os meus tormentos se duplicavam.

As pobres mãos inchavam, as palmas vermelhas, arroxeadas, os dedos grossos mal se movendo. Latejavam, como se funcionassem relógios dentro delas. Era preciso erguê-las. Finda a tortura, sentava-me num banco da sala de jantar, estirava os braços em cima da mesa, procurando esquecer as palpitações dolorosas. Os sapos cantavam no açude da Penha; o descaroçador rangia no Cavalo-Morto; d. Conceição, além do beco, se esganiçava chamando as filhas. Estavam ali perto, no alpendre e no corredor, brincando com minhas irmãs, e eu não as enxergava. Os meus olhos molhados percebiam a custo o portão do quintal. As mãos descansavam na tábua, imóveis. Julgo que estive meio louco. E amparei-me ansioso às figurinhas de sonho que me atenuavam a solidão. O mundo feito caixa de brinquedos, os homens reduzidos ao tamanho de um polegar de criança.

Muitas infelicidades me haviam perseguido. Mas vinham de chofre, dissipavam-se. Às vezes se multiplicavam. Depois, longos períodos de repouso. Em momentos de otimismo supus que estivessem definitivamente acabadas.

Agora não alcançava esse engano. As três manchas verticais, úmidas de lágrimas, estiravam-se junto à mão doída, as letras renitentes iriam afligir-me dia e noite, sempre. As réstias que passeavam no tijolo e subiam a parede marcavam a aproximação do suplício. Dentro de algumas horas, de alguns minutos, a cena terrível se reproduziria: berros, cólera imensa a envolver-me, aniquilar-me, destruir os últimos vestígios de consciência, e o pedaço de madeira a martelar a carne machucada.

Afinal meu pai desesperou de instruir-me, revelou tristeza por haver gerado um maluco e deixou-me. Respirei, meti-me na soletração, guiado por Mocinha. E as duas letras amansaram. Gaguejei sílabas um mês. No fim da carta elas se reuniam, formavam sentenças graves, arrevesadas, que me atordoavam. Certamente meu pai usara um horrível embuste naquela maldita manhã, inculcando-me a excelência do papel impresso. Eu não lia direito, mas, arfando penosamente, conseguia mastigar os conceitos sisudos: "A preguiça é a chave da pobreza — Quem não ouve conselhos raras vezes acerta — Fala pouco e bem: ter-te-ão por alguém."

Esse Terteão para mim era um homem, e não pude saber que fazia ele na página final da carta. As outras folhas se desprendiam, restavam-me as linhas em negrita, resumo da ciência anunciada por meu pai.

— Mocinha, quem é o Terteão?

Mocinha estranhou a pergunta. Não havia pensado que Terteão fosse homem. Talvez fosse. "Fala pouco e bem: ter--te-ão por alguém."

— Mocinha, que quer dizer isso?

Mocinha confessou honestamente que não conhecia Terteão. E eu fiquei triste, remoendo a promessa de meu pai, aguardando novas decepções.

ESCOLA

A preguiça, chave da pobreza, e outros conceitos ponderosos lançados na última folha da carta empaparam-se de suor, decompuseram-se, manchando-me os dedos de tinta — e durante alguns dias pude mexer-me no quintal, ver a rua, pisar na calçada, associar-me aos filhos de Teotoninho Sabiá. Inquietava-me na verdade. Não recebi novo folheto, daqueles que se vendiam a cem réis e tinham na capa três faixas e letras quase imperceptíveis. Achava-me aparentemente em liberdade. Mas, arengando com Joaquim, na areia do beco, ou admirando o rostinho de anjo de Teresa, assaltava-me às vezes um desassossego, aterrorizava-me a lembrança do exercício penoso. Vozes impacientes subiam, transformavam-se em gritos, furavam-me os ouvidos; as minhas mãos suadas se encolhiam, experimentando nas palmas o rigor das pancadas; uma corda me apertava a garganta, suprimia a fala; e as duas consoantes inimigas dançavam: d, t. Esforçava-me por esquecê-las revolvendo a terra, construindo montes, abrindo rios e açudes.

As amolações da carta não me saíam do pensamento. "Fala pouco e bem: ter-te-ão por alguém." Não me explicaram isto — e veio-me grande enjoo às adivinhações e aos aforismos.

Afligia-me recordando a promessa feita no balcão, meses antes. De nada me serviam os conselhos em negrita da última página da carta. Nenhum ganho, talvez por me faltar ainda aprender muito. Conseguia gaguejar sílabas, reuni-las em palavras e, gemendo, engolindo sinais, articular um período vazio. Com certeza minha família não ia conformar-se com resultado tão medíocre: as lições continuariam na sala de visitas, na prensa do copiar, fiscalizadas por Mocinha. Reproduzir-se-iam as durezas da iniciação.

Tentei imaginar livros. Queria vê-los, terminar as férias insossas que me concediam. Sem dúvida estavam próximos: conversas temerosas afastavam-me as ilusões, azedavam-me os brinquedos. Bom virem logo. Piores que o folheto não deviam ser — e esta consideração me incutia alguma confiança no futuro. Mas as duas infames dentais me importunavam, resumiam temores indecisos.

Foi por esse tempo que o negro velho apareceu, limpo, de colarinho, gravata, botinas, roupa de cassineta, óculos. Estranhei, pois não admitia tal decência em negros, e manifestei a surpresa em linguagem de cozinha. Meu pai achou a observação original, enxergou nela intenções inexistentes em mim, referiu-a na loja aos fregueses, aos parceiros do gamão e do solo. Ouvia-a recomposta por seu Afro, completamente desfigurada, com palavras que não me aventuraria a pronunciar. Responsabilizei-me pelas interpolações e adquiri uma notoriedade momentânea, embaraçosa. Repugnava-me sair do meu canto e representar, parecia-me que mangavam de mim. O culpado era meu pai. Muitas vezes me havia insultado, excedera-se em punições por causa de duas letras, que intentava eliminar de chofre. Mas isto era indelével. Provavelmente ele desejava enganar-se e enganar os outros. "Estão vendo esta maravilha? Produto meu." Desdenhava a maravilha, decerto, apresentava objeto falsificado, mas negociante não tem os escrúpulos comuns das pessoas comuns. Tanto elogiara as mercadorias chinfrins expostas na prateleira que sem dificuldade esquecia as minhas falhas evidentes e me transformava numa espécie de fechadura garantida, com boas molas. O fabricante era ele. À força de repetições, chegaria a supor que fechaduras de boas molas me abriam o entendimento. E recolheria disso alguma vaidade. Tornei-me, de qualquer forma, autor de uma frase aparatosa e amaldiçoei o negro velho, origem dela. Incapaz de forjar semelhante coisa, reconhecia-me instrumento de um embuste e desagradava-me ouvir meu pai alinhavar opiniões contraditórias. Essa incoerência reduzia-o, desvalorizava-lhe o julgamento. Agora eu não sabia se efetivamente era um idiota, como ele havia afirmado, inclinava-me a ver na sentença arrasadora precipitação e exagero, às vezes me capacitava de que emitira uma ideia razoável, ampliada por seu Afro. Impossível dizer onde ela estava, como tinha surgido, mas teimavam em aceitá-la, em declará-la minha, e isto me deixava perplexo.

A reviravolta de meu pai alvoroçava-me. O juízo favorável e imprevisto levá-lo-ia talvez a jogar-me segunda isca louvando o papel escrito, engabelar-me, obrigar-me a iniciar a leitura do volume temeroso que me andava na imaginação e estragava os divertimentos na areia do beco. Desgraças iriam surgir. O riso grosso amorteceria, a voz atroaria, rouca, um pedaço de pau me bateria nas palmas das mãos úmidas.

Mas os sustos esmoreceram, vieram receios diversos. Houve um transtorno, e isto se operou sem que eu revelasse que alguma coisa se havia alterado cá dentro. Pouco a pouco mudei. Arrojaram-me numa aventura, o começo de uma série de aventuras funestas. Quando iam cicatrizando as lesões causadas pelo alfabeto, anunciaram-me o desígnio perverso — e as minhas dores voltaram. De fato estavam apenas adormecidas, a cicatrização fora na superfície, e às vezes a carne se contraía e rasgava, o interior se revolvia, abalavam-me tormentos indeterminados, semelhantes aos que me produziam as histórias de almas do outro mundo. Desânimo, covardia.

A notícia veio de supetão: iam meter-me na escola. Já me haviam falado nisso, em horas de zanga, mas nunca me convencera de que realizassem a ameaça. A escola, segundo informações dignas de crédito, era um lugar para onde se enviavam as crianças rebeldes. Eu me comportava direito: encolhido e morno, deslizava como sombra. As minhas brincadeiras eram silenciosas. E nem me afoitava a incomodar as pessoas grandes com perguntas. Em consequência, possuía ideias absurdas, apanhadas em ditos ouvidos na cozinha, na loja, perto dos tabuleiros de gamão. A escola era horrível — e eu não podia negá-la, como negara o inferno. Considerei a resolução de meus pais uma injustiça. Procurei na consciência, desesperado, ato que determinasse a prisão, o exílio entre paredes escuras. Certamente haveria uma tábua para desconjuntar-me os dedos, um homem furioso a bradar-me noções esquivas. Lembrei-me do professor público, austero e cabeludo, arrepiei-me calculando o vigor daqueles braços. Não me defendi, não mostrei as razões que me fervilhavam na cabeça, a mágoa que me inchava o coração. Inútil qualquer resistência.

Trouxeram-me a roupa nova de fustão branco. Tentaram calçar-me os borzeguins amarelos: os pés tinham crescido e não houve meio de reduzi-los. Machucaram-me, comprimiram-me os ossos. As meias rasgavam-se, os borzeguins estavam secos, minguados. Não senti esfoladuras e advertências. As barbas do professor eram imponentes, os músculos do professor deviam ser tremendos. A roupa de fustão branco, engomada pela Rosenda, juntava-se a um gorro de palha. Os fragmentos da carta de A B C, pulverizados, atirados ao quintal, dançavam-me diante dos olhos. "A preguiça é a chave da pobreza. Fala pouco e bem: ter-te-ão por alguém. D, t, d, t." Quem era Terteão? Um homem desconhecido. Iria o professor mandar-me explicar Terteão e a chave? Enorme tristeza por não perceber nenhuma simpatia em redor. Arranjavam impiedosos o sacrifício — e eu me deixava arrastar, mole e resignado, rês infeliz antevendo o matadouro.

Suspenderam o suplício, experimentaram-me uns sapatos roxos de marroquim, folgados. Tive um largo suspiro de consolo passageiro. Pelo menos estava livre dos calos. Para que pensar no resto? Males inevitáveis iam chover em cima de mim. Joaquim Sabiá era feliz. D. Conceição, ocupada no oratório, dirigindo-se aos santos, largava-o na areia do beco.

Lavaram-me, esfregaram-me, pentearam-me, cortaram-me as unhas sujas de terra. E, com a roupa nova de fustão branco, os sapatos roxos de marroquim, o gorro de palha, folhas de almaço numa caixa, penas, lápis, uma brochura de capa amarela, saí de casa, tão perturbado que não vi para onde me levavam. Nem tinha tido a curiosidade de informar-me: estava certo de que seria entregue ao sujeito barbado e severo, residente no largo, perto da igreja.

Conduziram-me à rua da Palha, mas só mais tarde notei que me achava lá, numa sala pequena. Avizinharam-me de uma senhora baixinha, gordinha, de cabelos brancos. Fileiras de alunos perdiam-se num aglomerado confuso. As minhas mãos frias não acertavam com os objetos guardados na caixa; os olhos vagueavam turvos, buscando uma saliência na massa indistinta; a voz da mulher gorda sussurrava docemente.

Dias depois, vi chegar um rapazinho seguro por dois homens. Resistia, debatia-se, mordia, agarrava-se à porta e urrava, feroz. Entrou aos arrancos, e se conseguia soltar-se, tentava ganhar a calçada. Foi difícil subjugar o bicho brabo, sentá-lo, imobilizá-lo. O garoto caiu num choro largo. Examinei-o com espanto, desprezo e inveja. Não me seria possível espernear, berrar daquele jeito, exibir força, escoicear, utilizar os dentes, cuspir nas pessoas, espumante e selvagem. Tinham-me domado. Na civilização e na fraqueza, ia para onde me impeliam, muito dócil, muito leve, como os pedaços da carta de A B C, triturados, soltos no ar.

D. MARIA

A mulher gorda chamou-me, deu-me uma cadeira, examinou-me a roupa, o couro cabeludo, as unhas e os dentes. Em seguida abriu a caixinha branca, retirou o folheto:

— Leia.

— Não senhora, respondi confuso.

Ainda não havia estudado as letras finas, menores que as da carta de A B C. Necessário que me esclarecessem as dificuldades.

D. Maria resolveu esclarecê-las, mas parou logo, deixou-me andar só no caminho desconhecido. Parei também, ela me incitou a continuar. Percebi que os sinais miúdos se assemelhavam aos borrões da carta, aventurei-me a designá-los, agrupá-los, numa cantiga lenta que a professora corrigia. O exercício prolongou-se e arrisquei-me a perguntar até onde era a lição.

— Está cansado? sussurrou a mulher.

— Não senhora.

— Então vamos para diante.

Isto me pareceu desarrazoado: exigiam de mim trabalho inútil. Mas obedeci. Obedeci realmente com satisfação. Aquela brandura, a voz mansa, a consertar-me as barbaridades, a mão curta, a virar a folha, apontar a linha, o vestido claro e limpo, tudo me seduzia. Além disso a extraordinária criatura tinha um cheiro agradável. As pessoas comuns exalavam odores fortes e excitantes, de fumo, suor, banha de porco, mofo, sangue. E bafos nauseabundos. Os dentes de Rosenda eram pretos de sarro de cachimbo; André Laerte usava um avental imundo; por detrás dos baús de couro, brilhantes de tachas amarelas, escondiam-se camisas ensanguentadas.

Agora, livre das emanações ásperas, eu me tranquilizava. Mas não estava bem tranquilo: tinha a calma precisa para arrumar, sem muitos despropósitos, as sílabas que se combinavam em períodos concisos. Dominava os receios e a tremura, desejava findar a obrigação antes que estalasse a cólera da professora. Com certeza ia estalar: impossível manter-se um vivente naquela serenidade, falando baixo.

A cólera não se manifestou — e explorei diversas páginas. Então d. Maria me interrompeu, fez-me alguns elogios moderados. Pedi-lhe que marcasse a lição. Indicou vagamente o meio do livro.

— E o princípio?

Declarou que não valia a pena repisar as folhas já lidas e conservou-me perto dela. Provavelmente era recomendação de meu pai. Ao apresentar-me, exagerara-me a rudeza e a teimosia. Um pretexto: isolava-me, temendo que me corrompesse, permitia-me raros companheiros inocentes. Às vezes esquecia a vigilância, autorizava os passeios ao cercado, onde o moleque José e os garotos vadiavam.

Findo o embaraço, fechei o volume e observei os colegas. A caixa de pinho, a roupa de fustão branco e os sapatos roxos incutiam-me alguma segurança. No íntimo julgava-me fraco. Tinham-me dado esta convicção e era difícil vencer o acanhamento.

Começou vida nova. Semanas e semanas tentei ambientar-me. Não me exibia natural e chinfrim, diligenciava por qualquer modo compensar as minhas deficiências. Exprimia-me deploravelmente. E pouco tempo nos deixavam para comunicações. Na ausência da professora, abandonávamos os nossos lugares, cochichávamos. Vários tipos mostraram-me indiferença ou antipatia, e Cecília, cheia de arestas e orgulhosa, arrepiou-se, empinou-se, a boca torcida, um desdém tão grande nos olhinhos acesos que me desviei vexado, com receio de molestá-la.

Isso me privou de excelentes mestres. Na verdade os melhores que tive foram indivíduos ignorantes. Graças a eles, complicações eruditas enfraqueceram, traduziram-se em calão.

Felizmente d. Maria encerrava uma alma infantil. O mundo dela era o nosso mundo, aí vivia farejando pequenos mistérios nas cartilhas. Tinha dúvidas numerosas, admitia a cooperação dos alunos, e cavaqueiras democráticas animavam a sala. Certo dia apareceu na gaveta da mesa um objeto com feitio de lápis. Lápis graúdo, alvacento numa extremidade, escuro na outra. Que seria? Toda a aula foi interrogada, examinou o pedaço de madeira, apalpou-o, mordeu-o, balançou a cabeça e estirou o beiço indecisa. D. Maria recolheu-se, ponderou, afinal sugeriu que talvez aquilo fosse medida para seu Antônio Justino cortar fumo. Seu Antônio Justino cortava sem medida o fumo de corda. E a raspadeira de borracha, imprestável e sem ponta, ficou sobre a mesa, a desafiar-nos a argúcia, a inspirar-nos humildade, junto à palmatória. A escola exigia palmatória, mas não consta que o modesto emblema de autoridade e saber haja trazido lágrimas a alguém. D. Maria nunca o manejou. Nem sequer recorria às ameaças. Quando se aperreava, erguia o dedinho, uma nota desafinava na voz carinhosa — e nós nos alarmávamos. As manifestações de desagrado eram raras e breves. A excelente criatura logo se fatigava da severidade, restabelecia a camaradagem, rascunhava palavras e algarismos, que reproduzíamos.

Não me ajeitava a esse trabalho: a mão segurava mal a caneta, ia e vinha em sacudidelas, a pena caprichosa fugia da linha, evitava as curvas, rasgava o papel, andava à toa como uma barata doida, semeando borrões. De nada servia pegarem-me os dedos, tentarem dominá-los: resistiam, divagavam, pesados, úmidos, e a tinta se misturava ao suor, deixava na folha grandes manchas. D. Maria olhava os estragos com desânimo, procurava atenuá-los debalde. As consolações atormentavam-me, e eu tinha a certeza de que não me corrigiria.

Uma vez em que me extenuava na desgraçada tarefa percebi um murmúrio:

— Lavou as orelhas hoje?

— Lavei o rosto, gaguejei atarantado.

— Perguntei se lavou as orelhas.

— Então? Se lavei o rosto, devo ter lavado as orelhas.

D. Maria, num discurso, afastou-me as orelhas do rosto, aconselhou-me a tratar delas cuidadosamente. Isto me encheu de perturbação e vergonha. Se a mulher me desse cocorotes ou bolos, eu me zangaria, mas aquela advertência num rumor leve deixou-me confuso, de olhos baixos, com desejo de meter-me na água, tirar do corpo as impurezas que ofendiam vistas exigentes. Nunca minha família se ocupara com semelhantes ninharias, e a higiene era considerada luxo. Lembro-me de ter ouvido alguém condenar certa hóspeda que, antes de ir para a cama, pretendia banhar-se:

— Moça porca.

A observação da mestra pareceu-me descabida, mas afligi-me, esquivei-me a exames desagradáveis, e à noite dormi pouco. Na manhã seguinte levantei-me cedo, abri a janela da sala de jantar, cheguei-me ao lavatório de ferro, enchi a bacia, vagarosamente, para não acordar as pessoas e o papagaio. Ainda havia um pretume no quintal e silêncio nos quartos. Fiquei talvez uma hora a friccionar-me, a ensaboar-me, até que o sol nasceu e as dobradiças das portas rangeram. Fui olhar-me ao espelho da sala: as orelhas se arroxeavam, como se tivessem recebido puxavantes. Estariam bem limpas? As mãos se engelhavam, insensíveis, mas isto não tinha importância. O que me preocupava eram as orelhas. Continuei a asseá-las rigoroso, e ao cabo de uma semana surgiram nelas esfoladuras e gretas que dificultaram as esfregações.

A professora notou o exagero, segredou-me que deixasse as orelhas em paz. Desobedeci: havia contraído um hábito e receava outra admoestação, pior que insultos e gritos.

Minha mãe tinha engordado muito em alguns meses. As bochechas estavam murchas e os braços finos, mas a barriga crescia, os pés inchavam. Nervosa, movia-se a custo, arriava no marquesão, cuspindo nas gravuras do romance, abanando-se no calor. Não nos víamos pela manhã. Arranjava-me só. E engolido o café, largava-me para a escola deserta.

Sinhá e seu Antônio Justino vinham ensinar-me o catecismo. Depois a sala se povoava, d. Maria nos impunha o dever sonolento. Distraía-me espiando o teto, o voo das moscas, um pedaço do corredor, as janelas, a casa de azulejos, cabeças de transeuntes. Perto, no quartel da polícia, José da Luz cantava. Uma réstia descia a parede, avançava no tijolo, subia outra parede, alcançava o traço que indicava duas horas. Os garotos soltavam os livros, fechavam com rumor as caixinhas, ganhavam a rua numa algazarra, iam jogar pião nas calçadas. Admirava-me das expansões ruidosas, censurava-as e invejava-as. Conservar-me-ia na aula por gosto. Os meus temores ali se dispersavam, entendia-me bem com aquela gente: o homem preguiçoso, de chinelos, fumante, bocejador; a solteirona que me desbastava com paciência e me orientava os dedos teimosos; a velha amorável, bondade verdadeira, semelhante às figuras celestes do flos-santório.

D. Maria não era triste nem alegre, não lisonjeava nem magoava o próximo. Nunca se ria, mas da boca entreaberta, dos olhos doces, um sorriso permanente se derramava, rejuvenescia a cara redonda. Os acontecimentos surgiam-lhe numa claridade tênue, que alterava, purificava as desgraças. E se notícias de violência ou paixão toldavam essa luz, assustava-se, apertava as mãos, uma nuvem cobria-lhe o sorriso. Não compreendia as violências e as paixões. Se o marido e a filha morressem, sofreria — e resignar-se-ia, confiante nas promessas de Cristo. De fato já se haviam realizado essas promessas. "Bem-aventurados os que têm sede de justiça", zumbiam os meninos cochilando no catecismo. D. Maria não tinha sede de justiça, não tinha nenhuma espécie de sede, mas era bem-aventurada: a sua alma simples desejava pouco e se avizinhava do reino de Deus. Não irradiava demasiado calor. Também não esfriava. Justificava a comparação de certo pregador desajeitado: "Nossa Senhora é como uma perua que abre as asas quando chove, acolhe os peruzinhos." De Nossa Senhora conhecíamos, em litografias, o vestido azul, o êxtase, a auréola. D. Maria representava para nós essa grande ave maternal — e, ninhada heterogênea, perdíamos, na tepidez e no aconchego, os diferentes instintos de bichos nascidos de ovos diferentes.

Nessa paz misericordiosa os meus desgostos ordinários se entorpeceram, uma estranha confiança me atirava à santa de cabelos brancos, aliviava-me o coração. Narrei-lhe tolices. D. Maria escutou-me. Assim amparado, elevei-me um pouco. Os garranchos a tinta continuaram horrorosos, apesar dos esforços de Sinhá, mas o folheto de capa amarela foi vencido rapidamente. Tudo ali era fácil e desenxabido: combinações já vistas na carta de A B C, frases que se articulavam de um fôlego. E ausência de conselhos absurdos, as monstruosidades que se arrumavam na página odiosa, triturada, rasgada com satisfação.

Lendo o bilhete em que se pedia um segundo livro, meu pai manifestou surpresa com espalhafato. Houve uma aragem de otimismo, chegaram-me retalhos de felicidade. Ofereceram-me um carretel de linha, mandaram-me comprar uma folha de papel vermelho na loja de seu Filipe Benício, obtive uma tesoura, grude, pedaços de tábua, e fabriquei no alpendre um papagaio que não voou. No jantar deram-me toicinho. E exibiram-me a preciosidade que exteriorizava o meu progresso: volume feio, com um retrato barbudo e antipático. Ericei-me, pressenti que não sairia boa coisa dali.

Realmente, encrenquei, para bem dizer caí num longo sono, de que a perseverança da mestra não me arrancou. Eu nunca revelara nenhum gênero de aptidão. Xingado, às vezes tolerado, em raros momentos elogiado sem motivo, propriamente estúpido não era; mas tornei-me estúpido, creio que me tornei quase idiota. Os sentidos embotaram-se, o espírito opaco tomou uma dureza de pedra. Completamente inerte.

Depois, muito depois, avancei uns passos na sombra. Recuei, desnorteei-me. Andei sempre em zigue-zagues. Certamente não foi o segundo livro a causa única do meu infortúnio. Houve outras, sem dúvida. Julgo, porém, que o maior culpado foi ele.

O BARÃO DE MACAÚBAS

Um grosso volume escuro, cartonagem severa. Nas folhas delgadas, incontáveis, as letras fervilhavam, miúdas, e as ilustrações avultavam num papel brilhante como rasto de lesma ou catarro seco.

Principiei a leitura de má vontade. E logo emperrei na história de um menino vadio que, dirigindo-se à escola, se retardava a conversar com os passarinhos e recebia deles opiniões sisudas e bons conselhos.

— Passarinho, queres tu brincar comigo?

Forma de perguntar esquisita, pensei. E o animalejo, atarefado na construção de um ninho, exprimia-se de maneira ainda mais confusa. Ave sabida e imodesta, que se confessava trabalhadora em excesso e orientava o pequeno vagabundo no caminho do dever.

Em seguida vinham outros irracionais, igualmente bem-intencionados e bem-falantes. Havia a moscazinha, que morava na parede de uma chaminé e voava à toa, desobedecendo às ordens maternas. Tanto voou que afinal caiu no fogo.

Esses dois contos me intrigaram com o barão de Macaúbas. Examinei-lhe o retrato e assaltaram-me presságios funestos. Um tipo de barbas espessas, como as do mestre rural visto anos atrás. Carrancudo, cabeludo. E perverso. Perverso com a mosca inocente e perverso com os leitores. Que levava a personagem barbuda a ingerir-se em negócios de pássaros, de insetos e de crianças? Nada tinha com esses viventes. O que ele intentava era elevar as crianças, os insetos e os pássaros ao nível dos professores.

Não me parecia desarrazoado os brutos se entenderem, brigarem, fazerem as pazes, narrarem as suas aventuras, sem dúvida curiosas. Tinha refletido nisso, admitia que os sapos do açude da Penha manifestassem, cantando, coisas ininteligíveis para nós. Os fracos se queixavam, os fortes gritavam mandando. Constituíam uma sociedade. Sapos negociantes, sapos vaqueiros, o reverendo sapo João Inácio, o sapo José da Luz, amigo da distinta farda, sapos traquinas, filhos do cururu Teotoninho Sabiá, o sapo alfaiate mestre Firmo, a sapa Rosenda lavadeira a tagarelar os mexericos da beira da água. O nosso mundo exíguo podia alargar-se um pouco, enfeitar-se de sonhos e caraminholas.

Infelizmente um doutor, utilizando bichinhos, impunha-nos a linguagem dos doutores.

— Queres tu brincar comigo?

O passarinho, no galho, respondia com preceito e moral. E a mosca usava adjetivos colhidos no dicionário. A figura do barão manchava o frontispício do livro — e a gente percebia que era dele o pedantismo atribuído à mosca e ao passarinho. Ridículo um indivíduo hirsuto e grave, doutor e barão, pipilar conselhos, zumbir admoestações.

E isso ainda era condescendência. Decifrados a custo os dois apólogos, encolhi-me e desanimei, incapaz de achar sentido nas páginas seguintes. Li-as soletrando e gaguejando, nauseado. Lembro-me de um desses horrores, que bocejei longamente. Um sujeito, acossado, ocultava-se numa caverna. A aranha providencial veio estender fios à entrada do refúgio. E os perseguidores não incomodaram o fugitivo: se ele estivesse ali, teria desmanchado a teia.

D. Maria resumiu essa literatura, explicou-a. E o meu desalento aumentou. Julguei que ela fantasiava; impossível enxergar a narrativa simples nas palavras desarrumadas e compridas.

Temi o barão de Macaúbas, considerei-o um sábio enorme, confundi a ciência dele com o enigma apresentado no catecismo.

— Podemos entender bem isso?

— Não: é um mistério.

Os meus infelizes miolos ferviam, evaporavam-se, transformavam-se em nevoeiro, e nessa neblina flutuavam moscas, aranhas e passarinhos, nomes difíceis, vastas barbas pedagógicas. Achava-me obtuso. A cabeça pendia em largos cochilos, os dedos esmoreciam, deixavam cair o volume pesado. Contudo cheguei ao fim dele. Acordei bambo, certo de que nunca me desembaraçaria dos cipoais escritos.

De quem seria o defeito, do barão de Macaúbas ou meu? Devia ser meu. Um homem coberto de responsabilidades com certeza escrevia direito. Não havia desordem na composição. Só eu me atrapalhava nela, os meninos comuns viam facilmente o fugitivo esconder-se na gruta, a aranha fabricar a teia. Humilhava-me — e na horrível cartonagem só percebia uma confusão de veredas espinhosas. Não valia a pena esforçar-me por andar nelas. Na verdade nem tentava qualquer esforço: o exercício me produzia enjoo.

Restava-me, porém, uma débil esperança, pois naquela idade ninguém é inteiramente pessimista: segurava-me à ilusão de que o terceiro livro não seria tão ruim como o segundo. Procurava enganar-me amparando-me numa incongruência. De fato, reconhecendo-me inepto, era absurdo pretender melhoria. Não me conformava. E se o catecismo tivesse para mim algum significado, pegar-me-ia a Deus, pedir-lhe-ia que me livrasse do barão de Macaúbas. Nenhum proveito a libertação me daria: os outros organizadores de histórias infantis eram provavelmente como ele. Em todo o caso ambicionei afastar a mosca, a teia de aranha, o pássaro virtuoso.

Desejo perdido. Recebi um livro corpulento, origem de calafrios. Papel ordinário, letra safada. E, logo no introito, o sinal do malefício: as barbas consideráveis, a sisudez cabeluda. Desse objeto sinistro guardo a lembrança mortificadora de muitas páginas relativas à boa pontuação. Avizinhava-me dos sete anos, não conseguia ler e os meus rascunhos eram pavorosos. Apesar disso emaranhei-me em regras complicadas, resmunguei expressões técnicas e encerrei-me num embrutecimento admirável.

A tabuada e o catecismo eram penosos, mas aí apenas me obrigavam a decorar certo número de linhas.

— Sete vezes nove?

Sessenta, pouco mais ou menos. A exigência de d. Maria não se inquietava com unidades.

— Quantos são os inimigos da alma?

Em três palavras isentava-me da imposição. Estranhava que se juntasse a carne ao diabo: naturalmente havia equívoco na resposta. Quis insurgir-me contra o disparate, mas os sortilégios da tipografia começavam a dominar-me. Em falta de explicação, imaginei um diabo carnívoro. A redação desviava esta ideia. Paciência. Todas as frases artificiais me deixavam perplexo. Enfim a minha obrigação era papaguear algumas sílabas. D. Maria não entrava em minúcias, talvez aceitasse o diabo carnívoro. Um mistério, curto, por felicidade.

O outro mistério, o que se referia a pontos, vírgulas, parênteses e aspas, estirava-se demais e produzia um sono terrível.

Foi por esse tempo que me infligiram Camões, no manuscrito. Sim senhor: Camões, em medonhos caracteres borrados — e manuscritos. Aos sete anos, no interior do Nordeste, ignorante da minha língua, fui compelido a adivinhar, em língua estranha, as filhas do Mondego, a linda Inês, as armas e os barões assinalados. Um desses barões era provavelmente o de Macaúbas, o dos passarinhos, da mosca, da teia de aranha, da pontuação. Deus me perdoe. Abominei Camões. E ao barão de Macaúbas associei Vasco da Gama, Afonso de Albuquerque, o gigante Adamastor, barão também, decerto.

MEU AVÔ

Minha mãe adoeceu. Engordou muito na barriga e nos pés, mas as outras partes do corpo ficaram magras. No pescoço o gogó crescia, as bossas da testa avultavam, o vestido subia na frente, cada vez mais se levantava, exibindo as pernas finas como cambitos.

Foi passar meses na fazenda do pai. Antes de curar-se, esteve uns dias de cama, alimentando-se com pirão escaldado e capões que vinham do galinheiro construído a um canto do jardim. E bebia cachimbo, mistura de aguardente e mel de abelha dos cortiços pendurados no beiral do alpendre. Em obediência à medicina bruta do sertão, adicionavam cebola à beberagem, o que a tornava repugnante. Afinal minha mãe largou o choco. Estava pálida, sem ventre, a saia arrastando, fraca e bamba. E amamentava uma criança chorona.

Tinham-me levado ao campo, na garupa do cavalo de meu tio Serapião. Os dentes de um ciscador me haviam furado o pé na véspera. O chouto do animal me sacudia, o rabicho e o arção da sela me incomodavam, a ferida se inflamava, doía. E Serapião me assustava narrando histórias de almas, de lugares mal-assombrados.

— Sarapo, não conte isso. Cale a boca.

Serapião insistira, eu saltara nos seixos miúdos do caminho, magoara as estrepadas. Na fazenda, mal podia andar, capengava dos currais ao chiqueiro das cabras, aos juazeiros do fim do pátio, firmando-me no calcanhar.

Meus tios pequenos se distanciavam, corriam na catinga, abandonavam-me ao capricho de meu avô, que me jungiu à prosa do barão de Macaúbas e ao catecismo, trazidos na carona de Sarapo. Mas o velho dava às letras nomes desconhecidos, lia de forma esquisita — e eu lamentava a ausência de d. Maria, a excelente mestra que me deixava errar, murmurava conselhos com doçura, como se pedisse desculpa. Meu avô era exigente. Detinha-se numa desgraçada sílaba, forçava-me a repeti-la, e isto me perturbava. As longas barbas brancas varriam-me a cara assustada; os olhos azuis, repletos de ameaças, feriam-me; a voz engrossava, rolava, entrava-me nos ouvidos como um trovão fanhoso e encatarroado. Os meus conhecimentos debandavam; as linhas misturavam-se, fugiam; no papel e dentro de mim grandes manchas alargavam-se. Nessa deplorável situação, eu embrulhava estupidamente a leitura, balbuciava respostas insensatas. O grito ribombava, enchia-me de pavor, transformava-se pouco a pouco numa gargalhada imensa que atraía gente e me encabulava. A alegria ruidosa parecia-me intempestiva: as minhas tolices não tinham graça.

De repente o medo findava, uma bondade singular me envolvia, áspera, adstringente, manifesta na fala cavernosa e autoritária, no riso grosso e incômodo. Bondade espessa, com cheiro de curtume, de angico.

Perneiras, gibões, peitorais, enormes chapéus de barbicachos, pendiam de tornos cravados na taipa negra. Rolos de sola arrumavam-se nos cantos, cordas flexíveis em sebo. Enfileiravam-se num cavalete selas de campo de suadouros úmidos e escuros. Sapatões cabeludos em toda a parte, mantas de peles, correias, cabrestos, chicotes, látegos. Isso animalizava um pouco as pessoas.

Em dias de matança trepava-me na porteira do curral, via meu avô derrubar a machado, sangrar e esfolar uma novilha, aprumar-se no chão vermelho, as mãos vermelhas. Comparei-o mais tarde aos judeus antigos, Abraão, Isaac, Esaú, religiosos e carnívoros.

A religião de meu avô era segura e familiar. Revelava-se diante do oratório erguido na sala, sobre a mesa coberta de pano vistoso. Na gaveta desse altar guardavam-se macetes, chifres de veado, sovelas, cera, pregos, torqueses, pedaços de couro em que se pulverizava fumo torrado. Em cima, na luz, entre fitas e flores secas, litografias piedosas, figurinhas santas esculpidas por imaginários rudes. O velho se ajoelhava na esteira, persignava-se, batia no peito, ouvia a ladainha que Maria Melo, sacerdotisa e mulher do vaqueiro, cantava numa espécie de latim. Ali agachado e contrito, perto da negra Vitória e de Maria Moleca, voluntariamente escravas porque não tinham em que empregar a liberdade, reduzia-se muito, não se diferençava quase de Ciríaco, pastor de cabras. Finda a cerimônia, recuperava a grandeza e o comando:

— Ó negra!

Maria Moleca trazia a gamela de água, vinha lavar-lhe os pés, de cócoras, enxugá-los na toalha encardida. Essa posição era natural. De cócoras preparava a comida, temperava a panela, atiçava o fogo na trempe de pedras. De cócoras varria a casa com um molho de vassourinha cortado no fundo do terreiro, onde o muçambê e o velame desbotavam. Dormia de cócoras, arrimada à parede, sob as cortinas de pucumã que desciam do teto.

Se a gamela tardava, minha avó intervinha ranzinza:

— Vai lavar os pés de teu senhor, negra.

Dirigia-se a uma negra indeterminada, pois temia o gênio de Vitória, que arrastava no serviço o quarto desmantelado, andava cambaleando, fazia trabalhos duros de homem, zangava-se facilmente e, endireitando o busto franzino de virgem murcha, uma coragem feroz a sacudi-la, despia a subserviência hereditária, roncava:

— Cativeiro já se acabou, dona. Se eu morrer na cozinha de seu Pedro Ferro, não me salvo.

Mas envelhecia, encarquilhava-se na cozinha. Às vezes a coxa se desarticulava — e a infeliz se torcia gemendo, os bugalhos doloridos fixos nas crianças, que mangavam das caretas dela. Os amos se condoíam, levavam para a cama de varas a pequena máquina desarranjada, tentavam desenferrujá-la e azeitá-la. Os ossos se juntavam, levantavam-se, iam coxeando consertar as cercas do jardim, regar os craveiros e a losna, encher no rio o pote, que voltava penso na rodilha, ameaçando cair, um penacho de folhas verdes no gargalo.

Essa ruína vacilante e obstinada era um refúgio: defendia-nos dos perigos caseiros, enrolava-nos na saia de chita, protegia-nos as orelhas e os cabelos com ternura resmungona, esquisita expressão de maternidade gora. Estávamos em segurança perto dela.

— Se eu morrer na cozinha de seu Pedro Ferro, não me salvo.

Morreu de supetão, vomitando sangue, debaixo do jirau onde se acumulavam frigideiras, mochilas de sal, réstias de alho. E com certeza se salvou, porque endureceu na virgindade e conservou o espírito limpo. Fez muita falta, embora, já não podendo ser vendida e com uma banda desconchavada, representasse apenas valor estimativo.

Antes da abolição, alguns pretos haviam abandonado a casa, sido presos pelo capitão do mato, fugido novamente.

Meu avô os deixara em paz, julgando-os malucos e ingratos. Como se arranjariam? Ali estavam quietos. O serviço exigia pouco esforço, as vaquejadas eram torneios, o proprietário passava dias no banco do copiar ou escanchado na rede, fungando tabaco, um lenço no ombro, de alpercatas e roupa de algodão cru, descaroçado na bolandeira próxima, tecido no tear doméstico.

A catinga imensa não tinha dono, o gado pastava livremente nela, de ribeira a ribeira, aumentava, definhava, bichos de várias fazendas, reconhecíveis pelas marcas a fogo. De manhã as vacas leiteiras saíam, voltavam à tarde. O resto dos animais ficava longe, sumido na vegetação rala, de cardo e favela, que vestia a campina. A riqueza aparecia no inverno, sem vantagem sensível, desaparecia no verão, sem inconveniente. Na prosperidade, os hábitos da família não se modificavam, porque a ausência de saber limitava os desejos; se a penúria chegava, permaneciam todos calmos, recolhendo-se à boca da noite, rezando o terço.

Meu avô possuía bois em abundância, espalhados na capoeira, difíceis de juntar. Não os levava ao mercado. Esperava que o marchante viesse buscá-los. Mandava então pegar alguns, mirava-os cuidadoso e determinava o peso: tantas arrobas e tantas libras. Nunca se enganava. Debatido pachorrentamente o negócio, afastados os compradores, sumia-se nas trevas do quarto, cochichava números à mulher, ia esconder um maço de notas em arca de boas dobradiças e boa fechadura. No tempo da monarquia o tesouro certamente era invisível, constituído por moedas amarelas. Depois, variável e de papel, foi necessário às vezes desentranhá-lo, exibi-lo na rua a pessoas idôneas, antes que ele se convertesse num montão de símbolos desvalorizados.

Nos meses de seca, os raros habitantes daqueles cafundós mexiam-se cavando bebedouros na areia, cortando em cestos mandacaru para o gado, que se finava no carrapato. Dobravam-se as redes. As mãos sangravam no trabalho rijo, curavam-se as rachaduras dos pés com sebo derretido na brasa. Nenhuma nuvem toldava os dias compridos; voos sinistros de arribações riscavam o céu azul; os ramos das árvores eram gravetos escuros; as folhas tostavam-se; no chão branco e liso da vazante abriam-se largas fendas.

Inúteis os cuidados com os bichos moribundos, porque Deus os condenava e contra as resoluções de Deus ninguém pode. Entretanto meu avô andava para cima e para baixo, furando-se nos espinhos, ordenando, fanhoso e lento, medidas vãs. Sossegaria quando os estragos, completos, abrandassem a cólera divina. Sentar-se-ia de novo na rede, sem credores, isento de culpa. Inquietações e fadigas eram penitência que ele mesmo se impunha. O seu tribunal, antigo e particular, estava longe do de padre João Inácio. Purgava no extenso verão pecados ligeiros, o inverno ia encontrá-lo forte e altivo. A certeza de proceder bem dava-lhe aquela serenidade perfeita. Cumpria deveres simples, não poderia viver de outra maneira. Tratar do gado, vê-lo multiplicar-se ou diminuir; gerar filhos, criá-los, proporcionar-lhes batismo e casamento, não se afastar muito deles, ampará-los na pobreza e na doença, pôr-lhes a vela na mão, amortalhá-los, conduzi-los ao cemitério e à eternidade. Nenhum pensamento estranho o perturbava, nenhum escrito ia modificar o velho Deus agreste e pastoril.

Os livros existentes na fazenda eram as minhas cartonagens insossas, que o patriarca, nessas férias, tentou esclarecer-me no vozeirão temível findo em riso grosso. Não conseguiu melhorar-me o intelecto. A repreensão fingida e a alegria rouca me atordoavam. Desviei-me das carícias rústicas, das barbas alvas que me arranhavam a cara.

A ferida do pé cicatrizou. Fui ocultar-me entre as catingueiras que ensombravam as margens da lagoa vazia. Meninos andavam por ali, brincando com ossos e seixos. Serapião me ensinava complicações da história do Brasil, errando bastante. E quando não havia testemunhas, uma rapariguinha silenciosa me examinava pacientemente o corpo. Levantava-me a camisa de chita, a roupa que eu usava no campo, utilizava os dedos e os olhos, num estudo profundo.

CEGUEIRA

Afastou-me da escola, atrasou-me, enquanto os filhos de seu José Galvão se internavam em grandes volumes coloridos, a doença de olhos que me perseguiu na meninice. Torturava-me semanas e semanas, eu vivia na treva, o rosto oculto num pano escuro, tropeçando nos móveis, guiando-me às apalpadelas, ao longo das paredes. As pálpebras inflamadas colavam-se. Para descerrá-las, eu ficava tempo sem fim mergulhando a cara na bacia de água, lavando-me vagarosamente, pois o contato dos dedos era doloroso em excesso. Finda a operação extensa, o espelho da sala de visitas mostrava-me dois bugalhos sangrentos, que se molhavam depressa e queriam esconder-se. Os objetos surgiam empastados e brumosos. Voltava a abrigar-me sob o pano escuro, mas isto não atenuava o padecimento. Qualquer luz me deslumbrava, feria-me como pontas de agulhas. E as lágrimas corriam, engrossavam, solidificavam-se na pele vermelha e crestada. Necessário mexer-me à toa, em busca da bacia de água.

Sem dúvida o meu aspecto era desagradável, inspirava repugnância. E a gente da casa se impacientava. Minha mãe tinha a franqueza de manifestar-me viva antipatia. Dava-me dois apelidos: bezerro-encourado e cabra-cega.

Bezerro-encourado é um intruso. Quando uma cria morre, tiram-lhe o couro, vestem com ele um órfão, que, neste disfarce, é amamentado. A vaca sente o cheiro do filho, engana-se e adota o animal. Devo o apodo ao meu desarranjo, à feiura, ao desengonço. Não havia roupa que me assentasse no corpo: a camisa tufava na barriga, as mangas se encurtavam ou alongavam, o paletó se alargava nas costas, enchia-se, como um balão. Na verdade o traje fora composto pela costureira módica, atarefada, pouco atenta às medidas. Todos os meninos, porém, usavam na vila fatiotas iguais, e conseguiam modificá-las, ajeitá-las. Eu aparentava pendurar nos ombros um casaco alheio. Bezerro-encourado. Mas não me fazia tolerar. Essa injúria revelou muito cedo a minha condição na família: comparado ao bicho infeliz, considerei-me um pupilo enfadonho, aceito a custo. Zanguei-me, permanecendo exteriormente calmo, depois serenei. Ninguém tinha culpa do meu desalinho, daqueles modos horríveis de cambembe. Censurando-me a inferioridade, talvez quisessem corrigir-me.

A outra alcunha era mais insultuosa que a primeira. Lembrava-me do jogo infantil e arreliava-me:

— *Cabra-cega!*
— *Inhô.*
— *Donde vem?*
— *Do mundéu.*
— *Traz ouro ou prata?*
— *Ouro.*

Largavam em seguida uma porcaria que tinha *besouro* como rima; se a resposta fosse prata, a indecência terminava em *barata*. Eu abominava os nomes sujos, a brincadeira imunda enojava-me. Não sabia por que me batizavam daquela forma. Se se referissem a um cavalo cego, não me ofenderiam tanto. Com certeza pensavam no diálogo, lançavam-me indiretamente as grosserias ligadas ao besouro e à barata. Aperreava-me, não esquecia o folguedo mortificante:

— *Cabra-cega!*
— *Inhô.*
— *Donde vem?*
— *Do mundéu.*

Ia até o fim, repisava mentalmente a safadeza que não ousava dizer em voz alta. Aquilo não era comigo, convencia-me de que minha mãe não tivera a ideia de juntar-me ao besouro e à barata. Se a oftalmia desaparecesse, a expressão vexatória desapareceria também, eu regressaria ao catecismo, às histórias do barão de Macaúbas.

A doença estirava-se — e eu sofria duplamente os efeitos dela. Parece que se aborreciam por meu organismo teimar em conservar-se achacado e mofino. De fato não havia medicação, mas punham-me às vezes nos olhos uma camada pegajosa de clara de ovo batida, imobilizavam-me na cama de lona. Isolavam o órgão deteriorado: a clara transformava-se numa espécie de resina, grudava as pestanas. Não me queixava nem gemia. Debaixo daquela máscara, as feridas resguardavam-se dos mosquitos, mas as dores eram atrozes, o calor imenso. Picadas multiplicavam-se: mãos invisíveis metiam-me pregos finos na cabeça. Tentava distrair-me ouvindo os sapos do açude da Penha. Os sapos só se explicavam de noite: durante o dia as vozes deles misturavam-se a outros rumores. Quando me permitiriam levantar-me, chegar ao lavatório de ferro, diluir a pasta seca pregada na minha cara? Lá iria capengando, tateando as paredes. Livre do terrível medicamento, voltaria à cama, o choro cairia manso.

Na escuridão percebi o valor enorme das palavras. Em dias de claridade e movimento entretinha-me a observar a loja e o armazém, percorria alguns metros do largo e alguns metros da rua da Palha, de casa para a escola, da escola para casa. Não conhecia a vila, mas certos pontos e certas figuras me despertavam a atenção, ganhavam relevo: a torre da igreja, residência de corujas, o quartel da polícia, o jardim e as mulheres que podavam roseiras, a maravilhosa frontaria de azulejos, Filipe Benício, Teotoninho Sabiá, José da Luz, d. Maria, padre João Inácio. Nos arames bambos do telégrafo pousavam lavandeiras, enganchavam-se rabos de papagaios de papel. O portão, sempre fechado, nos separava do beco. No muro de tijolo vermelho passeavam lagartixas. Agora a sombra espessa cobria tudo. O muro se desmoronava, como o outro se desmoronara anos atrás. De novo surgiam as plantas meio esvaídas, o descaroçador do Cavalo-Morto, nuvens de algodão esvoaçando. A igreja, os postes e os arames do telégrafo, aves e flores, a fachada luminosa, transeuntes, dissipavam-se, vagos e distantes: no rigor do verão envolviam-se numa densa garoa de inverno.

Mas os ruídos avultavam, todos os sons adquiriam sentido. Os passos revelavam as criaturas, quase se confundiam com elas: para bem dizer tinham forma, feições, e era-me possível saber de longe se estavam zangados ou satisfeitos. D. Conceição rezava o bendito na casa próxima: certamente calejava o espírito e os joelhos, adorando as litografias do oratório. Pedras de gamão estalavam a distância, dados chocalhavam, os parceiros gritavam números, excitados ou deprimidos. Ao ramerrão externo associava-se o caseiro: pedaços de conversas, lamúrias de criança, o chiar da água a ferver na chaleira, o crepitar das labaredas, a vibração do abano, o cochicho dos moleques. Os meus ouvidos aguçavam-se, reconstituíam frases indistintas, supriam lacunas — e isto encurtava ou alongava o tempo. Aos dois epítetos injuriosos uniam-se falas ásperas, que me atormentavam, agravavam as ferroadas dos mosquitos. Num sussurro, a voz de minha irmã feia e boa tinha ação entorpecente, deslizava branda pelas feridas, como penugem. As dores esmoreciam, as horas passavam rápidas.

Em falta desse enlevo, procurava anestesiar-me ouvindo as cantigas de minha mãe, duas cantigas desafinadas que a divertiam na fazenda. Provavelmente surgiram antes, mas foi lá que me inteirei delas. Continuaram na vila, durante alguns anos. Depois, quando nos mudamos para a cidade e melhoraram as condições econômicas, sumiram-se, porque o sentimento artístico de minha mãe se embotou ou porque se tornou mais exigente. Uma das poesias começava assim:

A letra A quer dizer — amada minha;
A letra B quer dizer — bela adorada;
A letra C quer dizer — casta mulher;
A letra D quer dizer — donzela amada;
A letra E quer dizer — és uma imagem;
A letra F quer dizer — formosa deusa.

Em vez de *efe*, minha mãe pronunciava *fê*, o que decerto convinha ao último verso, e rematava-o com *formosa deus*, pois não admitia divindade fêmea além da Virgem Maria. Insinuei-lhe mais tarde que também se podia usar *efe*. E a donzela amada era uma deusa, na opinião do poeta. Enjoou-

-se, considerou as novidades impertinências. A lenga-lenga se arrastava por todo o alfabeto. Quase todo o alfabeto: impossível encaixar a bela adorada no K e no Y.

A segunda composição referia-se a episódios da chegança, briga de mouros e crentes verdadeiros, mas tinha o nome de marujada e encerrava diversas interpolações. Acomodara-se a epopeia à catinga.

> *Mestre piloto,*
> *Onde está o seu juízo?*
> *Por causa de sua cachaça*
> *Todos nós estamos perdidos.*

A cantora se interrompia, descrevia a cena: oficiais indignados, mestre piloto aos bordos, levando à boca o gargalo de uma garrafa. A agitação diminuía. Agora os marinheiros se esgoelavam:

> *O capitão cheira a cravo;*
> *O mar e guerra, a canela;*
> *O pobre do cozinheiro*
> *Fede a tisna de panela.*

Aí havia uma deturpação: mar de guerra. Eu tinha ideia de mar, açude infinito, e imaginava guerra, barulho multiplicado, mas não chegava a perceber uma guerra dona do mar. Esquisito. Na comprida noite esforçava-me por decifrar esse desconchavo. O pensamento divagava, escorregava de um assunto a outro, buscava segurar-se a paredes negras.

Na rua da Palha, meninos cantavam a tabuada, adquiriam as virtudes teologais, fugiam dos inimigos da alma, detinham-se em bonitas estampas coloridas, recitavam o caso de uma ferradura achada, vendida, substituída por um cacho de cerejas. Quando a réstia chegasse ao risco de lápis que marcava duas horas, todos se levantariam, sairiam pelas ruas em algazarra. Nunca me agitaria assim.

Um dia as trevas se adelgaçavam, pedaços do mundo apareciam-me confusos na madrugada nebulosa. Queria fixar-me neles, cheio de alegria louca, a pestanejar furiosamente. Voltava às ocupações miúdas, às brincadeiras mornas e tranquilas. Já não era cabra-cega. Mas permanecia bezerro-encourado. Em silêncio, resvalava na tristeza e no desânimo. Osório e Cecília falavam com segurança e clareza, liam depressa, distanciavam-se. Os meus desgraçados olhos vagueavam na página amarela, molhavam os contos execráveis do barão de Macaúbas. Os dedos emperrados manchavam-se de tinta, sujavam o papel, traçavam garranchos ilegíveis fora das linhas. Não havia meio de ir para diante.

E meses depois, nova pausa, novo mergulho na sombra. Movia-me penosamente pelos cantos, infeliz e cabra-cega, contentando-me com migalhas de sons, farrapos de imagens, dolorosos.

CHICO BRABO

O que mais me desagradava naqueles dias de cegueira periódica era a fala de seu Chico Brabo, o vizinho da direita. A minha cama de lona, encostada à parede que nos separava do beco, estava perto da família Sabiá. A casa de seu Chico Brabo distanciava-se: havia de permeio a sala de jantar e a despensa. Mas quando ele falava, o bendito de d. Conceição esmorecia, findavam as conversas, os cochichos dos moleques na cozinha, o rumor do abano, o crepitar das labaredas que lambiam o angico no fogão. Era como se o homem tivesse atravessado muros e portas, estivesse ali junto de mim. Surpreendia-me o vozeirão tremendo, quase irreconhecível despido das gentilezas macias que o abrandavam na calçada e na rua.

Seu Chico Brabo era solteiro, de meia-idade, grosso, baixo, na cara balofa e amarelenta uma barba ruiva, olhos miúdos e de porco. Não me lembro de tê-lo visto nas cavaqueiras de proprietários e negociantes, que, depois do vigário e do juiz, formavam a aristocracia do lugar e marcavam a distinção usando capotes e *cache-nez* de lã no inverno. Vivia modestamente, aparecia em mangas de camisa, no peito descoberto uma grenha vermelhaça. Ignoro que ofício tinha. Arredio, isentava-se dos deveres sociais com sorrisos tímidos, cumprimentos, alguma frase obsequiosa.

Manipulava drogas, possuía uma farmácia caseira, chegava-se aos doentes e medicava-os de graça. Fazia festas às crianças, acariciava-as passando-lhes nos cabelos os dedos curtos e gordos.

Interessou-se vivamente pela asma de Leonor. Debruçado à janela, conversou com minha mãe, pedindo notícias e dando conselhos. No dia seguinte ofereceu-lhe uns pacotinhos de pó branco. Seguindo as prescrições dele, minha irmã curou-se.

Na casa de seu Chico Brabo não havia saias: todo o serviço estava a cargo de João, um garoto de dez anos, estabanado, alegre, a alma se espelhando em duas filas de dentes largos, sempre expostos. João preparava a comida, trazia da feira os mantimentos, ia buscar água na cacimba da Intendência. Da minha cama de inválido, eu notava pedaços do trabalho dele: móveis deslocados, o chiar da vassoura no tijolo. De repente tudo se sumia, dominado pelo grito rouco e poderoso de seu Chico Brabo:

— João! Ô João!

O rapaz se esquivava, o chamado persistia, enérgico:

— João! Ô João!

Eu desejava que o menino acorresse, findasse o brado longo, a repreensão, o castigo. Se ele tardasse, o amo se zangaria, agravaria a punição. Engano. Seu Chico Brabo não se zangava: prosseguia do mesmo jeito, até que o pequeno se desentocasse e fosse receber as pancadas. Essa falta de pressa nas duas partes me alarmava, dava-me suores frios. Como podia alguém conservar tranquilidade em semelhante situação? Quando me acontecia uma desgraça como aquela, mexia-me, na tremura e no medo, a tentar uma defesa improvável, a condenar-me.

Realmente eu não sabia se seu Chico Brabo estava tranquilo. Talvez houvesse nele uma cólera maciça, inalterável. O objeto dela ficaria escondido muitas horas, sem aumentá-la, sem diminuí-la. A ausência de gradação enchia-me de pasmo, de mal-estar novo. As cinco sílabas caíam pesadas, as duas primeiras juntas, as últimas depois de uma pausa. Arrepiava-me, cobria as orelhas com as palmas das mãos úmidas, torcia-me com desespero, mentalmente me dirigia a um esconderijo:

— Sai, João. Vai logo.

Certamente aquilo era pior que todas as chicotadas. Um instante de silêncio, resfôlego encatarroado, tosse, gorgolejo de bicho frio. Na minha imaginação um corpo lento se desenroscava, o toicinho da papada tomava consistência, a brancura e a moleza se coloriam. Dedos curtos se alongavam, transformavam-se em garras.

E o apelo tornava, rouco, formidável grunhido paciente de animal forte que nunca deixa o sossego.

Bem. Agora João tinha resolvido largar o refúgio, confiar-se ao destino, mas isto não abreviava a representação. Antes de lhe tombar no cachaço, com força de malho, o punho cabeludo, havia uma extensa arguição, um minucioso rol de culpas, dividido em capítulos espaçados, findos na voz imutável:

— João! Ô João!

Como se gritava daquele modo a uma pessoa que estava ali perto, Deus do céu? Um grito longo, interrompido, recomeçado. Na cara biliosa haveria sem dúvida umas gotas de sangue. Isto não precipitava o desenlace: a tortura se aprofundava e alargava, metódica. Duas mãos inchadas seguravam braços finos, sacudiam-nos reforçando as objurgatórias. Suponho que seu Chico Brabo não sentia prazer em magoar fisicamente a criança: gostava de aperreá-la devagar, feri-la com palavras. É possível que as palavras não ferissem, resvalassem na alma habituada às ameaças. Afinal dois ou três golpes fofos. Guinchos de um; sopros, respiração ofegante do outro. Depois tudo se acalmava e os rumores comuns voltavam a embalar-me.

No dia seguinte João estaria assobiando, cantando, arrastando as cadeiras, varrendo o tijolo. O homem lívido espalharia as banhas de capado no peitoril da janela, rosnaria grave e tímido à saudação dos transeuntes, falaria às mulheres da vizinhança, ensinando-lhes mezinhas, prestimoso, solícito.

Duas figuras me perseguiam na doença prolongada: o sujeito amável, visto na rua, e a criatura feroz da sala de jantar. As discrepâncias avultavam, acumulavam-se — e era difícil admitir que alguém fosse tão generoso e tão cruel. A recordação daquela doçura mole, dos papelinhos de pó branco, dos sorrisos, trazia-me ao espírito bondade completa; os urros furiosos e os sopapos descarregados em João exibiam-me completa maldade. Onde estava Chico Brabo? Qual dos dois era o verdadeiro Chico Brabo? Estarrecia-me esse desdobramento. Decerto havia nos filhos de Deus muito desconchavo e muita rabugem. Poucos chegavam, como d. Maria, a apresentar serenidade invariável, resistente a dores de barriga e enxaquecas. Mas d. Maria, a velha professora quase analfabeta, aproximava-se da santidade. Os outros viventes possuíam virtudes e defeitos, com desvios e oscilações. Chico Brabo parecia-me dois seres incompatíveis. Em vão tentei harmonizá-los. As lembranças multiplicavam-se, exageravam-se. Arriado na cama de lona, as pálpebras coladas, via distintamente um deles. Os ouvidos excitados na cegueira fixavam-me na imaginação o segundo.

Quando a visão tornava, os dois tipos faziam as pazes, reciprocavam concessões. Os meus olhos enchiam-se de imagens. Os meninos de Teotoninho Sabiá esvoaçavam. José da Luz vinha contar-me histórias. Uma porta se abria na rua da Palha, expunha à vila a festa permanente do jardim florido. Nos sábados o largo se povoava de barracas; matutos, de gibão e guarda-peito, andavam na feira, aos tropicões, as rosetas das esporas tilintando. Domingo, na missa das dez, nuvens de incenso escureciam os altares, ramagens de chita e véus de noivas; repiques de sinos abafavam o burburinho da multidão, gritos de almas novas a esgoelar-se na pia, batizando-se. A vila se agitava. E nessa agitação Chico Brabo se diluía, pedaços de Chico Brabo se confundiam com pedaços de outros viventes. Os meus olhos piscos divagavam, buscando andorinhas no céu ou tropeçando na leitura.

Mas tornavam a inutilizar-se, a esconder-se, lacrimosos e supurantes, sob o pano escuro. E Chico Brabo novamente se desagregava. A parte boa ficava lá fora, gastando-se em gentilezas, em obséquios às donas de casas, aos meninos asmáticos. A parte ruim se concentrava na sala de jantar e demolia João.

Se Chico Brabo tivesse criados, vaqueiros, mulher, filhos, moleques na cozinha, dividiria, subdividiria a zanga, distribuí-la-ia equitativamente, e as parcelas nem seriam percebidas. Chico Brabo só dispunha daquela pequena subserviência. Depositava nela o veneno que produzia, purificava-se, voltava à sala, ia afagar as crianças, oferecer remédio às vizinhas.

JOSÉ LEONARDO

Aparecia aos sábados na feira, sob um vasto chapéu, aprumado na carona bojuda, numa complicação de alforjes, látegos e bagagens. Foi o sujeito mais digno que já vi. Sério, de uma seriedade imóvel e de estátua, os grandes olhos claros cheios de franqueza.

Conservo a impressão de que José Leonardo, sem se apressar, fazia tudo direito: funcionava como um relógio, as rodas movendo-se regulares, os ponteiros indicando certo número de deveres.

Os negociantes festejavam-no e disputavam-no. O irmão, Antônio Freire, não ligava importância a obrigações: vivia na rua, pedindo aqui e ali o que precisava. Toda a gente o atendia; José Leonardo pagava sem regatear, fingia não perceber aquelas descaídas, e os bodegueiros inventavam contas, sangravam-no.

Não sei como esse homem se aproximou de mim. A seriedade e o silêncio deviam afastar-nos. Trouxe-me presentes, ficamos amigos, levou-me ao Pico, a fazenda que possuía a duas léguas da vila. De inverno a verão, a campina alongava uma faixa de verdura na catinga. Longe, um serrote se erguia a prumo, esquisito muro de pedra rematado por uma ponta com aparência de árvore morta. Daí, o nome da propriedade. Corria de lá um fio de água, que não engrossava nem se reduzia. Canalizado na valeta, domesticado na bica de madeira, despejava no cocho que apodrecia debaixo de um pé de jitó, excelente banheiro. Lembro-me do meu primeiro banho. No calor, o jato frio nos acariciava. Seu Filipe Benício esfregava-se com sabão e estava cor de alfenim. Sacudia uma parte do corpo, como se quisesse despregá-la. Mergulhando no tanque raso, resfolegava como um bicho. Erguia-se, livre da espuma, limpo e fresco. Os bigodes longos derramavam-se, brancos, os pelos da barriga emaranhavam-se, brancos também, e surpreendiam-me. Eu não supunha que existissem pessoas tão cabeludas.

Do cocho a água se derramava, corria solta na várzea, regava o canavial, de canas enormes, único por aqueles sítios. Finda a umidade, o sertão ia surgindo, a princípio vacilante e morno, povoado de ouricuris e cajueiros chinfrins, depois seco e amarelo, coberto de cactos, ossadas e seixos. Aí se arrastavam as criaturas famintas e sujas que vendiam na feira cestos de imbu e caça miúda. Em tempo de escassez viviam disso, e como a escassez era frequente, emigravam, finavam-se na miséria. Uma ou outra cabana, chiqueiros de cabras morrinhentas, badalar triste de chocalho.

Nas minhas viagens ao Pico, arrumado à garupa do cavalo de José Leonardo, eu bocejava no mormaço, olhando a planície crestada, buscando uma folhagem de juazeiro. De repente, fartura e sombra, inalteráveis, que tinham dado ao pequeno proprietário aquela serenidade. Realmente José Leonardo não dependia. Os fazendeiros da região submetiam-se a alternativas: anos de abundância e anos de penúria. Às vezes a terra produzia em excesso, outras vezes não produzia nada. Dissipação, mesquinharia. E contra isso qualquer esforço era inútil.

José Leonardo não conhecia lucros desmedidos nem prejuízos. Dedicava-se a uma indústria segura, diferente da dos vizinhos. Não criava gado — e o Pico estava isento da lama e das moscas dos currais. Vestia pano em casa e no trabalho, coisa espantosa. Em geral só os habitantes da rua usavam tecido. Os matutos se encouravam, mexiam-se como tatus. Pelas redondezas para bem dizer não havia lavoura além da sovina plantação feita nas vazantes dos açudes e nas margens gretadas dos rios periódicos. Os surrões de milho e feijão, em casa de meu avô, procediam da mata, distante. Os homens ferravam, capavam, ordenhavam, retalhavam mantas de carne, curtiam, fabricavam látegos e cordas; as mulheres enchiam potes de leite, mudavam-no em coalhada e em queijo.

No Pico não se percebia o cheiro do sangue nem a podridão das bicheiras. E ocupações desconhecidas logo me impressionaram. Fiquei tempo esquecido na engenhoca, admirando bois encangados, a mover-se em redor de um eixo, a cana a triturar-se em moendas de pau, o caldo a esguichar numa calha que despejava na primeira tacha do assentamento. Daí se baldeava a outras, em cuias presas em varas. E da terceira um melado vermelho passava às fôrmas, que deixavam no chão coberto de bagaço uma chusma de rapaduras.

Nunca me havia ocorrido que as rapaduras fossem consequência de trabalho humano. Encaixadas, nas bodegas, não pareciam exigir tantos preparos. Aquilo era uma diversão curiosa. Bonitas, cor de ouro, empilhavam-se ainda quentes. E desejei permanecer ali, ao calor da fornalha, vendo a cana esmagar-se, o líquido borbulhar nas talhas, engrossar, solidificar-se.

À noite, na casa-grande, dançavam e cantavam. O luar feria pedrinhas alvas nos caminhos. Achei que uma delas brilhava mais que as outras — e José Leonardo obrigou-me a aceitá-la. Conservei alguns anos a preciosidade que faiscava na treva. Num canto de parede, como brasa perdida no borralho, avivava, em horas de aborrecimento e dor, aquelas recordações — a faixa do canavial, água empapando a várzea, bois mansos pezunhando na engenhoca, o mel a ferver nas tachas, danças, cantigas, a plumagem viva das araras. E iluminava a figura que se ia distanciando no passado, fria, digna, tranquila. Bondade diferente das bondades comuns. Não nos atraía, mas inspirava confiança, vencia o desgraçado acanhamento que me embrulhava a língua, escurecia a vista, gelava as mãos.

Fiz numerosas perguntas a José Leonardo, e ele nunca se espantou. Às vezes hesitava, procurava-me na cara o sentido da frase obscura. E a informação vinha, natural e paciente. Sem me haver impressionado em demasia, esse homem deixou-me lembrança que se estirou e me dispôs a sentimentos benévolos.

Mudei-me, fui viver na cidade. A pedra faiscante sumiu-se — e o meu quarto, rezadas as orações, apagado o candeeiro de querosene, escureceu. Mas a imagem serena me acompanhou. Fixou-se na parede, à noite, perto das litografias de santos, compreensiva e generosa, sem tentar corrigir-me, sem dar-me os conselhos que sempre me aperrearam e não serviram para nada.

MINHA IRMÃ NATURAL

Tínhamos feito diversas viagens à fazenda de meu avô. Naquela, a mais importante, demoramos três meses — e a família ganhou um membro, perdeu outro.

O ganho foi representado por um menino chorão, que morreu cedo. Minha mãe deitou-se na cama de lastro de couro cru, exilaram-me algumas horas no bosque de catingueiras, à beira da lagoa. Quando voltei, o pequeno estava nos cueiros, de figa no braço, defumado a alfazema, e submetia-se às predições de Maria Melo. Tudo se normalizou: minha mãe convalesceu, os capões que engordavam no cercadinho do oitão, pegado ao jardim, morreram.

A pessoa que desapareceu da família foi Mocinha. Não sei bem se desapareceu da família, mas é certo que nos deixou. Talvez não a julgassem parenta: as relações dela conosco eram imprecisas. Antes de meu pai casar, Mocinha lhe fora enviada por portas travessas, passara às mãos de tia Dona, viúva pobre que vivia com ele e tinha duas filhas novas. Viera o casamento, viera a mudança, tia e primas se haviam distanciado e Mocinha nos acompanhara ao sertão.

Era branca e forte, de olhos grandes, cabelos negros, tão bonita que duvidei ser do meu sangue. Parece que não queriam tomar conhecimento dela. Aferrolhavam-na em camarinha tenebrosa. Natural: sempre tivemos camarinhas úmidas, tristes, seguras, fechadas, para as mulheres. Sentava-se a um canto da mesa, rezava, comia de cabeça baixa. O constrangimento devia torturá-la, pois no quintal, na cozinha, no alpendre, ria, cantava, entendia-se com Rosenda lavadeira. Do corredor para a sala de visitas encolhia-se, reprimia expansões, anulava-se.

Minha mãe tratava-a quase cerimoniosamente. Às vezes embirrava com ela, resmungava, largava muxoxos — e nós, viventes fracos, meninos e moleques, observávamos apreensivos essas manifestações, de agouro ruim. A Mocinha não chegavam dissabores. Era como estranha, hóspeda permanente, embora se entretivesse em serviços leves: bordava palmas e florinhas lentas em pedaços de morim estendidos em grades, remendava camisas, endurecia saias brancas na goma anilada, alisava-as a ferro numa tábua vestida em lençol, suspensa nos encostos de duas cadeiras.

Isso lhe bastava à necessidade de movimento. E as exigências do espírito satisfaziam-se com missas, novenas, terços de maio, conversas na prensa do copiar, leitura do romance longo, a história de Adélia e d. Rufo. Na verdade Mocinha era meio analfabeta, mas a narrativa, pisada e repisada, já não apresentava obstáculo; Adélia e d. Rufo mostravam-se. As excelências de d. Bosco, expostas nos folhetos amarelos dos salesianos, é que se traduziam com esforço e incerteza.

Ao levantar-se e antes de encafuar-se no quarto sombrio, que tinha apenas uma abertura, Mocinha se aproximava de meu pai, cochichava rapidamente. Ele rosnava uma bênção, afastava-se carrancudo.

Aquilo era um dever, dever tradicional que o lisonjeava e diminuía. Provavelmente a situação do negócio (gado a morrer, pano barato na prateleira) não lhe permitia engendrar filhos em muitas barrigas, fortalecer-se com o trabalho deles. Reprodutor mesquinho, sujeitava-se à moral comum — e naquela bênção engrolada ao amanhecer e ao cair da noite havia a confissão de que lhe faltava o direito de cobrir muitas mulheres, gerar descendência numerosa. Cobria e gerava, mas devagar e com método. Era um patriarca refletido e oblíquo, escriturava zeloso os seus escorregos sentimentais. Mocinha não representava utilidade. Valor estimativo, de origem pecaminosa. E meu pai tentava convencer os outros de que ela não existia.

Difícil. A intrusa se encorpava e embelezava, alargava a roupa, namorava-se ao espelho da sala. E do espelho saltou à janela, onde Miguel lhe foi segredar ternuras ao lusco-fusco.

Miguel, indivíduo importante, dos mais importantes do lugar, não podia ligar-se decentemente a uma filha das ervas. A gente dele, proprietária da casa de azulejos, motivo do meu assombro ao apear-me na vila, estrilou. E meu pai estrilou também, considerável e cheio de prosápias, orgulhando-se daquela preferência, mas rigoroso, intransigente. Fecharam-se e fiscalizaram-se as venezianas; estorvaram-se as relações com o exterior; a menina, elevada à categoria de pessoa, ouviu gritos, censuras ásperas, e as duas bênçãos diárias nunca mais lhe foram concedidas.

Pensei mais tarde nas razões que levaram meu pai a repelir um sujeito de boa raça, influente na política local. Talvez desejasse evitar falatórios, que lhe causavam medo. Talvez receasse assumir responsabilidade, ir até o fim do caminho. Nunca se comportava assim. Ordinariamente parava, ocupado com minúcias, e no jogo do solo, o seu divertimento no inverno, passava demais, enchia o pires de tentos, só se arriscava quando os trunfos lhe choviam nas mãos. Temia vantagens, desconfiava dos lucros rápidos e fáceis, que exigem capital e coragem — e após o desastre na fazenda, bichos famintos, morrinha, destruição, tornara-se precavido em excesso. Realmente era ambicioso, mas a sua ambição voava curto. Leve amor às aventuras e riscos, aventuras e riscos medianos, o induzia a vender fiado. Tomava todas as precauções, estudava o freguês pelo direito e pelo avesso, duplicava o preço da mercadoria, e se a fatura se elevava um pouco, suava numa angústia verdadeira. Findos os noventa dias do prazo, esfolava o devedor com juro de dois por cento ao mês. É possível que, nesse caso afetivo, ele haja, adotando os seus hábitos comerciais, procedido economicamente. Se acolhesse as boas intenções de Miguel, precisaria mandar fazer enxoval, comprar malas, realizar uma festa com anúncio em banhos, cerimônia de igreja, música, jantar para dezenas de convidados. Viriam padre João Inácio, o comendador Badega, seu Félix Cursino, Teotoninho Sabiá, Filipe Benício. Teríamos discursos, teríamos dança. Esses desarranjos, além de caros, não estavam na índole de meu pai. Desorganizar-lhe-iam a vida. A nossa mesa era exígua, ladeada de bancos duros. Com os anos, aumentou, recebeu hóspedes numerosos, mas naquele tempo em geral se acomodavam em redor dela seis ou oito pessoas. E na sala de visitas, retirados o marquesão e as cadeiras, poucos pares conseguiriam mexer-se. Meu pai detestava a dança, formalidade necessária em bodas. Certamente se lembrava de culpas nascidas na valsa e na quadrilha — e daí o horror. Havia na existência dele, no escuro do passado, uma Deolinda, a que minha mãe se referia com inveja. Deolinda surgira escandalosamente na quadrilha e na valsa, traíra o marido — e, em consequência, meu pai reprovava com energia o exercício abominável. Minha mãe esqueceu a reprovação e cometeu uma falta: dançou com um primo barbado, em casa de meu avô. Arrependeu-se, achegou-me ao peito magro, pediu-me que não revelasse a ninguém o desgraçado sucesso. Comprometi-me. Quando nos desaviemos, ameacei-a. Não ligou importância às ameaças: puxou-me as orelhas. Senti a perfídia, mas fui generoso, guardei o segredo. E a paz do casal não se alterou.

Deolinda se esfumara. E, na frieza, Mocinha bordava palmas e flores, engomava saias, ouvia missas. No romance extenso e amarfanhado travara conhecimento com d. Rufo e Adélia. E transformava Miguel num virtuoso galã. O nosso governo totalitário admitia Adélia e d. Rufo, mas não admitia Miguel. Não tentava suprimir a ficção contida nos volumes sujos. Consentia a leitura, reconhecendo a inutilidade dela fora do artigo político e dos lançamentos do borrador. Mas, deixando à menina o direito de pensar em tipos de histórias, decidiu conservá-la na virgindade. Obrigava-se a alimentá-la por largos anos, vesti-la, calçá-la. Isto representava uma despesa pingada, quase insensível. Gastos extraordinários — lençóis, fronhas, camisas, o vestido branco, véu, grinalda, fita, renda, muita comida, muita bebida, música, etc. — perturbar-lhe-iam as finanças. Tia Dona arranjara um casamento infeliz, enviuvara, tuberculosa, com duas filhas. Tia Josefa envelhecia longe, solteira. Tia Jovina envelhecia também, e ainda envelhece, coxa e triste, em companhia da última de minhas irmãs naturais. Meu pai distribuía migalhas a essas pobres. Continuaria a sustentar Mocinha, contanto que ela procedesse direito, vivesse calma, na gaiola e na moral.

Fervia nela, porém, o sangue materno, a solidão afligia-a. E Miguel não queria ser figura de romance. Entenderam-se, apesar da proibição, inflamaram-se, cambiaram acenos e bilhetes. E tudo se resolveu.

A gente de meu avô se reunia na sala, em torno da mesa que tinha nas gavetas bolas de cera e macetes de capar boi, e em cima, na glória, litografias e esculturas, Jesus e a Virgem, santos e santas. Minha mãe embalava o filho novo na rede, junto à cama de lastro de couro cru, à luz da lamparina que esmorecia no copo. Maria Melo puxava a ladainha. O patrão, o velho cabreiro Ciríaco, diversos apaniguados, abatiam-se rezando, os joelhos sobre chapéus de couro. A patroa, caboclas da vizinhança, as negras da cozinha, sucumbidas na esteira, esmurravam o peito e cantavam. Os meus olhos doídos e purulentos escondiam-se num pano preto, lacrimejavam, enxergavam a custo vultos indecisos, as labaredas trêmulas das velas. Fragmentos do exterior confuso entravam-me nos ouvidos. Os armadores da rede calaram-se, as vozes enfraqueceram, a ladainha findou, as mulheres ergueram-se num fru-fru amarrotado, alpercatas e chinelos arrastaram-se, o clarão do oratório morreu, as paredes sem reboco enegreceram mais.

Súbito, um rebuliço: Mocinha estava sumida. Procuraram-na por todos os cantos; as tochas dos candeeiros de querosene iluminaram os quartos, o depósito de algodão, o quintal, o bosque de catingueiras, o pátio; os gritos de meu avô ecoaram nas ribanceiras do Ipanema. Não se descobriu Mocinha. Raptada por vários cavaleiros, num simulacro de força e conquista, foi, em conformidade com a praxe, acolhida e vigiada por senhoras idosas. Nesse asilo nenhum mal lhe chegaria, mas estabeleceu-se que moça fugida é moça avariada.

Para sanar a avaria absurda, medianeiros verbosos diligenciaram um conchavo entre as duas famílias. Houve as conversações usuais e o acordo não se realizou. Meu pai conservou-se intransigente e digno. Ao regressar à vila, achei-o com a barba crescida, afirmando que a ingrata significava para ele mão cortada. Frase esquisita. Efetivamente nunca a pequena lhe servira de mão. Meu pai era assim: gostava de expressões enfáticas e não reparava no sentido das palavras. Mão cortada. Essa amputação o eximia de banhos, véu, grinalda, renda, fita, lençóis, fronhas, jantar. Mocinha casou silenciosamente, sem música e sem dança, na missa das sete. E teve alguns anos de equilíbrio e felicidade.

Tentou reconciliar-se conosco. Enquanto meu pai jogava solo na loja, entrava pelo portão do quintal, ficava uma hora falando baixo com minha mãe, na prensa de farinha do alpendre.

Depois veio a mudança e nos distanciamos. Miguel abandonou-a, ligou-se a outra, no civil. Se não me engano, ligou-se também a uma índia, na lei dos índios, para as bandas do Amazonas. Mocinha desapareceu e não deixou vestígio.

ANTÔNIO VALE

Tínhamos feito uma estação na vila, para bem dizer estávamos ali hospedados, com grande economia e sem nenhum conforto. Vivíamos como retirantes que se fixam algum tempo e ganham força para seguir caminho. Meu pai, educado no balcão, aceitara os conselhos da sogra, metera-se em pecuária nos cafundós de Pernambuco. Arruinando-se na seca, usara os restos do capital e o crédito, mercadejava com o fim de obter meios para regressar às Alagoas e à mata.

A situação transitória lhe fornecia desculpa ao recusar negócios inconvenientes. Era passageiro, não queria imóveis nem vendia fiado. Mas adquiriu e lavrou o cercadinho próximo ao cemitério. E acontecia deixar-se vencer pelo medo. Assustava-se diante de um ferrabrás, largava-lhe a mercadoria exposta. Diligenciava escondê-la, exibia-lhe os defeitos, amunhecava faturando-a, embrulhando-a — e no borrador ficava o sinal do prejuízo, a amargurá-lo. Quantias módicas ampliavam-se, apavoravam-no.

De tempos a tempos esses fregueses indesejáveis lhe causavam surpresas boas, como seu Antônio Vale, fazendeiro, de família considerada e reimoso. Seu Antônio Vale comprava regularmente, a dinheiro, sem regatear. Um dia, ao ver a conta, esvaziou os bolsos e concluiu que as notas, os níqueis e as pratas escasseavam. O jeito que tinha era deixar alguns artigos. Chegara o momento infeliz, esperado com ânsia. Meu pai se preparara e utilizou a franqueza e a ingenuidade precisas: conhecia a má reputação do homem, os outros negociantes diziam dele cobras e lagartos e não lhe fiavam duas patacas. Maledicência, calúnias. Podia levar os panos. Via-se bem que era pessoa direita. A loja ia acabar, mas, enquanto estivesse com as portas abertas, ele mandava. Sem dúvida. Seu Antônio Vale engrossou o papo, avermelhou-se, bateu o pé na calçada e gritou para o largo que os bodegueiros todos eram umas pestes, magote de safados. Mostraria que não passavam de uns mentirosos.

Mostrou. Em numerosas transações foi pontual demais: com certeza maquinava um calote rijo. Sobre a derradeira meu pai se manifestou na sala de jantar, à ceia, com aquele modo vago de falar como se não se dirigisse a ninguém. De fato não se dirigia. Minha mãe espalhava o pensamento curto em assuntos mais fáceis, e o monólogo servia para ele arrumar as ideias.

— Afinal podia ser pior. Engana, é claro, desta vez engana. Sabe que estou de muda e escapole-se. Natural. Não me queixo: procedeu com decência três anos e deu lucro. Felizmente deve pouco.

Algum tempo depois seu Antônio Vale veio informar-se da viagem e prometeu voltar. Na véspera ainda não tinha aparecido.

— Eu sabia, gemeu o credor. Não esperava outra coisa.

Mas de madrugada, quando os almocreves inqueriam as últimas cargas e minha mãe fiscalizava a casa deserta, embaraçando-se na enorme saia de montar, seu Antônio Vale surgiu num cavalo esquipador, a carona pejada, os alforjes cheios, resolvido a acompanhar-nos. Trazia um rolo de cédulas e pagou a dívida.

MUDANÇA

Uma caminhada extensa, dezenas de léguas. Eu ia de garupa, escanchado num travesseiro, agarrando-me ao paletó de José Leonardo para equilibrar-me, em posição muito incômoda. A princípio a novidade me tornou loquaz e curioso, perguntei os nomes de aves e plantas, mas veio o sol, veio o mormaço, e caí numa sonolência estúpida. As virilhas suadas ardiam-me, o chouto do animal sacolejava-me, revolvia-me as tripas, deslocava-me os ossos. Amolecido, bambo, admirava-me de ver em redor cavaleiros palradores, satisfeitos com o duro exercício. Nos pousos, arrastava-me, cambaleava, como um papagaio, trôpego, as juntas doídas.

Descansamos uma tarde em casa do poeta popular Cordeiro Manso. Pernoitamos depois junto a um açude lamacento, onde patos nadavam. Construiu-se com fardos, caixas e encerados uma tenda, e aí me estirei sobre peças de estopa, friorento, iluminado a cera de carnaúba. As estacas de uma cerca roçavam-me as costelas; interrompiam-me o sono o choro do vento, a conversa dos arrieiros aboletados na vizinhança e os gemidos quase humanos de uma ovelha doente.

Outras estações fugiram-me da memória. José Leonardo e Antônio Vale despediram-se — e com eles o sertão desapareceu. Xiquexiques e mandacarus foram substituídos por uma vegetação densa e muito verde; nos caminhos escuros os chocalhos calaram-se; surgiram regatos, cresceram, transformaram-se em rios e atrasaram a marcha.

Figuras desconhecidas vieram encontrar-nos, amáveis, risonhas, primos em vários graus, familiares como se tivéssemos vivido sempre juntos. Evidentemente a situação econômica de meu pai era razoável. Emigrara, encalacrara-se, mas recompusera-se, e, graças às cargas de fazenda, tranquilizava os parentes. Os mais graúdos perceberiam de longe a existência dele; os pequenos se chegariam, flexíveis, exaltando-o. E assim, tolerado por uns, adulado por outros, fixaria de novo na terra antiga as raízes cortadas.

José da Luz, padre João Inácio, a velha professora de cabelos brancos, Filipe Benício, Chico Brabo e os meninos de Teotoninho Sabiá diluíam-se a distância. E as caras estranhas me inspiravam receio.

Fiz o resto da viagem com um moço alegre, que tentou explicar-me as chaminés dos banguês, os campos de lavoura, árvores robustas, associadas, atravancando a paisagem. Tinham-se sumido os grandes espaços alvacentos, de areia e cascalho, despovoados, o mato franzino, bancos de macambira, cercas de pedra, chiqueiros e currais, dias luminosos riscados pelo voo das arribações. Veredas subiam, desciam, torciam-se, e à beira delas arrumavam-se casas, jardins, hortas. Os transeuntes não se vestiam de couro. Em qualquer ponto, achava-me num buraco, entre morros. Água abundante e ruidosa, capinzais imensos, manhãs nevoentas.

Chegamos ao município de Viçosa, em Alagoas. Antes de estabelecer-se na cidade, meu pai se hospedou num engenho de fogo morto. E durante meses, em longas ausências, trabalhou com seu Manuel Costa, assentando as bases de uma sociedade comercial, gora em pouco tempo.

Constrangi-me no ambiente novo, perdi hábitos e adquiri hábitos. Numerosos acidentes perturbavam-me: atoleiros, cancelas, arame farpado, canaviais de folhas cortantes, valas. Impossível correr, por causa das ladeiras. Objetos e palavras inexistentes no sertão originavam incerteza, e a maneira de falar me chocava os ouvidos. As pessoas e as relações me desnorteavam: não podia saber se me comportava direito com a parentela confusa e respeitável.

Os irmãos de minha mãe eram pequenos, alguns menores que eu, e brincávamos juntos no bosque de catingueiras que rodeava a lagoa. Jacinta me dissera uma vez, zangada e vermelha, encompridando o vestido de chita:

— Me respeite. Eu sou sua tia.

E eu respondera, naturalmente:

— Você é besta.

Agora me apresentavam mulheres ásperas e de cachimbo, homens importantes e enrugados: tia Jovina e tia Josefa, tio Pedro e tio Inácio. Conselhos, dureza, carranca. Obtive uma irmã natural, morena, grossa, feia. E duas primas bonitas, que findaram tuberculosas.

No fim do pátio a bagaceira fermentava. Roseiras floresciam no jardim, cipós emaranhavam-se na latada. Um riacho se escondia entre verduras, comia a terra negra e pedras limosas. Vivíamos ali em promiscuidade, bichos e cristãos miúdos.

ADELAIDE

A sociedade comercial Ramos & Costa, explorando o negócio de fazenda, miudeza, ferragem e perfumaria, estabeleceu-se numa esquina do largo principal da cidade: prédio vistoso, com diversas portas, um letreiro vermelho e negro feito por Joaquim Correntão, que pintava índios empenachados e falava muito em chimpanzés e orangotangos. Na loja havia dois caixeiros e um guarda-livros.

A família se instalou na rua do Juazeiro, numa casa próxima à cadeia, e dissabores aí nos surgiram. Certamente meu pai se esforçava demais por aguentar-se e trepar. Começou a ter vertigens e síncopes, desacordava minutos compridos, e nós nos alarmávamos, órfãos, chorávamos olhando o corpo morto. Levantava-se e revivia, continuava na faina de subir, nivelar-se aos parentes enraizados na lavoura. Alguns iam visitar-nos, duros, tesos. Findas essas cerimônias, meu pai caía num abatimento profundo. Às vezes se deitava, enrolava-se nos cobertores, desalentava-se, em tremuras, anunciava aos gritos que ia morrer. Vinha o dr. Mota Lima, dava-lhe um vomitório de substância, encorajava-o pregando-lhe os óculos grossos de míope. O doente se envergonhava daquele barulho — e horas depois lisonjeava os proprietários, colaborava na política.

A terra era um lamaçal cheio de ladeiras. Em tempo de inverno a gente andava com dificuldade no calçamento de pedras soltas, entremeadas de barrocas.

Matricularam-me na escola pública da professora Maria do O, mulata fosca, robusta em demasia, uma das criaturas mais vigorosas que já vi. Esse vigor se manifestava em repelões, em berros, aos setenta ou oitenta alunos arrumados por todos os cantos.

Localizaram-me no corredor — e, pouco fiscalizado, quase despercebido, reabri desgostoso o terceiro livro do barão de Macaúbas, tornei a encalhar nas regras de pontuação. As minhas deficiências ocultaram-se alguns dias: Dondom, mocinha pálida e misericordiosa, tomou-me as lições, protegeu-me, corrigiu-me a pronúncia, inutilmente, e fez por mim na ardósia as contas enigmáticas.

Mandavam-me rabiscar algumas linhas pela manhã. Logo no início desse terrível dever, o pior de todos, surgiu uma novidade que me levou a desconfiar da instrução de Alagoas: no interior de Pernambuco havia 1899 depois dos nomes da terra e do mês; escrevíamos agora 1900, e isto me embrulhou o espírito. Faltou-me a explicação necessária. Como a doce mestra sertaneja, clara, de belos caracóis imaculados, superava a outra, escura, agreste, de músculos rijos, nos olhos raivosos estrias amarelas, considerei a nova data um erro. Com certeza não foi esta reflexão que me endureceu a munheca e povoou de borrões o traslado, mas pode ter tido influência: realmente não caprichei na fatura de sinais duvidosos.

Uma vez, notando-me o desânimo diante da folha machucada, Dondom tomou a pena, traçou vários caracteres em caligrafia direita, emagrecendo-os, engordando-os convenientemente, e induziu-me a prosseguir daquela maneira. Conselho perdido: as garatujas de 1900 eram iguais às de 1899. E quando a professora foi julgar as escritas e viu o dolo, chamou-me, exigiu esclarecimento. Desejei mentir, responsabilizar-me. Impossível. Olhei desesperado a minha cúmplice. D. Maria do Ó envolveu a mão nos cabelos da menina, deixando livres o indicador e o polegar, com que me agarrou uma orelha. E, tendo-nos seguros, agitou o braço violentamente: rodopiamos como dois bonecos e aluímos sobre os bancos.

Voltei ao anonimato e à sombra, contundido. Mas a benévola imprudência da moça e a raiva da enorme bruta falharam: permaneci obtuso, odiando as vírgulas e o catecismo, só abrindo os volumes sujos à hora da lição. Felizmente escapava entre dezenas de garotos rudes. Se não fosse a recordação de uns dedos que me apertavam a orelha, conseguiria achar paz e segurança. Na sala, vendo a mulata ou cafuza brandir a palmatória, precisaria comportar-me bem, simular atenção, molhar de saliva as páginas detestáveis. Ali, no encolhimento e na insignificância, os livros fechados, embrutecia-me em leves cochilos, quase só. Desperto, bocejava, examinava o quintal estreito, que subia o morro do cemitério, argiloso e resvaladiço.

Perto, na cozinha, três velhas, tias da professora, miúdas e cor de piche, torravam milho no caco, pisavam milho no pilão, enchiam de fubá caixinhas coloridas e franjadas. Os alunos astutos compravam aquilo, massa pegajosa, amarga, nauseabunda — e os ganhos da indústria caseira excediam talvez o vencimento que o tesouro pingava.

Constrangida no espartilho, branqueada a pó de arroz, d. Maria do O fingia humanizar-se lá fora: a voz amansava, a carne se reprimia, doméstica, os bugalhos amarelentos se ocultavam sob as pálpebras roxas — e a fera metia as garras nos cabelos das crianças, adulando.

Entre as vítimas desse diabo, a mais infeliz era minha prima Adelaide. Os pais não queriam separar-se dela. E, ricos, podendo confiá-la a estabelecimento que ensinasse línguas difíceis, tinham resolvido instruí-la sem perdê-la de vista. Os colégios mais ou menos europeus ficavam longe, iriam soltá-la por este mundo, sujeita a inconveniências?

Não. A pequena conservaria, perto de casa, todas as virtudes: bordaria fronhas; ligar-se-ia no altar, sem namoro, a um rapaz de juízo e fortuna, bem-apessoado. E diferençar-se-ia das mulheres que fumavam cachimbo de barro. Uma Adelaide letrada, não muito letrada, com as inovações e as letras necessárias. Uma Adelaide que se banhasse no riacho e falasse francês.

Ora, João Leite, dono do Cavalo-Escuro, não conhecia os degraus da ciência. Acreditara num diploma da escola normal, entregara a filha a d. Maria do O. E, em consequência, uma vez por semana, carros de bois e cargueiros derramavam na escola fôrmas de açúcar, melado, sacos de grão, farinha. A princípio esse exagero fora recebido com alvoroço, mas habituaram-se a ele, esqueceram agradecimentos, enfim aboliram as gatimônias dispensadas ao portador risonho, o crioulo José Luís. Adelaide se rebaixara. Estava ali quase órfã — e a horrenda mulata inchava e se envaidecia, publicando por meios indiretos que fazia caridade a uma intrusa. Insensível ao pagamento largo, torturava-a.

Certamente não começara impondo-lhe maus-tratos: afeita à liberdade, ao mando, às correrias, às injúrias a caboclos na bagaceira, Adelaide se rebelaria contra a nova autoridade, aparentemente igual às figuras que serviam na casa-grande. Indispensáveis meses e anos para dominar a criaturinha, degradá-la, enquanto o algoz se acomodava também à situação, experimentava as forças, apurava a maldade. No começo o jeito servil, o sorriso convencional; em seguida um olhar frio, gesto de enfado, palavra dura; a lisonja recomposta; novamente acrimônia e aspereza. Idas e vindas, intermitências. Um castigo — e logo o afã de obliterá-lo, explicá-lo como trabalho de educação. A covardia manhosa adoçava umas tréguas curtas. Não fosse a garota badalar, pedir aos pais que a retirassem daquele inferno. Não pedia. Talvez até ignorasse que estava nele. Tinham-na vencido, tinham-lhe gasto o fio em pedra de amolar. Afinal desapareceram as precauções. E a menina, triste, olhava a rua, os montes verdes. Silenciosa, descia, cada vez mais descia, esgueirava-se, tentava ocultar a magreza, na aula muito povoada. Tentativa inútil. D. Maria do Ó atravessava as pessoas com os olhos, achava num canto da sala o corpinho fugidio, imputava-lhe qualquer falta. Às vezes a casa não estava bem varrida. Marcas de poeira, invisíveis entre os bancos, avultavam apontadas pelo grosso dedo severo, comentadas pela voz estridente. E a infeliz, vergando sob a cólera desproposta, ia buscar a vassoura, limpar o tijolo. Havia-se reduzido à condição de criada. Na labuta doméstica, sofria a birra das três velhas miúdas e cor de piche. Essas fúrias boçais vinham de classe muito baixa, tinham decerto adquirido em senzalas o veneno que destilavam. Da subserviência antiga passavam às ordens brutais, vingavam-se numa possível descendente de senhores remotos. Adelaide curvava o espinhaço, calejava na obediência, esmorecia nos trabalhos mais humildes.

A estranha inversão de papéis me surpreendia e revoltava, mas a surpresa e a revolta nunca se manifestaram. Longe da escola, em arrancos de coragem, afrontei as megeras.

— Ah! negras!

Ali no corredor, o livro esquecido nos joelhos, vendo o quintal, o morro, ouvindo as lições cantadas e a arrelia da mestra, anulava-me, colava-me à parede, pusilânime e esquivo. Não ousaria revelar afeto a minha prima, não me arriscaria sequer a observar o martírio dela. Nas horas de aflição, multiplicadas, baixava a cabeça, fingia não perceber os braços finos, o rosto murcho e pálido, a boca torcida, os grandes olhos assustados, sem lágrimas. Receava, mostrando qualquer sinal de interesse, magoar a pobre, humilhá-la ainda mais. Talvez isso fosse hipocrisia: o que eu receava intimamente era comprometer-me associando-me àquela fraqueza, receber cachações destinados a ela. Não me parecia que Adelaide pudesse reabilitar-se, recuperar a alma de proprietária, dominar os cambembes esvaídos no eito. O engenho perdera a grandeza, era uma sombra de engenho, e a sinhá-moça arrastaria anos de vexame, até o fim da vida.

Tinham-me chegado vagas notícias da escravidão, sem relho e sem tronco, aceitável, quase desejável. Maria Moleca e Vitória, livres, viviam sossegadas em casa de meu avô. Não me vinha a ideia de que se conservassem ali por hábito ou por não terem para onde ir. Estavam bem, sempre tinham estado bem. As tias da professora haviam sido mucamas de luxo, sem dúvida, antes da maluqueira de uma princesa odiosa. Ingratas. Não me ocorria que alguém manejara a enxada, suara no cultivo do algodão e da cana: as plantas nasciam espontaneamente. E não pensava no sacrifício necessário às três mulheres para levantar a sobrinha fusca, desbastá-la, vesti-la, escová-la, impingi-la na sociedade. Essa metamorfose era casual. E arrepiava-me.

Coitada de minha prima, tão boa, tão débil, suportando as enxaquecas das miseráveis. Lugar de negro era a cozinha. Por que haviam saído de lá, vindo para a sala, puxar as orelhas de Adelaide? Não me conformava. Que mal lhes tinha feito Adelaide? Por que procediam daquele modo? Por quê?

UM ENTERRO

Naquele dia feriamos. Encontrei à porta da escola os meninos em alvoroço, e alguém nos guiou a uma casa distante, onde mulheres chorosas punham estrelinhas no manto que adornava um cadáver pequeno, transformado em anjo. Findos esses retoques, o choro aumentou e quatro alunos seguraram as alças do caixão azul. Saímos, andamos caminhos esburacados, lamacentos, subimos uma ladeira íngreme e, escorregando no barro vermelho, alcançamos paredes brancas, simples manchas vistas lá debaixo, agora altas e largas, zebradas de verde. Atravessei o portão.
Nunca havia entrado em cemitérios e habituara-me a receá-los, por causa dos espectros que me descreviam na cozinha. À noite essas narrações davam-me tremuras, arrepiavam-me os cabelos. A treva se enchia de mistérios, as labaredas fumacentas do fogão viviam, acompanhavam a

dança das bruxas. Ali, porém, na claridade forte do sol, os terrores se dissipavam. O bando de crianças ria, espalhava-se nas ruas estreitas, galgava montículos fofos, alinhados.

Largou-se à beira de uma cova o caixão azul, o velho Simeão escondeu-o, tomou a pá e cobriu-o de terra, fabricou uma espécie de canteiro. Ouvi as pancadas ocas, indiferente à cerimônia.

Lembrava-me do que se dizia do coveiro, lento, de mãos trêmulas. Perdera a família, despojara-se de todos os interesses que o prendiam à vida e, quase na decrepitude, só estimava a companhia dos mortos. Calejara no ofício. Como as pernas trôpegas exigiam repouso, descia raro à cidade. Consumia o resto das forças à sombra dos túmulos, arrancando ervas nocivas, podando roseiras. E concluída a tarefa, sossegava em cima de uma catacumba e dormia. Quando o achassem teso, não seria preciso transportá-lo em viagem difícil: deixá-lo-iam entre as suas plantas. Essa figura engelhada me tranquilizava. Simeão vivia com defuntos — e nunca um deles o incomodara. Homem poderoso. Ou então os defuntos eram bem fracos.

Distanciei-me, fui examinar flores roxas de louça, cabeças de lagartixas nas rachaduras dos sepulcros. As narrativas noturnas — diabos com olhos de brasas, cachorros mastigando pedaços de carne podre — sumiam-se. E o medo também cessava, no trabalho de adivinhar nomes e datas que desbotavam nas lousas. O que eu sentia era nojo. Nojo das pedras, dos tijolos, dos garranchos, certamente impregnados de óleo. Receava tocar em objetos sujos de gordura fúnebre, indelével. Farrapos sem cor, folhas secas, pétalas murchas, fragmentos vagos, juntos em lixo, nauseavam-me: apesar de lavados pelo inverno, queimados pelo verão, deviam conter pus ou tutano.

Arredei-me para um canto, onde o muro se abria. Era um ossuário. Vi esqueletos em desordem, arcarias de costelas emaranhando-se umas às outras, rosários de vértebras. No monte lúgubre, uma caveira me espiava e parecia zombar de mim. Nunca me viera à ideia semelhante horror. Um acervo de porcarias. Difícil imaginá-las frações de pessoas, misturadas, decompondo-se num monturo. O crânio avultava, para bem dizer adquiria feições, tinha vontade de falar. As minhas mãos se umedeceram, a vista se turvou. Zangava-me por não conseguir afastar-me, correr na relva com os garotos, ver, de espírito leve, os pássaros, as roseiras do velho Simeão. Preso ao depósito sinistro, um nó a apertar-me as goelas, senti desejo de chorar. Sentimento diverso do que me assaltava quando ouvia histórias de casas mal-assombradas. O desespero me paralisava. Asco, a sensação de me achar caído numa estrumeira, sem poder limpar-me, e a certeza de haver em qualquer parte irremediável estrago. Aquilo era feio e triste. E a feiura e a tristeza se animavam, arreganhavam dentes fortes e queriam morder-me. Engano: indiferença, imobilidade. A imobilidade e a indiferença me atraíam. Tentei invocar as almas penadas, os diabos que se agitam nas chamas eternas. Essas criaturas me inspiravam piedade ou terror. Diante das carcaças nuas, era impossível comover-me. Loucura supor que mangassem de mim.

Longamente estive a contemplar as ruínas, ignoro como e quando me retirei. Decerto os colegas foram buscar-me. Não me recordo.

Entrei em casa mergulhado numa sombra espessa. À mesa, repeli a comida. Meus parentes não perceberam o fastio, deixaram-me só, os cotovelos sobre a tábua, reparando nas laranjeiras da vizinhança. Anoiteceu, um negrume tingiu a folhagem, não trouxeram luz, os pequenos se recolheram.

Deitei-me num banco, as juntas estalaram. A escuridão cresceu. Fechei os olhos. Mexi os dedos, procurei as falanges, apalpei os braços, o tronco, o pescoço. Tateei o couro cabeludo, forcejando por descobrir lá embaixo as suturas e as saliências. Toquei as maxilas e os zigomas. Contornei as órbitas, esfreguei as pálpebras: o globo se deslocava devagar. Imundície. As pálpebras e o globo iam apodrecer, estavam apodrecendo. Só o esqueleto resistiria. Ossos. Aquela miséria segurava-se a mim, e não havia jeito de eliminá-la. Uma caveira me acompanharia por toda a parte, estaria comigo na cama, nas horas de brinquedo, nos desalentos, curvar-se-ia sobre páginas enfadonhas e aguentaria cocorotes. Ia encher-se de noções e de sonhos, esvaziar-se, descansar num ossuário, ao sol, à chuva, mostrar os dentes às crianças. Acabar-me-ia assim. Não interrompia o exame das órbitas, e as cavidades horríveis se alargavam e aprofundavam, semelhantes aos dois buracos que me haviam observado no cemitério. Os moleques palravam na cozinha, certamente sentados no pilão, aquecendo-se ao fogo, embebendo-se em maravilhas extraterrenas. Em momentos ordinários teria ido entender-me com eles, afrontar duendes e gigantes ferozes. Ali deitado no banco, não me vinha a necessidade de comunicar-me, fortalecer-me na companhia dos negrinhos. Os duendes e os gigantes eram só palavras, os inimigos indeterminados que vivem na treva se dispersaram. Intentei recordar-me deles, assustar-me. Debalde. Lá fora cantavam grilos, o vento zumbia nos ramos das laranjeiras e na cerca de pau a pique, vaga-lumes e baratas começavam a manifestar-se, os moleques cochichavam. Apenas. E cá dentro — um feixe de ossos. Apenas. A carne se eriçava, o sangue badalava na artéria. Isso tudo seria gasto pelos vermes. A imagem horrorosa se obstinava. As imagens também seriam gastas pelos vermes. Então para que me fatigar, rezar, ir à loja e à escola, receber castigos da mestra, escaldar os miolos na soma e na diminuição? Para quê, se os miolos iam derreter-se, abandonar a caixa inútil? O que mais me impressionava eram as órbitas: a pesquisa minuciosa prosseguia e achava-as desertas. Ocas e sombrias, como as outras. E o resto? Não havia resto. Ali não havia nada. Aqui não haveria nada. O velho Simeão habituara-se a dormir à luz dos fogos-fátuos, que já não eram amantes falecidos em incesto, perseguindo-se, repelindo-se, entre as sepulturas. Libertara-se de crenças, fugira ao sobrenatural. E resignava-se. Eu não podia resignar-me. As almas do outro mundo e os lobisomens adquiriam muito valor, faziam-me falta.

Estas letras me pareceriam naquele tempo confusas e pedantes. Mas o artifício da composição não exclui a substância do fato. Esforcei-me por destrinçar as coisas inomináveis existentes no meu espírito infantil, numa balbúrdia. É por terem sido inomináveis que agora se apresentam duvidosas. Afinal não me surgiam dificuldades. Haviam-me exposto várias lendas. Vencida a resistência inicial, pusera-me a confirmá-las. Negava-as de repente em globo, sem análises. Não me embaraçava em dúvidas. Tinha dito *sim*; entrava a dizer *não*: uma caveira motivava o desmoronamento.

Não pretendo insinuar, porém, que me haja encerrado no ateísmo, diferençando-me dos meninos vulgares. Nem sequer pensei em Deus. O que me inquietava eram as almas. E a minha não morreu de todo. Aquele enorme desengano passou. Os fantasmas voltaram, abrandaram-me a solidão. Sumiram-se pouco a pouco e foram substituídos por outros fantasmas.

UM NOVO PROFESSOR

Tiraram-me da escola da mestiça, puseram-me na de um mestiço, não porque esta se avantajasse àquela, mas porque minha família se mudou para a rua da Matriz e d. Maria do Ó, no Juazeiro, ficava longe, graças a Deus. O novo mestre funcionava no largo do Comércio, numa casa de jardim com duas ou três palmeiras.

Um irmão dele, claro e simpático, certo dia me apareceu zangado no armazém de seu Costa, sentou-se num fardo de algodão, abriu um jornal, fechou-o, encarou-me e rugiu:

— Tenho o meu lugar definido na sociedade.

Não o contrariei. Admirava-lhe a caligrafia, os discursos na loja maçônica e a linguagem nas conversas. Desejaria falar tão facilmente, rir como ele. Mas naquela hora o homem não queria falar nem rir. Bêbedo, espumava, recordando alguma ofensa:

— Tenho o meu lugar definido.

Provavelmente alguém o molestara, alguém que não recebera a resposta adequada e ali, na perturbação da embriaguez, se confundia comigo.

— Sem dúvida.

O sujeito desdenhou a confirmação: bateu na coxa e martelou, reimoso, disposto a luta, babando-se:

— Tenho o meu lugar definido.

Mas isso foi muito depois de eu entrar na escola do irmão. Este não tinha lugar definido na sociedade. Para bem dizer, não tinha lugar definido na espécie humana: era um tipo mesquinho, de voz fina, modos ambíguos, e passava os dias alisando o pixaim com uma escova de cabelos duros. Azeite e banha não domavam a carapinha — e o dono teimava, esfregava-a constantemente, mirando-se num espelho, namorando-se, mordendo a ponta da língua. Era feio, quase negro — e a feiura e o pretume o afligiam. Porque tinha senso de beleza, mas procurava-a loucamente no seu corpo mofino. Friccionava-se, empoava-se, arrebicava-se, examinava-se no vidro, entortando os bugalhos estriados de vermelho.

Eu permanecia nas histórias enigmáticas do barão de Macaúbas. Soletrava mentalmente, sabendo que não conseguiria dizer alto as frases arranjadas no interior. E cabeceava na ardósia, sobre os algarismos de somas e diminuições lentas. Mas a atenção se desviava dali, buscava a janela, que me exibia cabeças de transeuntes, muros, telhados, as palmeiras grávidas abanando-se. Inquietava-me o espelho, onde se refletia a pacholice do mulato. Bom que o pó de arroz se fixasse na pele azinhavrada, o óleo assentasse no crânio miúdo os pelos rebeldes.

Quando isso acontecia, o professor deixava a sala, ia apresentar-se às irmãs, saracoteando-se, lançando guinchinhos de quem sente cócegas. Voltava iluminado, um sorriso infantil boiando-lhe nos beiços grossos. Abancava, observava os dedos, as unhas enfeitadas de manchas brancas, metia-se num sonho dengoso. Estremecia, despertava, olhava as quatro paredes, soltava um largo suspiro. Em seguida, ronceiro, como se levantasse grande peso, tomava as nossas escritas, corria por elas a vista baça e distante, julgava-as atirando-lhes números convencionais. Com um gesto lânguido, chamava-nos à lição, que decorria sonolenta e morna.

Aproveitava-me desses instantes para saltar linhas, engolir períodos, subtrair páginas inteiras. No começo aventurava-me receoso a tais contravenções, jogando ao pardavasco olhadelas tímidas e culposas. Vendo-o tranquilo, escorregava de novo na prosa desenxabida, animava-me a outro pulo, fantasiava em sossego um livro diferente, sem explicações confusas, sem lenga-lengas cheias de moral. Uma interjeição me puxava à realidade, esfriava-me o sangue; a falta se revelava, erguia-me o rosto alarmado. Nenhum castigo. O professor andava no mundo da lua, as pálpebras meio cerradas, mexendo-se devagar na cadeira, como sonâmbulo. Não se espantara, não se indignara: a exclamação traduzia algum sentimento nebuloso, estranho à leitura. Findo o susto, considerava-me isolado, continuava nas infrações sem nenhuma vergonha.

Às vezes, porém, o espelho nos anunciava borrasca. O desgraçado não se achava liso e alvacento, azedava-se, repentina aspereza substituía a doçura comum. Arriava na cadeira, agitava-se, parecia mordido de pulgas. Tudo lhe cheirava mal. Segurava a palmatória como se quisesse derrubar com ela o mundo. E nós, meia dúzia de alunos, tremíamos da cólera maciça, tentávamos esconder-nos uns por detrás dos outros. Daríamos os nossos cabelos, trocaríamos as nossas figuras por aquela miséria que se acabrunhava junto à mesa. Por que se aperreava tanto? Insignificâncias. Eu dizia comigo que o professor, como o irmão, poderia recitar discursos brilhantes e crescer. Tornar-se um homem.

O infeliz não pretendia ser homem. E ali estava, sucumbido, enxofrado, ressumando peçonha. Os olhos ensanguentavam-se, os dentes rangiam. E consertava-nos furiosamente a pronúncia, obediente a vírgulas e pontos, forçava-nos a repetir uma frase dez vezes, punha notas baixas nas escritas, rasgando o papel, farejava as contas até que o erro surgia e se publicava com estridência arrepiada. Nesse policiamento súbito acuávamos — e as folhas virgens endureciam.

Desalentava-me no banco, os miolos a arder, zonzo. Quando se acabaria aquele horrível estrupício? Evidentemente não se acabaria: precisava habituar-me a ele, gostar da insipidez. Voltava à obrigação, reduzida por bocejos e cochilos.

Felizmente a exigência durava pouco. O sujeito melindroso enxergava no vidro uma cara atraente, alvoroçava--se, deixava-me em paz. As complicações do livro adelgaçavam, perdiam-se, enquanto o meu espírito vagaroso andava longe, pezunhando nos atoleiros que se espalhavam na cidade. Ia à estação da estrada de ferro, apreciava locomotivas, fumaça, apitos, vagões, passageiros e carregadores, trilhos, dormentes, rapaduras de carvão; detinha-se no mercado, que aos sábados se povoava de matutos ruidosos; visitava lojas, armazéns, a agência do correio; subia e descia ladeiras, passeava nos montes verdes, nas margens do rio largo e pedregoso. Assim divagando, sapequei o resto das histórias espessas, surdo aos conselhos que havia nelas. Nem me inteirava da existência dos conselhos.

Despedi-me enfim do barão de Macaúbas, larguei a cartonagem, respirei. Mas a satisfação foi rápida: meteram-me noutra escola ruim e adquiri uma seleta clássica.

UM INTERVALO

Seu Nuno quis transformar-me em ajudante de missa, e isto me atraiu, deixei-me sugestionar, embora ignorando que esforços a novidade exigiria de mim. De fato o catecismo não me inspirava simpatia, mas a aritmética e a seleta clássica eram piores — e imaginei, com a preferência, libertar-me delas. É possível que muitas vocações comecem desse jeito.

Meu pai confiou-me a seu Nuno, proprietário, dono de loja de fazendas e padaria, senhor de longas barbas respeitáveis, devoto, de uma devoção alegre e ruidosa, que manifestava tocando violino em festas. Possuía também a prenda de cortar vidro com diamante e alicate, economizando os retalhos, que utilizava cobrindo santinhos espichados em molduras de espelhos. Ofereceu-me várias dessas preciosidades; mandei-as benzer e com elas enfeitei uma parede do meu quarto.

Assim me edifiquei, a princípio moderadamente, depois excessivo e entusiasmado. Afeiçoei-me aos toques de sino, ao cheiro de incenso, decorei as frases do ritual, e, de casa para a loja, da loja para casa, ao passar diante da igreja, tirava o chapéu, rezava um padre-nosso e uma ave-maria.

Nesse tempo a minha grande ambição foi dedicar-me inteiramente ao serviço de Deus e entrar no seminário. Não entrei, mas andei perto. Guardadas na memória as palavras exóticas, recebi o favor que, em orações, à noite, ajoelhado no tijolo, pedi ao céu: uma batina de casimira e um roquete de linho com renda larga. Enverguei esses trajes, orgulhoso, e, branco da barriga para cima, o resto negro, compareci um domingo na sacristia, disposto a colaborar no santo sacrifício. Imitei os gestos do meu companheiro, um formigão abalizado, mas desempenhei-me de maneira triste. Certamente era comoção da estreia, afirmou seu Nuno. E encheu-me de recomendações, ensinou-me com pachorra os movimentos necessários ao ato.

Não era comoção, era incapacidade. A segunda experiência foi igual à primeira: arriei num degrau do altar, engrolei desatento a minha parte, baralhando as respostas, calando-me. E assim continuei. Adiantava-me, atrasava-me, escorregava no tapete, confundia a epístola com o evangelho, não segurava direito o missal, nos momentos mais sérios distraía-me olhando os vitrais. No manejo das galhetas fui tão inábil que retrogradei. Cassaram-me funções, nem o turíbulo me deixaram, porque não consegui alongar ou encurtar as correntes, e nas minhas mãos o objeto, em vez de lançar fumaça, lançava cinza. Afinal tudo se transferiu para o outro acólito, e resignei-me a calejar os joelhos, equilibrando-me ora na rótula direita, ora na esquerda, indiferente à cerimônia, resmungando sílabas insensatas, esquecendo-me de esmurrar o peito e concentrar-me na elevação.

No começo padre Loureiro tentou corrigir-me. Desanimou e impacientou-se: eu queria auxiliá-lo quando se desparamentava — e ele franzia o nariz, fungava, espiava-me por cima dos óculos, balançava a cabeça, dispensava-me, reclamava a perícia do Moreira sacristão. E a minha fé pouco a pouco arrefeceu: a liturgia encrencada afastou da Igreja um ministro.

Findara o tempo dos eclesiásticos soltos, numerosos no século passado. Entravam no rigor. Padre João Inácio e padre Loureiro viviam com feias e honestas parentas idosas. Em consequência, esmorecimento, deserções. Fazendeiros, senhores de engenho e negociantes metiam os filhos em colégios leigos, formavam-nos em academias liberais. Ou largavam-nos na bagaceira, se a rudeza era grande, prendiam-nos ao balcão.

Pois, com tanta falta de pessoal, os meus bons desejos foram desprezados. Espacei e abreviei as penitências; as flores que me ornavam as imagens pequenas desbotaram, murcharam e caíram. Um dia, no quintal, descobri uma de minhas irmãs vestida na batina, mascarada, fazendo carnaval. Indignei-me, depois encolhi os ombros, insensível à profanação. A batina envelhecia, desfiava-se nos bolsos e nas extremidades, cobria-se de nódoas. Esfarrapou-se nos brinquedos — e esqueci-a.

Impressionaram-me nessa época, além de missas, confissões, batizados e casórios, as visitas a seu Nuno, durante a aprendizagem. Familiarizei-me: findo o acanhamento, entrava sem pedir licença, como se a casa fosse minha. Gente agradável: a velha miúda, as moças risonhas e tranquilas, que se moviam como peças de máquina vagarosa, o rapaz ordenado de fresco.

Padre Pimentel era uma santa criatura e insinuou-me alguns conhecimentos, os primeiros que aceitei com prazer. Narrou-me a viagem de Abraão, a vida nas tendas, a chegada à Palestina. Usava linguagem simples, comparações que atualizavam os acontecimentos. Não hesitei, ouvindo a mudança de homens e gado, com certeza tangidos pela seca, em situar a Caldeia no interior de Pernambuco. E Canaã, terra de leite e mel, aproximava-se dos engenhos e da cana-de-açúcar. Mantive essa localização arbitrária, útil à verossimilhança do enredo, espalhei seixos, mandacarus e xiquexiques no deserto sírio, e isto não desapareceu inteiramente quando os mapas vieram.

Padre Pimentel admitia dúvidas e aclarava os pontos obscuros. Realmente não explicou direito o holocausto goro de Isaac e disfarçou, para evitar-me transtorno, o procedimento das filhas de Lot, mas os outros casos se desenrolaram fáceis e naturais. Jacob brigou com Esaú por causa de herança, coisa vulgar entre pessoas ricas, fugiu, foi protegido e enganado por um tio, tomou-lhe um rebanho e casou com duas mulheres. Uma delas tinha olhos de sapiranga. A poligamia, o furto e as safadezas não me espantavam. Onze malvados se desembaraçaram de um irmão.

Até aí, tudo razoável. Em seguida enxerguei na história certo exagero. Moisés era um grande chefe, mas teria vencido os egípcios, atravessado o mar a pé enxuto, recebido alimento do céu, tirado água das pedras, visto Deus? Pedi confirmação. Havia prova de que o judeu realizara tantos milagres? Padre Pimentel não se enfadava. Claro que tinha realizado.

Ia refugiar-me, zonzo, na companhia das moças. Conversavam demais. Discutiam, graves, um corte de vestido, parando em cada prega, analisando fitas e botões, discordavam, criticavam-se, enfim se combinavam. O que me surpreendia nelas era a ausência de pressa. Uma estava noiva, quase noiva. Adiava-se a resolução — e na sala de jantar havia sobre o assunto vivas cavaqueiras, em que todas pareciam ter igual interesse. Somavam as conveniências, as inconveniências, e isto às vezes favorecia o pretendente, outras vezes o desfavorecia. Enquanto buscavam decisão, iam preparando o enxoval. Fora dada uma anuência tácita, mas os debates prosseguiam, com o arranjo das fronhas e dos lençóis. Mediam tudo, pesavam tudo, para não surgirem decepções.

Essas moças tinham o vezo de afirmar o contrário do que desejavam. Notei a singularidade quando principiaram a elogiar o meu paletó cor de macaco. Examinavam-no sérias, achavam o pano e os aviamentos de qualidade superior, o feitio admirável. Envaideci-me: nunca havia reparado em tais vantagens. Mas os gabos se prolongaram, trouxeram-me desconfiança. Percebi afinal que elas zombavam, e não me susceptibilizei. Longe disso: julguei curiosa aquela maneira de falar pelo avesso, diferente das grosserias a que me habituara. Em geral me diziam com franqueza que a roupa não me assentava no corpo, sobrava nos sovacos. Os defeitos eram evidentes, e eu considerava estupidez virem indicá-los. Dissimulavam-se agora num jogo de palavras que encerrava malícia e bondade. Essa mistura de sentimentos incompatíveis assombrava-me — e pela primeira vez ri de mim mesmo. A doçura picante não me reformava, é claro, mas exibia-me como eu poderia ter sido se a natureza e o alfaiate me houvessem dado os recursos indispensáveis. Satisfazia-me a ideia de que a minha figura não provocava inevitavelmente irritação ou desdém, e as novas amigas surgiram-me compreensivas e caridosas.

Guardei a lição, conservei longos anos esse paletó. Conformado, avaliei o forro, as dobras e os pospontos das minhas ações cor de macaco. Paciência, tinham de ser assim. Ainda hoje, se fingem tolerar-me um romance, observo-lhe cuidadoso as mangas, as costuras, e vejo-o como ele é realmente: chinfrim e cor de macaco.

OS ASTRÔNOMOS

Aos nove anos, eu era quase analfabeto. E achava-me inferior aos Mota Lima, nossos vizinhos, muito inferior, construído de maneira diversa. Esses garotos, felizes, para mim eram perfeitos: andavam limpos, riam alto, frequentavam escola decente e possuíam máquinas que rodavam na calçada como trens. Eu vestia roupas ordinárias, usava tamancos, enlameava-me no quintal, engenhando bonecos de barro, falava pouco.

Na minha escola de ponta de rua, alguns desgraçadinhos cochilavam em bancos estreitos e sem encosto, que às vezes se raspavam e lavavam. Nesses dias nós nos sentávamos na madeira molhada. A professora tinha mãe e filha. A mãe, caduca, fazia renda, batendo os bilros, com a almofada entre as pernas. A filha, mulata sarará enjoada e enxerida, nos ensinava as lições, mas ensinava de tal forma que percebemos nela tanta ignorância como em nós. Perto da mesa havia uma esteira, onde as mulheres se agachavam, cortavam panos e cosiam.

D. Agnelina rezingava com a filha por questões de namoro e, em caso de necessidade, administrava-lhe corretivos. Uma vez discutiram a respeito da palavra *auréola*, que surgiu na minha seleta. A moça acertou, mas d. Agnelina, debruando um vestido, julgou auréola equivalente a debrum, estirou o beiço e, depois de hesitar, misturando baixinho auréola com ourela, recomendou-me que, para evitar dúvidas, dissesse *aureóla*.

O lugar de estudo era isso. Os alunos se imobilizavam nos bancos: cinco horas de suplício, uma crucificação. Certo dia vi moscas na cara de um, roendo o canto do olho, entrando no olho. E o olho sem se mexer, como se o menino estivesse morto. Não há prisão pior que uma escola primária do interior. A imobilidade e a insensibilidade me aterraram. Abandonei os cadernos e as auréolas, não deixei que as moscas me comessem. Assim, aos nove anos ainda não sabia ler.

Ora, uma noite, depois do café, meu pai me mandou buscar um livro que deixara na cabeceira da cama. Novidade: meu velho nunca se dirigia a mim. E eu, engolido o café, beijava-lhe a mão, porque isto era praxe, mergulhava na rede e adormecia. Espantado, entrei no quarto, peguei com repugnância o antipático objeto e voltei à sala de jantar.

Aí recebi ordem para me sentar e abrir o volume. Obedeci engulhando, com a vaga esperança de que uma visita me interrompesse. Ninguém nos visitou naquela noite extraordinária.

Meu pai determinou que eu principiasse a leitura. Principiei. Mastigando as palavras, gaguejando, gemendo uma cantilena medonha, indiferente à pontuação, saltando linhas e repisando linhas, alcancei o fim da página, sem ouvir gritos. Parei surpreendido, virei a folha, continuei a arrastar-me na gemedeira, como um carro em estrada cheia de buracos.

Com certeza o negociante recebera alguma dívida perdida: no meio do capítulo pôs-se a conversar comigo, perguntou-me se eu estava compreendendo o que lia. Explicou-me que se tratava de uma história, um romance, exigiu atenção e resumiu a parte já lida. Um casal com filhos andava numa floresta, em noite de inverno, perseguido por lobos, cachorros selvagens. Depois de muito correr, essas criaturas chegavam à cabana de um lenhador. Era ou não era? Traduziu-me em linguagem de cozinha diversas expressões literárias. Animei-me a parolar. Sim, realmente havia alguma coisa no livro, mas era difícil conhecer tudo.

Alinhavei o resto do capítulo, diligenciando penetrar o sentido da prosa confusa, aventurando-me às vezes a inquirir. E uma luzinha quase imperceptível surgia longe, apagava-se, ressurgia, vacilante, nas trevas do meu espírito.

Recolhi-me preocupado: os fugitivos, os lobos e o lenhador agitaram-me o sono. Dormi com eles, acordei com eles. As horas voaram. Alheio à escola, aos brinquedos de minhas irmãs, à tagarelice dos moleques, vivi com essas criaturas de sonho, incompletas e misteriosas.

À noite meu pai me pediu novamente o volume, e a cena da véspera se reproduziu: leitura emperrada, mal-entendidos, explicações.

Na terceira noite fui buscar o livro espontaneamente, mas o velho estava sombrio e silencioso. E no dia seguinte, quando me preparei para moer a narrativa, afastou-me com um gesto, carrancudo.

Nunca experimentei decepção tão grande. Era como se tivesse descoberto uma coisa muito preciosa e de repente a maravilha se quebrasse. E o homem que a reduziu a cacos, depois de me haver ajudado a encontrá-la, não imaginou a minha desgraça. A princípio foi desespero, sensação de perda e ruína, em seguida uma longa covardia, a certeza de que as horas de encanto eram boas demais para mim e não podiam durar.

Findas, porém, as manifestações secretas de mágoa, refleti, achei que o mal tinha remédio e expliquei o negócio a Emília, minha excelente prima. O rosto sereno, largos olhos pretos, um ar de seriedade — linda moça. A irmã, brincalhona e rabugenta, ora pelos pés, ora pela cabeça, ria como doida e logo explodia em acessos de cólera. Mas

Emília não era deste mundo. Só se zangou comigo uma vez, no dia em que, tuberculosa, me viu beber água no copo dela. Um anjo.

Confessei, pois, a Emília o meu desgosto e propus-lhe que me dirigisse a leitura. Esforcei-me por interessá-la contando-lhe a escuridão na mata, os lobos, os meninos apavorados, a conversa em casa do lenhador, o aparecimento de uma sujeita que se chamava Águeda.

Passado algum tempo, essa Águeda me serviu muito. Eusébio doido pegou o volume na loja, entrou a declamá-lo e, topando o nome da personagem, pronunciou *Aquéda*. Isto me deu satisfação: apesar de maduro, Eusébio doido era mais atrasado que eu.

Quando falei a Emília, porém, ignorava que houvesse pessoas tão rudes quanto Eusébio e admitia facilmente as *aureólas* da professora. Em conformidade com a opinião de minha mãe, considerava-me uma besta. Assim, era necessário que a priminha lesse comigo o romance e me auxiliasse na decifração dele.

Emília respondeu com uma pergunta que me espantou. Por que não me arriscava a tentar a leitura sozinho?

Longamente lhe expus a minha fraqueza mental, a impossibilidade de compreender as palavras difíceis, sobretudo na ordem terrível em que se juntavam. Se eu fosse como os outros, bem; mas era bruto em demasia, todos me achavam bruto em demasia.

Emília combateu a minha convicção, falou-me dos astrônomos, indivíduos que liam no céu, percebiam tudo quanto há no céu. Não no céu onde moram Deus Nosso Senhor e a Virgem Maria. Esse ninguém tinha visto. Mas o outro, o que fica por baixo, o do sol, da lua e das estrelas, os astrônomos conheciam perfeitamente. Ora, se eles enxergavam coisas tão distantes, por que não conseguiria eu adivinhar a página aberta diante dos meus olhos? Não distinguia as letras? Não sabia reuni-las e formar palavras?

Matutei na lembrança de Emília. Eu, os astrônomos, que doidice! Ler as coisas do céu, quem havia de supor? E tomei coragem, fui esconder-me no quintal, com os lobos, o homem, a mulher, os pequenos, a tempestade na floresta, a cabana do lenhador. Reli as folhas já percorridas. E as partes que se esclareciam derramavam escassa luz sobre os pontos obscuros. Personagens diminutas cresciam, vagarosamente me penetravam a inteligência espessa. Vagarosamente.

Os astrônomos eram formidáveis. Eu, pobre de mim, não desvendaria os segredos do céu. Preso à terra, sensibilizar-me-ia com histórias tristes, em que há homens perseguidos, mulheres e crianças abandonadas, escuridão e animais ferozes.

SAMUEL SMILES

Eu tinha visto esse nome várias vezes na seleta, mas, como não sabia pronunciá-lo, acostumei-me a tossir no fim das lições em que ele aparecia subscrevendo medonhas trapalhadas. Deviam ser regras importantes, imaginei, regras úteis se me entrassem na cabeça; mas naquele tempo não adivinhei o que Samuel Smiles exigia de mim. Aborrecendo-o, respeitei-o demais, por não perceber o que ele dizia e até por ignorar como se chamava.

Esse caso rendeu-me decepções e algum proveito. Cantarolei bocejando os nebulosos conselhos. A professora me corrigia. Quando, porém, eu engrolava, tossindo, o nome do autor, faltava a emenda — e em consequência presumi que, pelo menos nesse ponto, a rudeza da mulher coincidia com a minha. Certifiquei-me disso deixando de tossir e pronunciando Smiles de várias maneiras, sem que d. Agnelina me repreendesse.

Afinal percebi nela um procedimento esquisito: antes que eu largasse barbaramente a extraordinária palavra, fechava o livro e desconversava. Nasceu daí uma espécie de cumplicidade, que a tornou razoável durante meses. Em aritmética eu era um selvagem, pouco mais ou menos um selvagem, mas fui tolerado, e creio que devo isto a Samuel Smiles.

Essa professora atrasada possuía raro talento para narrar histórias de Trancoso. Visitava-nos, prendia-nos até meia-noite com lendas e romances, que estirava e coloria admiravelmente. Nada me ensinou, mas transmitiu-me afeição às mentiras impressas.

Talvez a prenda notável de d. Agnelina tenha induzido meu pai a afastar-me do mau caminho, confiar-me ao professor Rijo, aposentado, rábula distinto. Éramos apenas dois alunos, eu e meu primo José, um pouco mais bruto que eu. Na ausência do mestre, bocejávamos, olhávamos as andorinhas no céu, as lagartixas brancas na parede e os lombos temerosos dos livros nas estantes. O homem aparecia de salto, tomava as nossas lições rapidamente, encoivarava algumas perguntas e dava logo as respostas, sem esperar que acertássemos ou errássemos.

Aí me caiu a leitura de uma das maçadas de Samuel Smiles. Tossi e resmunguei a segunda palavra enchendo a boca de língua. O professor interrompeu-me, separando as sílabas com bastante clareza: Samuel Smailes. Arregalei o olho, o sujeito repetiu: Smailes. Balbuciei o nome encrencado sem nenhuma segurança. Imaginei um engano: tinha por erro o que divergia da minha maneira habitual de falar. Realmente pronunciara Smiles de vários modos, mas supunha que algum deles estivesse direito. Julguei o professor uma besta — e meu primo José concordou.

Finda, porém, essa manifestação de rebeldia, chegaram-me dúvidas, grande espanto em seguida, por fim mistura vaga de resistência e admiração àquele homem que alterava as letras. A firmeza séria me deu a suspeita de que me achava na presença de uma autoridade. E como não me seria possível discernir razões profundas, contentei-me com as aparências — e a suspeita se transformou em convicção.

Eu afirmava com facilidade. Lera um romance e conseguira entendê-lo. Entendera pedaços, que o meu vocabulário era insignificante. Pois julguei-o, seguro, o maior romance do mundo. Depois a certeza se abalou, assaltaram-me vacilações dolorosas.

O professor não podia comparar-se aos viventes comuns. Grave, o dedo na página, articulara: Smailes. Nas lições seguintes percebi que ele não se contradizia. Comecei então a admirá-lo. Procurei outras palavras em que o *i* se pronunciasse daquele jeito. Inutilmente. Apesar de tudo Smiles era Smailes, e ninguém me tirava daí.

Ora, um dia, na loja, achava-me remoendo um jornal em voz alta, só para me familiarizar com a literatura, sem notar que me escutavam. De repente o meu conhecido avultou no papel. Temperei a goela e exclamei: Samuel Smailes. Um dos caixeiros censurou-me a ignorância e corrigiu: Samuel Símiles. Outro caixeiro hesitou entre Símiles e Simíles. Repeti que era Smailes, e isto produziu hilaridade.

O moço que dizia Simíles costumava zombar de mim com barulho. Qualquer dito meu o excitava: mordia os beiços, avermelhava-se como um peru, lacrimejava, enfim não se continha, caía num riso convulso, rolava sobre o balcão, meio sufocado. Certamente eu era ridículo: alguma tolice provocara a manifestação ruidosa. Que tolice? Não a enxergava. Inteligência curta.

O empregado que dizia Símiles, mulato vaidoso e seco, nunca me olhava de frente. Quando eu lhe falava, virava-se para outro lado e rosnava ofensas em linguagem escolhida.

Entre os indivíduos que frequentavam a loja, havia um particularmente desagradável: Fernando. Esse monstro sentia prazer em martirizar-me. Grosseiro demais, insultava-me sem precisão.

Eu tinha o juízo fraco e em vão tentava emendar-me: provocava risos, muxoxos, palavrões. Encolhia-me, esfriava, a vista escurecia. Calava-me na presença desses entes ruins, escapulia-me como um rato, mas não conseguia livrar-me. Sentava-me num canto, em silêncio, folheando o dicionário para interpretar o romance de capa e espada, e eles se chegavam, pouco a pouco tomavam conta de mim, quase sempre referindo-se a vagos disparates meus.

Algumas vezes busquei desembaraçar-me reproduzindo molemente, com as orelhas pegando fogo, os insultos de Fernando. Sempre me dei mal: as risadas cresciam, os muxoxos engrossavam, Fernando se tornava mais feroz. Inútil reagir.

Naquele dia, porém, quando o mulato me replicou duramente, jurei que ele estava errado. O tipo branco foi-se avermelhando, acabou explodindo na risada ordinária. Asseverei de novo que Samuel era Smailes, perfeitamente Smailes, mas falei bambo, muito infeliz e com vontade de chorar. O rapaz continuava a rir, o mulato resmungava e franzia as ventas, Fernando me injuriava.

Diante disso, invoquei a autoridade do professor, que devia conhecer bem Samuel Smiles. O professor dizia Smailes. Mentira, gritou Fernando — injustiça, pois eu não sabia mentir.

Cobriram-me de motejos e resolveram adotar a opinião do mulato: Samuel Símiles. Arriei, vencido.

Mas sosseguei. Aquela vaia não me alcançava: feria uma pessoa sabida. Achei apoio, indaguei se as bobagens que a trinca maliciosa me atribuía eram bobagens. Cresci um pouco, esteado no homem que só me ensinou o nome de Samuel Smiles, e ensinou muito. Sentado num caixão, o dicionário nas pernas, ri-me dos três. Idiotas.

Eu era meio parvo, todos se impacientavam com a minha falta de espírito. Rude, sem dúvida. Vocabulário mesquinho, entendimento escasso.

Mas Samuel Smiles impunha-se facilmente. Era Smailes porque a voz do professor me chegava clara, porque a unha amarela do professor riscava a página com energia. Samuel Smailes, pois não.

E as pilhérias dos sujeitos resvalaram por mim sem fazer mossa. O coração aliviou. Isolei-me, o rosto metido no dicionário. Imbecis. Tinham decidido por maioria que Samuel era Símiles.

Pus-me a ler baixo, inteiramente desanuviado. Imbecis. Samuel Smailes, com certeza. E enrosquei-me, embrenhei-me no dicionário, eximi-me da influência dos três malvados.

Samuel Smiles, escritor cacete, prestou-me serviço imenso.

O MENINO DA MATA E O SEU CÃO PILOTO

Descobri um folheto de capa amarela e papel ordinário, cheio de letras miúdas, as linhas juntas, tão juntas que para um olho inexperiente os saltos e as repetições eram inevitáveis. Creio que isso me apareceu depois do meu acesso de religião. Deve ter sido por aí. Os santos que se penduravam nas paredes do meu quarto cresciam demais. Diminuíram e foram substituídos pelos seres que povoavam as histórias volumosas.

Hoje tudo se embaralha, uma confusão. Talvez a necessidade de mistério e grandeza me tenha levado a acreditar nos santos e nos heróis, que se desenvolveram simultaneamente. Houve, porém, um desequilíbrio: os primeiros subiram muito, enquanto os segundos desciam; em seguida os que estavam embaixo começaram a levantar-se, alcançaram os outros e ganharam a dianteira. Essas coisas, lentas, quase insensíveis, passaram-se num espírito nebuloso. Para bem dizer, não havia tempo. Na sombra avultavam figuras luminosas. Mas entre elas ficavam espaços vazios, que novas imagens vieram preencher.

Por que brigaram no meu interior esses entes de sonho não sei. Julgo que foi por causa de uma proibição, terrível proibição, relativa à brochura de capa amarela. Alguém a deixou na loja. Folheei-a devagar, soletrando, consultando o dicionário, sentado num caixão de velas. Os livros do estabelecimento eram o razão, o diário, o caixa, outros que José Batista manejava. Entre as mercadorias, porém, existia meia dúzia de dicionários. Examinei com algum proveito esses gêneros, que não achavam comprador. Tinham as bandeiras de todos os países (aí comecei a minha geografia) e retratos de figurões (origem da pouca história que sei). Meu pai me permitiu as consultas, pois a encadernação vermelha, as bandeiras e os retratos não representavam nenhum valor: era até bom que se estragassem, poupassem ao comerciante a lembrança de um mau negócio. Mercadorias. A mim revelaram pedaços do folheto amarelo, que se chamava *O Menino da Mata e o seu Cão Piloto*.

Arranjava-me lentamente, procurando as definições de quase todas as palavras, como quem decifra uma língua desconhecida. O trabalho era penoso, mas a história me prendia, talvez por tratar de uma criança abandonada.

Sempre tive inclinação para as crianças abandonadas. No princípio do romance longo achei garotos perdidos numa floresta, ouvindo gritos de lobos. As narrativas de d. Agnelina referiam-se a pequenos maltratados que se livravam de embaraços, às vezes venciam gigantes e bruxas.

Em casa mostrei o achado a Emília, descrevi o menino, a mata e o cachorro. Nenhum sinal de aprovação. Emília arregalou os olhos, atentou horrorizada no folheto, pegou-o com as pontas dos dedos, soltou-o, como se ele estivesse sujo, aconselhou-me a não o ler. Aquilo era pecado. Aventurei-me a discutir. Minha prima se enganava: no conto havia um menino e um cachorro excelentes. Recuou, muito pálida, receosa de se contaminar, e virou o rosto. Pecado.

— Pecado por quê, Emília?

Porque o livro era excomungado, escrito por um sujeito ruim, protestante, para enganar os tolos. Objetei que o menino e o cachorro procediam como cristãos. Respondeu que o perigo estava aí: quando o diabo queria tentar as pessoas, simulava boa aparência, escondia os pés de pato e dava conselhos razoáveis. Depois mostrava as unhas e o rabo, cheirava a enxofre, levava a gente para o inferno. Ignorante e novo, eu não sabia o que era certo ou errado, mas se o livro tinha procedência má, boa coisa não podia ser. Afirmei que ele não tinha má procedência; Emília espiou de longe as letras da capa, discordou, afastou-se cheia de repugnância.

Lembrei-me das pitombas que vi na sexta-feira da Paixão, em cima do guarda-comidas. Alguém me convencera de que eu devia jejuar. Sacrifício pequeno, pois ao meio-dia e à noite comíamos em excesso. Nos intervalos, porém, abstinência rigorosa — e aí me apareceram as pitombas e a tentação. Rondei o guarda-comidas, retirei-me, voltei, hesitei, a minha crença moderada sucumbiu.

Agora estava mais forte, mas a necessidade de conhecer o menino da mata e o seu cão Piloto não se comparava ao desejo mediano que me haviam inspirado as pitombas na sexta-feira da Paixão. Veio-me a ideia de me rebelar contra Emília. O folheto não era obra de protestantes nem sugestão do diabo.

Entristeci, esmagado por aquele dever. E arrependi-me de ter falado a minha prima. Se não tivesse batido com a língua nos dentes, leria sem culpa *O Menino da Mata e o seu Cão Piloto*.

Encontrei depois muitas intolerâncias, mas essa foi para mim extremamente dolorosa.

Regressei à loja, sem me resolver a jogar fora o folheto condenado. Ao passar diante da igreja, tirei o chapéu, rezei um padre-nosso e uma ave-maria. Tinha-me habituado a esse exercício, mas agora rezava desesperadamente, com remorso por trazer debaixo do paletó, colado ao corpo, um objeto impuro. Não me resignava a perdê-lo, discutia sozinho, diligenciando convencer-me de que Emília divagara à toa.

Na loja, fui sentar-me no caixão de velas. As ideias de revolta sumiram-se completamente. Se o meu inimigo Fernando chegasse naquele momento, eu nem daria pela presença dele, tão enleado me achava.

Era como se me fechassem uma porta, porta única, e me deixassem na rua, à chuva, desgraçado, sem rumo. Proibiam-me rir, falar alto, brincar com os vizinhos, ter opiniões. Eu vivia numa grande cadeia. Não, vivia numa cadeia pequena, como papagaio amarrado na gaiola.

Enxergara a libertação adivinhando a prosa difícil do romance. O pensamento se enganchava trôpego no enredo: as personagens se moviam lentas e vagas, pouco a pouco se destacavam, não se distinguiam dos seres reais. E faziam-me esquecer o código medonho que me atenazava. De repente as interdições alcançavam o mundo misterioso onde me havia escondido. Impossível mexer-me, papagaio triste e mudo, na gaiola. Quando principiava a imaginar espaços estirados, a lei vedava-me o sonho.

Chorei, o folheto caído, inútil. O menino da mata e o cão Piloto morriam. E nada para substituí-los. Imenso desgosto, solidão imensa. Infeliz o menino da mata, eu infeliz, infelizes todos os meninos perseguidos, sujeitos aos cocorotes, aos bichos que ladram à noite.

Os caixeiros, ouvindo-me, resmungariam ou soltariam gargalhadas; Fernando me insultaria; minha mãe me trataria com indiferença ou aspereza. E eu ficaria só no mundo.

Um pecado a apertar-me como prensa. Eu era um pouco de algodão comprimido na prensa.

Antes disso estava quase em sossego, livre dos caixeiros e de Fernando, livre de minha mãe, pensando nas crianças que vencem gigantes e bruxas, vencem o medo na floresta. Mas a clareira se fechara, a sombra me envolvera, uma tampa descera do céu — e achava-me de novo sem defesa. O volume de capa amarela caído no chão. Desejei apanhá-lo. Havia os protestantes, havia o diabo — e esses entes remotos e confusos encheram-me de pavor. Perigos tremendos, horríveis perigos indecisos rolaram por cima da minha cabeça.

Ai de mim, ai das crianças abandonadas na escuridão. Chorei muito. E não me atrevi a ler *O Menino da Mata e o seu Cão Piloto*.

FERNANDO

É uma das recordações mais desagradáveis que me ficaram: sujeito magro, de olho duro, aspecto tenebroso. Não me lembro de o ter visto sorrir. A voz áspera, modos sacudidos, ranzinza, impertinente, Fernando era assim. E junto a isso qualquer coisa de frio, úmido, viscoso, que me dava a absurda impressão de uma lesma vertebrada e muito rápida.

Se se dirigia a mim, largava alguma frase contundente. Às vezes, atentando na significação dela, eu não achava motivo para me ofender, mas o jeito como ele se expressava, a sobrancelha carregada, o ar de suficiência e impostura, o riso brusco, um erguer de ombros, um balançar de cabeça, tudo me produzia mal-estar. Era como se ele me quisesse cortar com lâminas de gelatina.

Cresci ouvindo as piores referências a Fernando. Se fosse tão mau como afirmavam, não existia patife igual. Era parente do chefe político, e um chefe político da roça naquele tempo mandava mais que um soba, dispunha das pessoas e manipulava as autoridades, bonecos miseráveis. Vivíamos num grande cercado de engenho, e só tinha sossego quem adulava o senhor. Os jornais da capital noticiavam horrores, mas ninguém se atrevia a assinar uma denúncia. Qualquer indiscrição podia originar incêndios, bordoadas, prisões ou mortes.

Presumo que, enquanto morei ali, o júri não funcionou. Contudo chegavam defuntos à cidade quase diariamente. Em geral vinham em redes cobertas de pano vermelho. Mas quando eram muitos, arrumavam-se em costas de animais, embiravam-se em cabeçotes de cangalhas. E os cavalos ensanguentados percorriam caminhos, topavam nas pedras das ruas, paravam à porta da cadeia, onde se aquartelava o destacamento da polícia.

O velho Frade, influente num município vizinho, dizia que nunca matara um homem. Matava cabra ruim, muito cabra ruim. No meu município também se assassinavam homens, embora se preferissem os cabras ruins. Quando um proprietário governista queria molestar um adversário, mandava suprimir-lhe alguns moradores — e a pessoa ameaçada vendia-lhe a terra por menos do valor. Se não vendia logo, novos moradores iam desaparecendo, até que a transação se efetuava. Só raramente, em casos de ofensas pessoais, questões de família, se eliminavam membros da classe elevada. A esses tomavam-se os bens, por meios mais ou menos legais. Mas a canalha era dizimada, os cabras ruins do velho Frade morriam em abundância, e a gente se habituava aos cadáveres que manchavam a cidade.

Regime forte. O chefe conversava direito, falava na Coreia, torcia pelo Japão contra a Rússia em 1905, discutia gramática às vezes. De bom humor, ninguém o julgaria capaz de sangrar um pinto, mas encolerizava-se facilmente e berrava nas esquinas injúrias a amigos e inimigos. Perdia os estribos, rugia, lastimava-se, dizia-se rodeado por malandros que lhe enodoavam a reputação. Os malandros, assim atacados, encolhiam-se em ordem junto aos balcões das lojas onde preguiçavam, escondiam-se por detrás das folhas da capital, cheias de correspondências ferozes e anônimas, que me pareciam exageradas. As surras em tipos indesejáveis e o aparecimento de caboclos mortos eram fatos vulgares, mal justificavam a indignação impressa. O coronel se defendia aos gritos, espumava; os aderentes, medrosos, balbuciavam, tentavam descobrir os autores das infames acusações. Fervilhavam suspeitas. E dias depois era certo alguém ser agredido em público, a chicote ou cacete. Nunca vi regime tão forte.

Amigo pequeno, Fernando recebia as iras destinadas a outros e não reagia. Numa reviravolta política, expôs claramente a sua natureza de tabela de bilhar: aguentou sova. Mas naquele tempo só o patrão, dono dos corpos e das almas, tinha o poder de humilhá-lo. Ouvidos os insultos, Fernando se recompunha, tornava-se insolente, apavorava os infelizes das pontas de ruas. Especializara-se em desgraçar meninas pobres, que se rendiam por medo ou eram violentadas. Algumas vezes as próprias mães iam levá-las ao sacrifício.

Lembro-me da Ratinha, linda criatura. Em noites de festa vestia roupas vermelhas, mostrava duas rosas vermelhas nas bochechas, sorria com um sorriso vermelho, era toda uma vermelhidão triunfante — e isto a perdeu. A Rata velha tinha olhos de rato, dedos finos de rato, focinho de rato, modos de rato. O Rato irmão era um rapaz miúdo, narigudo, inquieto. A Ratinha se diferençava da família, não se distinguia das moças de consideração. Engelhou e envelheceu num beco escuro.

Na cidade havia numerosas meretrizes, um horror de meretrizes, até crianças de doze anos, imposto arrancado aos que não possuíam fazenda.

Os homens remediados, que o coronel afligia em horas da rabugice, não pagavam imposto ou pagavam muito pouco. E Fernando, parente próximo do governo e fiscal da Intendência, atenazava a oposição, esfolava matutos nas feiras, colhia virgindades.

Essas noções me chegavam lentas e incompletas. Novo ainda, eu não entendia certas coisas. Entretanto aquele indivíduo me causava arrepios. Sempre foi demasiado grosseiro comigo, e isto me levou a aceitar sem exame os boatos que circulavam a respeito dele. Acostumei-me a julgá-lo um bicho perigoso. E lendo no dicionário encarnado, onde existiam bandeiras de todos os países e retratos de personagens vultosas, que Nero tinha sido o maior dos monstros, duvidei. Maior que Fernando? A afirmação do livro me embaraçava. Como seria possível medir por dentro as pessoas? E senti pena de Nero, que nunca me havia feito mal. Fernando me atormentava e era péssimo. Talvez não fosse o pior monstro da terra, mas era safadíssimo. O rosto de caneco amassado, a fala dura e impertinente, os resmungos, o olho oblíquo e cheio de fel, um jeito impudente e desgostoso, um ronco asmático findo em sopro, tudo me dava a certeza de que Fernando encerrava muito veneno. Se aquele sopro, rumor de caldeira, se transformava em palavras, saíam dali brutalidades. O sujeito se tornou para mim um símbolo — e pendurei nele todas as misérias.

Pois um dia a minha convicção se abalou profundamente. Os dois empregados abriam caixões na loja. Fernando cochilava no banco, junto ao armário das perfumarias. Aos golpes dos martelos, as talhadeiras cortavam arcos de ferro, a madeira se despregava, rangia. Concluído o trabalho, recolheram-se os papéis e o capim da embalagem, distribuiu-se a mercadoria em lotes, José Batista, da carteira, leu as faturas para a conferência.

Foi aí que veio o grande sucesso. Uma das tábuas ficara no chão, crivada de pregos. Fernando levantou-se, apanhou-a, agarrou um martelo, pôs-se a entortar os bicos agudos, a rosnar. Desleixo. Se uma criança descalça pisasse naquilo?

Eu não acreditava nos meus olhos nem acreditava nos meus ouvidos. Então Fernando não era mau? Pensei num milagre. Julguei ter sido injusto. Fernando, o monstro, semelhante a Nero, receava que as crianças ferissem os pés. Esqueci as torpezas cochichadas, condenei o dicionário vermelho que tinha bandeiras e retratos. Talvez Nero, o pior dos seres, envergasse os pregos que poderiam furar os pés das crianças.

JERÔNIMO BARRETO

Apareceu uma dificuldade, insolúvel durante meses. Como adquirir livros? No fim da história do lenhador, dos fugitivos e dos lobos havia um pequeno catálogo. Cinco, seis tostões o volume. Tencionei comprar alguns, mas José Batista me afirmou que aquilo era preço de Lisboa, em moeda forte. E Lisboa ficava longe.

Invoquei, num desespero, o socorro de Emília. Eu precisava ler, não os compêndios escolares, insossos, mas aventuras, justiça, amor, vinganças, coisas até então desconhecidas. Em falta disso, agarrava-me a jornais e almanaques, decifrava as efemérides e anedotas das folhinhas. Esses retalhos me excitavam o desejo, que se ia transformando em ideia fixa. Queria isolar-me, como fiz quando nos mudamos em razão de consertos na casa. Para bem dizer, os outros é que se mudaram. A pretexto de ver os trabalhos, escapulia-

-me com o romance debaixo do paletó, voltava, desviava-me dos pedreiros, serventes e pintores, ia esconder-me na sala. Mergulhava numa espreguiçadeira e, empoeirado, sujo de cal, sentindo o cheiro das tintas, passava horas adivinhando a narrativa, à luz que se coava pelos vidros baços. Privara-me desse refúgio. E onde conseguir livros?

Emília tentou auxiliar-me, contou pelos dedos os possuidores prováveis de bibliotecas, sisudos, inacessíveis: dr. Mota Lima, professor Rijo, padre Loureiro. Não me arriscaria a chateá-los. Mais próximo, havia o tabelião Jerônimo Barreto. Diariamente, percorrendo a ladeira da Matriz, demorava-me em frente do cartório dele, enfiava os olhos famintos pela janela, via numa estante, em fileiras densas, bonitas encadernações de cores vivas. À mesa larga, em mangas de camisa, o funcionário manejava instrumentos jurídicos. E um respeito cheio de inveja me detinha na calçada. Atribuí àquele rapaz moreno ciência poderosa, estranhei vê-lo, simples e calmo, juntar-se aos frequentadores da loja, onde metia na conversa Robespierre e Marat, dois tipos que venerei antes de me chegar qualquer notícia de revolução e da França.

Esperei que Emília falasse a Jerônimo. Recusou-se. Expus a situação a José Batista, o único empregado que não me inspirava rancor. José Batista fechou o diário, escutou-me, julgou dispensáveis os medianeiros, pois a minha pretensão era modesta. Eu a considerava exorbitante.

Saí do escritório num desânimo. Impossível entender-me com o homem sabido, conhecedor de Marat, Robespierre, outros que me fugiam da memória e da língua. Essas personagens me acovardavam. E o proprietário delas guardava-as com certeza ciumento, não deixaria mãos bisonhas manchá-las de suor. Afirmei, repeti mentalmente que não me avizinharia de Jerônimo Barreto.

Dirigi-me a casa, subi a calçada, retardei o passo, como de costume, diante das procurações e públicas-formas. E bati à porta. Um minuto depois estava na sala, explicando meu infortúnio, solicitando o empréstimo de uma daquelas maravilhas. Mais tarde me assombrou o arranco de energia, que em horas de tormento se reproduziu. Como veio semelhante desígnio? De fato não houve desígnio. Foi uma inexplicável desaparição da timidez, quase a desaparição de mim mesmo. Expressei-me claro, exibi os gadanhos limpos, assegurei que não dobraria as folhas, não as estragaria com saliva. Jerônimo abriu a estante, entregou-me sorrindo *O Guarani*, convidou-me a voltar, franqueou-me as coleções todas.

Retirei-me enlevado, vesti em papel de embrulho a percalina vermelha, entretive-me com d. Antônio de Mariz, Cecília, Peri, fidalgos, aventureiros, o Paquequer. Certas expressões me recordaram a seleta e a linguagem de meu pai em lances de entusiasmo. Vi o retrato de José de Alencar, barbado, semelhante ao barão de Macaúbas, e achei notável usarem os dois uma prosa fofa. Vencidos o incêndio e a cheia, dois elementos de resistência na literatura nacional, examinei os volumes, desencapei-os, restituí-os ao dono.

Jerônimo Barreto me desviou para as obras de carregação. Viajei bastante, abeirei-me de condessas. Mas permaneci no desalinho, esgueirando-me pelos cantos, e o juízo severo da família se agravava. Apenas meu primo José, ouvindo-me descrever uma casa queimada, resmungou:

— Falante como o diabo.

Talvez me houvessem ficado alguns adjetivos do *Guarani*. Isto não representou vantagem, pelo menos no princípio.

Surgiu na cidade uma espécie de colégio e introduziram-me nele. Quando cheguei, o diretor, insinuante, macio, ditou meia dúzia de linhas a diversos novatos. Emendou e classificou os ditados; pegou o meu, horrorizou-se, escreveu na margem larga do almaço: *incorrigível*. Esta dura sentença não me abalou. Até me envaideci um pouco vendo a minha escrita diferente das outras.

Dias depois o sujeito me pediu a constituição do Brasil e uma gramática. Levei a gramática, mas embirrei com a constituição, mudei-a numa história do Brasil de perguntas e respostas. Assim, não analisei o estatuto do meu país e dei a Jovino Xavier uma impressão miserável. Recebendo as cartonagens, Jovino travou comigo um diálogo: espantou-se, franziu os beiços, machucou o bigode, coçou a cabeça, entalado. E deixou-me em paz, esteve semanas sem me dirigir palavra, certamente julgando-me imbecil, o que muito me serviu.

Nesse tempo eu andava nos fuzuês de Rocambole. Jerônimo Barreto me fazia percorrer diversos caminhos: revelara-me Joaquim Manuel de Macedo, Júlio Verne, afinal Ponson du Terrail, em folhetos devorados na escola, debaixo das laranjeiras do quintal, nas pedras do Paraíba, em cima do caixão de velas, junto ao dicionário que tinha bandeiras e figuras.

Os meus colegas se afastavam de mim, declamavam as capitais, os rios da Europa. E eu mascava os prolegômenos: vinte e quatro horas, trezentos e sessenta e cinco dias, raça branca, raça negra. Quando tomei pé na Europa, eles exploravam outras partes do mundo. Surdo às explicações do mestre, alheio aos remoques dos garotos, embrenhava-me na leitura do precioso fascículo, escondido entre as folhas de um atlas. Às vezes procurava na carta os lugares que o ladrão terrível percorrera. E o mapa crescia, povoava-se, riscava-se de estradas por onde rodavam caleças e diligências.

Conheci desse jeito várias cidades, vivi nelas, enquanto os pequenos em redor se esgoelavam, num barulho de feira. O rumor não me atingia. Em vão me falavam. Sacudido, sobressaltava-me, as ideias ausentes, como se me arrancassem do sono. Olhavam-me estupefactos, devagar me inteirava da realidade.

Governadores-gerais, holandeses e franceses começavam a importunar-me. Esquartejavam-se períodos, subdividiam-se e rotulavam-se as peças, em medonha algazarra. Os meus novos amigos guardavam maquinalmente façanhas portuguesas, francesas e holandesas, regras de sintaxe — e brilhavam nas sabatinas. Segunda-feira estavam esquecidos, e no fim da semana precisavam repetir o exercício, decorar provisoriamente toda a matéria. À medida que avançavam, a tarefa se ia tornando mais penosa: ficavam apenas, algum tempo, as últimas lições.

Eu achava estupidez pretenderem obrigar-me a papaguear de oitiva. Desonestidade falar de semelhante maneira, fingindo sabedoria. Ainda que tivesse de cor um texto incompreensível, calava-me diante do professor — e a minha reputação era lastimosa.

Um dia, porém, houve exame imprevisto e os alunos encrencaram nos rios e nas capitais. Haviam-me chegado pedaços disso. Geografia velha, anterior à locomotiva, cheia de soluções de continuidade, mas foi exposta e produziu efeito regular. Mencionei o bosque de Bolonha, Versalhes, o Sena, a torre de Londres, as pontes de Veneza, o Reno e o Tibre, o porto de Marselha. Não era exatamente o que desejavam. Em todo o caso fui ouvido. Certas interrupções me avivavam a eloquência. O Mediterrâneo? Perfeitamente, a Córsega, terra de Napoleão. Da poeira de Ajácio ao trono de S. Luís. Jerônimo Barreto me falara na poeira e no trono — e isto não apresentava dificuldade: Ajácio estava ali no mapa, S. Luís tinha sido rei da França, Napoleão se estrepara na campanha da Rússia, logo nas primeiras páginas do Rocambole. Num desconchavo, referi-me à catedral de Notre-Dame e ao Vesúvio familiarmente, como se os tivesse visto. Além disso, arrolei plantas e animais exóticos: carvalhos e pinheiros, vinhedos e trigais, lobos e javalis, melros e rouxinóis.

Finda a novidade, os meus conhecimentos originaram desconfiança e algum desdém: Versalhes, Notre-Dame e os rouxinóis tinham aparência de contrabando. E eram inúteis, com certeza. Mas serviam para a composição de narrativas — e fora daí não me inspiravam interesse.

A existência comum se distanciava e deformava; conhecidos e transeuntes ganhavam caracteres das personagens do folhetim. Descurei as obrigações da escola e os deveres que me impunham na loja. Algumas disciplinas, porém, me ajudavam a compreensão do romance e tolerei-as — bocejei e cochilei buscando penetrá-las.

Em poucos meses li a biblioteca de Jerônimo Barreto. Mudei hábitos e linguagem. Minha mãe notou as modificações com impaciência. E Jovino Xavier também se impacientou, porque às vezes eu revelava progresso considerável, outras vezes manifestava ignorância de selvagem. Os caixeiros do estabelecimento deixaram de afligir-me e, pelos modos, entraram a considerar-me um indivíduo esquisito.

Minha mãe, Jovino Xavier e os caixeiros evaporavam-se. A única pessoa real e próxima era Jerônimo Barreto, que me fornecia a provisão de sonhos, me falava na poeira de Ajácio, no trono de S. Luís, em Robespierre, em Marat.

VENTA-ROMBA

Ofereceram a meu pai o emprego de juiz substituto e ele o aceitou sem nenhum escrúpulo. Nada percebia de lei, possuía conhecimentos gerais muito precários. Mas estava aparentado com senhores de engenho, votava na chapa do governo, merecia a confiança do chefe político — e achou-se capaz de julgar.

Naquele tempo, e depois, os cargos se davam a sequazes dóceis, perfeitamente cegos. Isto convinha à justiça. Necessário absolver amigos, condenar inimigos, sem o que a máquina eleitoral emperraria.

Os magistrados de anel e carta diligenciavam acomodar-se, encolher-se, faziam vista grossa a muita bandalheira. De repente acuavam, tinham melindres que o mandão local não entendia e lançava à conta de má vontade. E lá vinham rixas, viagens rápidas, afrontas, um libelo contestado a punhal ou cacete. Enfim os bacharéis se aguentavam mal. Dispensavam-lhes obséquios, salamaleques — e desviavam-nos. Subsistia o juiz de direito, que ordinariamente se ausentava da comarca.

Os funcionários matutos não vacilavam: ignorando a razão de intransigências, amoleciam imperturbáveis, assinavam despachos redigidos pelo escrivão.

Foi assim que meu pai recebeu um título e suportou a alegria ruidosa do preto José Luís, que, aos sábados, da sala à cozinha, ria, gritava, dançava, entusiasmado:

— Cadê o nosso juiz substituto?

Não havia motivo para júbilo. Conservo dessa autoridade uma recordação lastimosa.

Venta-Romba pedia esmola, gemendo uma cantilena, indiferente às recusas:

— Como vai, seu major? E a mulher de seu major? Os filhinhos de seu major?

A voz corria mansa; as rugas da cara morena se aprofundavam num sorriso constante; o nevoeiro dos olhos se iluminava com estranha doçura. Nunca vi mendigo tão brando. A fome, a seca, noites frias passadas ao relento, a vagabundagem, a solidão, todas as misérias acumuladas num horrível fim de existência haviam produzido aquela paz. Não era resignação. Nem parecia ter consciência dos padecimentos: as dores escorregavam nele sem deixar mossa.

— Como vai, seu major? Os filhinhos de seu major?

Humildade serena, insignificância, as mãos trêmulas e engelhadas, os pés disformes arrastando as alpercatas, procurando orientar-se nas esquinas, estacionando junto dos balcões. Restos de felicidade esvaíam-se nas feições tranquilas. O aió sujo pesava-lhe no ombro; o chapéu de palha esburacado não lhe protegia a cabeça curva; o ceroulão de pano cru, a camisa aberta, de fralda exposta, eram andrajos e remendos.

Aparecia uma vez por semana, às sextas-feiras, quando se realizava a caridade: um pires de farinha nas casas particulares, um vintém nas lojas e nas bodegas. Mas as famílias de lojistas e bodegueiros não exerciam a caridade, porque isto seria redundância.

— Peça na venda.

Tínhamos ordem para afastar os peditórios.

Uma sexta-feira Venta-Romba nos bateu à porta. Deve ter batido: não ouvimos as pancadas. Achou o ferrolho e entrou, surgiu de supetão na sala de jantar, os dedos bambeando no cajado. As moças assustaram-se, os meninos caíram em grande latomia.

— Vá-se embora, meu senhor, disse a patroa.

A distância, esse tratamento de *meu senhor* a uma criatura em farrapos soa mal. Era assim que minha mãe se expressava dirigindo-se a qualquer desconhecido. Trouxera o hábito da fazenda, e isto às vezes não revelava polidez. Em tons vários, *meu senhor* traduzia respeito, desdém ou enfado. Agora, com estridência e aspereza, indicava zanga, e a frase significava, pouco mais ou menos:

— Vá-se embora, vagabundo.

Venta-Romba perturbou-se, engasgou-se, apagou o sorriso; o vexame e a perplexidade escureceram-lhe o rosto; os beiços contraíram-se, exibindo as gengivas nuas.

— Sinha dona..., murmurou.

Com certeza buscava explicar-se. Interjeições roucas e abafadas escapavam-lhe; os olhos baços percebiam o terror das crianças e arregalavam-se aflitos.

Minha mãe era animosa. Atirava, montava, calejara na vida agreste. Certo dia um coronel lhe entrou subitamente na cozinha, lívido, rogando-lhe que o escondesse da polícia: trancou-o num quarto, guardou a chave, tomou as primeiras medidas necessárias à fuga. Não precisava que o marido, pessoa débil, viesse enxotar Venta-Romba. Mas expediu o moleque José com um recado e plantou-se junto à mesa, áspera, silenciosa, os cantos da boca repuxados, a mancha vermelha da testa muito larga.

Diante dela, o pobre intentava aliviar a impressão má, e cada vez mais se confundia; deixou passar o momento de retirar-se. Coçava a cabeça, gemia desculpas asmáticas, e ninguém o escutava. Num arranco de impaciência, bateu com o pau no tijolo, agravou a balbúrdia. A severidade vincou o rosto da mulher; as moças cochicharam rezando e fixaram a atenção na entrada do corredor.

Nesse ponto chegou meu pai. Chegou alvoroçado, branco, e logo se fortaleceu, pôs-se a interrogar Venta-Romba, que desabafou, estranhou a desordem: implicância dos meninos, gritos, choro, a dona sisuda, as doninhas arrepiadas. Fuzuê brabo à toa, falta de juízo. Graças a Deus, tudo se alumiava. Descobriu-se, despediu-se, caminhou de costas:

— Adeus, seu major.

Meu pai atalhou-o. Antes de qualquer sindicância, tinha-se resolvido. Enganara-se com os exageros do moleque, enviara um bilhete ao comandante do destacamento. A fraqueza o impelia a decisões extremas. Imaginara-se em perigo. Reconhecia o erro, mas obstinava-se. Misturava o sobressalto originado pela notícia ao enjoo que lhe causava a figura mofina — e desatinava. Propendia a elevar o intruso, imputar-lhe culpa e castigá-lo. De outro modo, o caso findaria no ridículo.

— Está preso, gaguejou, nervoso, porque nunca se exercitara naquela espécie de violência.

Alguém tossiu na sala, um boné vermelho apareceu no fim do corredor. Insensível, Venta-Romba tropicava como um papagaio, arrimava-se penosamente à ombreira da porta. Deteve-se, largou uma exclamação de surpresa e dúvida. E quando a frase se repetiu, balbuciou descorado:

— Brincadeira de seu major.

Espalhou a vista em roda: o barulho das crianças fora substituído por uma curiosidade perversa; as moças tremelicavam na costura; a face de minha mãe expunha indiferença imóvel; um sujeito passeava na sala de visitas, exibindo pedaços da farda vistosa. Claro que não era brincadeira, mas o velho, estonteado, não alcançava o desastre. Arredou-se da porta, encostou-se à parede, esboçou um movimento de defesa. Se não fosse banguelo, rangeria os dentes; se os músculos não estivessem lassos, endureceria as munhecas, levantaria o cajado. Impossível morder ou empinar-se; o gesto maquinal de bicho acuado esmoreceu; devagar, a significação da palavra rija furou, como pua, o espírito embotado. E emergiu da trouxa de molambos uma pergunta flácida:

— Por quê, seu major?

Era o que eu também desejava saber. À janela, distraindo-me com o voo das abelhas e o zum-zum do cortiço pendente no beiral, vira o espalhafato nascer e engrossar em minutos. Não havia colaborado nele — e a interrogação lamentosa me abalava. Por quê? Como se prendia um vivente incapaz de ação? Venta-Romba movia-se de leve. Não podendo fazer mal, tinha de ser bom. Difícil conduzir aquela bondade trôpega ao cárcere, onde curtiam pena os malfeitores.

— Por quê, seu major?

O cochicho renovado ficou sem resposta. Seu major não saberia manifestar-se. Assombrara-se, recorrera à força pública e receava contradizer-se. Talvez sentisse compaixão e se reconhecesse injusto. Enraivecia, acusava-se, e despejava a cólera sobre o infeliz, causa do desarranjo. Em desespero, roncou injúrias. O polícia que pigarreava na sala se avizinhou, a blusa desabotoada, faca de ponta à cintura, as reiunas de vaqueta ringindo.

Vinte e quatro horas de cadeia, uma noite na esteira de pipiri, remoques dos companheiros de prisão, gente desunida. Perdia-se a sexta-feira, esfumava-se a beneficência mesquinha. Como havia de ser? Como havia de ser o pagamento da carceragem?

Venta-Romba sucumbiu, molhou de lágrimas a barba sórdida, extinguiu num murmúrio a pergunta lastimosa. O soldado ergueu-lhe a camisa, segurou o cós do ceroulão, empunhou aquela ruína que tropeçava, queria aluir, atravessou o corredor, ganhou a rua.

Fui postar-me na calçada, sombrio, um aperto no coração. Venta-Romba descia a ladeira aos solavancos, trocando as pernas, desconchavando-se como um judas de sábado da Aleluia. Se não o agarrassem, cairia. O aió balançava; na cabeça desgovernada os vestígios de chapéu iam adiante e vinham atrás; as alpercatas escorregavam na grama.

Eu experimentava desgosto, repugnância, um vago remorso. Não arriscara uma palavra de misericórdia. Nada obteria com a intervenção, certamente prejudicial, mas devia ter afrontado as consequências dela. Testemunhara uma iniquidade e achava-me cúmplice. Covardia.

Mais tarde, quando os castigos cessaram, tornei-me em casa insolente e grosseiro — e julgo que a prisão de Venta-Romba influiu nisto. Deve ter contribuído também para a desconfiança que a autoridade me inspira.

MÁRIO VENÂNCIO

Organizou-se uma sociedade teatral e quiseram colocá-la sob o patrocínio de João Caetano; mas o major Pedro Silva, senhor de engenho, ofereceu aos amadores uma casa que se arruinava no Juazeiro, defronte da cadeia, e a instituição recebeu em consequência o nome de Escola Dramática Pedro Silva. Ladrilharam, rebocaram e caiaram o prédio; ergueram o palco, os cenários da floresta, do palácio e da choupana; Joaquim Correntão esmerou-se no pano de boca, vistoso, com três deusas peitudas. E, depois de numerosos ensaios, levaram à cena *O Plebeu*, que arrancou lágrimas da plateia.

Entre os diletantes, um moço desconhecido, novo agente do correio, logo se notabilizou pela feiura e pelos modos esquisitos. Mário Venâncio era pobre demais: vestia brim fluminense, roupa grosseira de matuto, preparava ele mesmo a comida e vivia numa espécie de gaiola pendurada no morro do Pão-sem-Miolo. A peça da frente servia de repartição, gabinete e sala de visitas.

Logo correu que havia chegado à terra um literato. Vi-o de longe, rápido e miúdo, o rosto fino como focinho de rato, modos de rato — um guabiru ligeiro e cabisbaixo, a dar topadas no calçamento. E alguém afirmou na loja que estava ali um sujeito profundo, colaborador de jornais, autor de livros, o diabo. As maneiras esquivas e torcidas exprimiam vida interior, desprezo ao senso comum, inspiração de poeta. Em geral os poetas tinham aparência maluca e usavam cabelos assim compridos, escondendo as orelhas.

Aproximei-me desse curioso indivíduo no colégio, onde nos apareceu lecionando geografia. Não era a especialidade dele: ajustou-se à matéria como se ajustaria a qualquer outra, apenas para aliviar o trabalho de Jovino Xavier. Pouco a pouco abandonou os mapas, as listas de mares e de rios. Insinuou-nos a fundação de um periódico.

A ideia, aceita com entusiasmo, ao cabo de uma semana esfriou, teria morrido se eu e meu primo Cícero não a resguardássemos. Aferramo-nos a ela e, vencendo embaraços e canseiras, tornamo-nos diretores do *Dilúculo*, folha impressa em Maceió, com duzentos exemplares de tiragem quinzenal, trazidos pelo estafeta Buriti, que vendia revistas e declamava pedaços do *Moço Louro*. O desgraçado título foi escolha do nosso mentor, fecundo em palavras raras.

Estabeleceu-se a redação na agência do correio, logo convertida em asilo de doidos. À tarde reuniam-se lá os membros da Escola Dramática Pedro Silva, os da Instrutora Viçosense, sociedade que dormia o ano inteiro, acordava na posse da diretoria e, concluídos os discursos, tornava ao sono. Essa gente fazia um barulho que assustava os transeuntes, afligia os vizinhos, atraía caixeiros tímidos, emaranhados nos cipoais da concordância e da métrica. Sem apanhar direito o sentido das conversas, apoderava-me de alguns vocábulos, estudava-os no dicionário, empregava-os com energia.

Representado *O Plebeu*, Mário Venâncio colhera no guarda-roupa do teatro uma farpela que utilizava em noites de inverno e por fim misturava ao fato ordinário. De tamancos, calça de algodão esfiapada nas bainhas, camisa de meia, fraque e chapéu duro, atravessava a rua, dirigia-se à bodega; as mãos carregadas de embrulhos, lenha debaixo do braço, voltava, corcunda, tropeçando, ia à cozinha, atiçava o fogo, temperava a panela. Em seguida entrava na sala, enxugando os dedos longos, sentava-se à mesa coberta de jornais, cartas, almofadas e carimbos, perto da estante:

— O naturalismo...

Perplexo, eu examinava as pessoas em redor, procurava distinguir nelas o efeito da arenga difícil. Estariam compreendendo? Às vezes me assustavam discussões embrulhadas: rapazes silenciosos animavam-se, discorriam com exagero e ódio, religiosamente. Isso me dava tontura e enjoo. Uma ideia clara me surgia: os romances agradáveis eram bugigangas. Em troca, exibiam-me insipidez e obscuridade. Ali é que estava a beleza, especialmente na prosa de Coelho Neto.

Não me importava a beleza: queria distrair-me com aventuras, duelos, viagens, questões em que os bons triunfavam e os malvados acabavam presos ou mortos. Incapaz de revelar a preferência, resignei-me e aguentei as *Baladilhas*, o *Romanceiro*, outros aparatos elogiados, que me revolveram o estômago. Cochilei em cima deles, devolvi-os receando que me forçassem a comentá-los. Para mim eram chinfrins, mas esta opinião contrariava a experiência alheia. Julguei-me insuficiente, calei-me, engoli bocejos. Enquanto o dono da casa explanava a literatura encrencada, esforcei-me por entendê-la. Senti medo e preguiça. Não me arriscaria a controvérsia: acovardava-me a presença de uma autoridade.

O *Pequeno Mendigo* e várias artes minhas lançadas no *Dilúculo* saíram com tantos arrebiques e interpolações que do original pouco se salvou. Envergonhava-me lendo esses excessos do nosso professor: toda a gente compreenderia o embuste.

Mário Venâncio fabricava artigos e notícias, reduzia os diretores a simples testas de ferro. Ornou de contos sérios as páginas mesquinhas. Assim principiava um deles, admirado na Instrutora Viçosense e na Escola Pedro Silva: "Jerusalém, a deicida, dormia sossegadamente à luz pálida das estrelas. Sobre as colinas pairava uma tênue neblina, o hálito da grande cidade adormecida. Nos casais dos cabreiros, cães de vigília ululavam lugubremente." Os nossos ouvidos eram insensíveis a colisões. E a brisa do monte das Oliveiras, a torrente do Cédron, lugares bíblicos, valorizavam o trabalho.

Mas não ficávamos na torrente e na brisa. Descíamos o monte das Oliveiras, caíamos na planície nacional, visitávamos a *Casa de Pensão* e *O Coruja*. Da cópia saltávamos ao modelo, invadíamos torpezas dos *Rougon-Macquart*, publicadas em Lisboa.

Feria-me às vezes, porém, uma saudade viva das personagens de folhetins: abandonava a agência, chegava-me à biblioteca de Jerônimo Barreto, regressava às leituras fáceis, revia condes e condessas, salteadores e mosqueteiros brigões, viajava com eles em diligência pelos caminhos da França. Esquecia Zola e Victor Hugo, desanuviava-me. Havia sido ingrato com os meus pobres heróis de capa e espada. Não me atrevia a exibi-los agora. Disfarçava-os cuidadoso e, fortalecido por eles, submetia-me de novo ao pesadume, ia buscar o artifício e a substância, em geral muito artifício e pouca substância.

O funcionário postal facilitou-me a correspondência com livrarias: obtive catálogos de Garnier e de Francisco Alves, escrevi cartas, recebi faturas e pacotes. Não possuindo recursos, habituei-me a furtar moedas na loja, guardá-las num frasco bojudo oculto sob fronhas e toalhas no compartimento superior da cômoda. Entre níqueis e pratas surgiram cédulas — e enchi as prateleiras da estante larga, presente de aniversário. Esses delitos não me causavam remorso. Cheguei a convencer-me de que meu pai, encolhido e avaro por natureza, os aprovava tacitamente. Desculpava-me censurando-lhe a sovinice, tentando agarrar esperanças absurdas.

Mário Venâncio me pressagiava bom futuro, via em mim sinais de Coelho Neto, de Aluísio Azevedo — e isto me ensoberbecia e alarmava. Acanhado, as orelhas ardendo, repeli o vaticínio: os meus exercícios eram composições tolas, não prestavam. Sem dúvida, afirmava o adivinho. Ainda não prestavam. Mas eu faria romances. Gastei meses para certificar-me de que o palpite não encerrava zombaria. Depois a vaidade esmoreceu, foi substituída por uma vaga aflição. Que teria o homem percebido nos meus escritos? Se me decidisse a confiar nele, amargaria a vida inteira o provável engano. Examinei-me por dentro e julguei-me vazio. Não me achava capaz de conceber um daqueles enredos ensanguentados, férteis em nobres valorosos e donzelas puras. E, desatento, andava na rua aos encontrões, meio cego, meio surdo. Nunca descreveria um candeeiro como o de metal amarelo que iluminava, com azeite e difíceis pavios, duas páginas das *Cenas da Vida Amazônica*. Os candeeiros me passavam despercebidos. E seriam necessários? Os debates na agência não tinham fim. Lembrava-me dos governistas e oposicionistas espalhados, rancorosos, nas esquinas da cidadezinha e nos jornais da capital. Assombrava-me o partidarismo exaltado, a minha colaboração no *Dilúculo* era terrivelmente eclética. Mário Venâncio continuava a animar-me, eu desviava pretensões arriscadas.

Esse amável profeta bebeu ácido fênico. Levantei-me da espreguiçadeira, onde me seguravam as novidades e os sofrimentos da artrite e de uma novela russa, fui encontrar o infeliz amigo estirado no sofá, junto à mesa coberta de papéis, brochuras, pedaços de lacre, almofadas e carimbos. Um emissário da administração, feita a sindicância, redigiu necrológio pomposo, enterrou o cadáver sob a folhagem de salgueiros, entre raízes de ciprestes, vegetais desconhecidos no lugar.

O *Dilúculo* também morreu logo. Distanciei-me da crítica. E não me entendi com o público, muito incerto. No colégio, na Escola Pedro Silva, na Instrutora Viçosense, toleravam-me. Em casa, sem exame, detestavam as minhas novas ocupações.

SEU RAMIRO

Naquele tempo os hóspedes fervilhavam em nossa casa. Na cidade ainda não havia hotéis, e à tardinha, ao chegar o trem, quase diariamente nos apareciam carregadores que transportavam bagagens. Sujeitos desconhecidos entravam, incerimoniosos, como se tivéssemos obrigação de recebê-los, ficavam dois, três dias, embarcavam de madrugada, sem agradecimentos, à socapa.

Minha mãe se arreliava, prometia uma desfeita àquela súcia de parasitas. Mas baixava a pancada, engolia a indignação, ia lacrimejar na fumaça da cozinha, à beira do fogo, rosnar o desgosto à criada e aos moleques.

Meu pai afetava paciência magnânima, não isenta de interesse. Calculista, é possível que enxergasse na hospitalidade matuta um emprego de capital. Alargara as transações, devia muito, e no inverno o dinheiro minguava. Sendo os intrusos em geral caixeiros-viajantes, fiscais dos estabelecimentos fornecedores, convinha suportá-los. Davam, em paga, bons informes do pequeno retalhista do interior. E indicavam-lhe negócios vantajosos, a compra de massas falidas, baratas. Nessas liquidações abundavam pregos de tamanho exorbitante, agulhas enferrujadas, chita de padrões horríveis. Ao cabo de anos os fregueses desconfiaram que todas as mercadorias tinham defeito, e os balanços apresentavam rumas de inutilidades.

Os cometas atraíram indivíduos alheios ao comércio e transformaram a casa em pensão. Entre estes, seu Ramiro se notabilizou. Trazia o encargo de fundar uma loja maçônica, empresa odiosa e cheia de riscos.

Minha família não era rigorosamente cristã: fugia do confessionário, rezava pouco, ia à igreja com temperança, nas festas. Mas admirava as procissões, jejuava na semana santa e sabia perfeitamente que os pedreiros-livres dão sangue ao diabo, obtêm fortuna e condenam-se. O velho Pedro Rico, nosso parente afastado, procedera desse jeito e estava no inferno. Sem dúvida. Percorria a vizinhança dos lugares mal-assombrados, vagava pelos caminhos, galopando num cavalo negro, pedindo missas e gemendo:

— Sou a alma do finado Pedro Rico.

Seu Ramiro percebia as dificuldades e foi cauteloso, não revelou de supetão os seus desígnios sinistros. Fez diversas viagens e, com persistência e manha, declarando-se religioso em demasia, iniciou uma propaganda tímida, fortaleceu-se, conseguiu prosélitos e inaugurou a loja Mensageiros da Fé, que teve como venerável o chefe político. Na estreia, pomposa, tipos sérios, de Maceió, declamaram longos discursos.

Meu pai esteve alguns meses cabeceando sobre cartonagens e folhetos marcados com triângulos e compassos. Guardou a princípio esses utensílios na gaveta, a chave; largou-os depois à toa, deixou-nos ver as abreviaturas enigmáticas, findas em três pontinhos. Enjoou as sessões secretas, e julgo que permaneceu em grau muito baixo, não passou de aprendiz.

Enquanto se aliciavam adeptos e se reconstruía um casarão triste no Gurganema, seu Ramiro nos visitou com frequência. Era um sujeito espesso e moreno, de cabeleira grisalha, rugas, e ponderoso, tão ponderoso que dificilmente o imaginaríamos sem colarinho e gravata. A voz pausada gotejava, para não perdermos uma sílaba. Sobrancelhas hirsutas, olhar sereno e olímpico. Tinha essa figura uns modos de estátua, a convicção talvez de que era estátua e devíamos admirá-la. Antes de quebrar o silêncio, fungava, contraía os cantos da boca, achatava mais o nariz, tufava o bigode vasto. Ensinava-nos que o filipino é terrivelmente forte, conduz sem se cansar dois filipinos. Como as formigas. E descrevia a organização do formigueiro. Ninguém aludira a filipinos nem a formigas, mas o homem achava meio de lançar mão desses viventes e dissertava.

De ordinário isso acontecia depois do jantar. Mastigada a refeição abundante e má, retirados os pratos, seu Ramiro pregava os cotovelos na toalha, examinava as caras em redor e esperava deixa conveniente a uma exposição volumosa. Aprofundava as rugas, eriçava os pelos, engrossava o papo, inchava todo, discorria uma hora, e não havia brecha para nenhum aparte. Os dois caixeiros fixavam nele os bugalhos atentos; o patrão balançava a cabeça, em apoiados reverenciosos; minha mãe, a um canto da mesa, reprimia bocejos, mordia os beiços.

Foi nessas arengas que, entre avanços e recuos, surgiu o Supremo Arquiteto do Universo e produziu considerável efeito. Seu Ramiro falava no Supremo Arquiteto do Universo com devoção, erguendo-se um pouco.

Aborreci aquela sabedoria, a linguagem magnífica: habituei-me a fugir depois do café, espantando os ouvintes, fuzilado pelos óculos do orador, que, chamando-me à ordem, tentou punir-me o desrespeito. Leu no primeiro número do *Dilúculo* a minha história *Pequeno Mendigo* e censurou-me vários erros. Essa literatura, recomposta por Mário Venâncio, me parecia certa, mas seu Ramiro discordou e corrigiu tudo de novo. Alterou a disposição das palavras, arranjou sinônimos vistosos, arrepiou-se vendo a minha personagem estender a mão à caridade pública: fê-la estender as mãos, pois não estava explicado que ela fosse maneta. Enfim uma crítica medonha, a pior que já recebi. Grande raiva me encheu o coração, mentalmente desenvolvi compridas injúrias, odiei os filipinos e as formigas.

E só me aliviei quando o monstro se ausentou, deixando uma lembrança deplorável. Enquanto os Mensageiros da Fé engatinhavam, seu Ramiro, grau trinta ou mais, lhes ensinou as regras necessárias, as pancadas do martelo, os deveres de cada um. Findas as lições, espaçou as visitas, sumiu-se afinal. Meu pai emprestou-lhe cem mil-réis e perdeu-o de vista. Desiludiu-se, conteve imenso rancor. Certamente os irmãos deviam auxiliar-se, mas aquela maneira de arrancar auxílio era safadeza. Calou-se, roendo a indignação. Foi por isso, creio, que repugnou os três pontinhos, as brochuras misteriosas, os triângulos, os compassos e o Supremo Arquiteto do Universo.

A CRIANÇA INFELIZ

No colégio havia um aluno particularmente desgraçado. Diziam que não prestava, embora se recusassem de ordinário a especificar as suas faltas, cochichadas com gestos de repugnância. À tarde, na hora de recreio que enchia de algazarra a calçada e a rua, afastavam-se dele, ostensivos, e se alguém transgredia essa dura norma, arriscava-se a nivelar-se ao réprobo. Acatávamos uma possível opinião da maioria, apesar de nunca havermos discutido o assunto: cada um supunha a condenação firmada e receava comprometer-se.

O rapaz avizinhava-se dos grupos, esboçava um sorriso cínico, ingeria-se nas conversas, debalde. Os mais taludos afrontavam-no, olhavam-no com desprezo, cuspiam, voltavam-lhe as costas. Esse procedimento nos fornecia um princípio de convicção; e como a vítima se resignava e baixava a cabeça, admitíamos sem esforço a culpabilidade.

Não era só isso: atiravam-lhe palavras ásperas, rosnavam insultos. Fingia não percebê-los, diligenciava abrandar as almas oferecendo-nos indicações úteis, em geral aceitas com indiferença ou repelidas.

No começo apenas as classes adiantadas se comportavam assim; as atrasadas seguiram-lhes o exemplo; afinal o garoto se achou entre inimigos.

O maior deles foi o diretor: isolou-o numa ponta de banco, transformou-o em bicho de circo, espécie de Joaquina ou Jacob, dois gorilas que nos tinham maravilhado. Injusto em demasia, sempre lhe considerou o trabalho malfeito, responsabilizou-o por erros alheios, em momentos de zanga não disfarçou o ódio:

— Olhem aquele sem-vergonha.

Com o destampatório, avivava a separação, estimulava-nos os instintos maus. Julgava-o perdido, sem dúvida, e empenhava-se em distanciá-lo dos companheiros. Lembrava-nos a cada instante que a aproximação era nociva. Longo tempo ficava a observá-lo, como se procurasse manchas na roupa, ausência de botões, e tinha uma horrível brandura felina, o bigode eriçava-se, a patinha curta erguia-se de manso, a voz era um suave ronrom. A distância, poderíamos supor algum discurso amável. De repente a maciez vagarosa miava:

— Descarado.

O pobre rato fingia-se impassível, escondia-se por detrás de um livro; perturbava-se ao cabo de minutos, esmorecia, punha-se a tremer. Se estivéssemos analisando Camões ou catalogando os mares da Europa, qualquer omissão justificaria a ofensa. Mas provocar uma pessoa daquele jeito, sem esclarecimento, alvoroçava-nos. O ultraje não se relacionava com as tarefas escolares, devia ligar-se a fatos exteriores. Essa imprecisão tomava grande importância: tratava-se de coisa séria, feia.

O diretor se levantava, um ombro alto, outro baixo:

— Sem-vergonha.

Os pelos ameaçadores encrespavam-se, as maneiras brandas eram substituídas por sacudidelas, todo aquele veludo se esgarçava e as garras apareciam, desviavam a folha que ocultava um rosto cheio de pavor. Em seguida trompaços, baques fofos no tijolo, arrastar de membros contusos, queixas lamurientas, soluços.

Às vezes o homem se excedia: amarrava os braços do garoto com uma corda, espancava-o rijo, abria a porta, e a desesperada humilhação exibia-se aos transeuntes, fungava, tentava enxugar as lágrimas e assoar-se. O choro juntava-se ao catarro, pingava no paletó e na camisa — e o pano molhado tinha um cheiro nauseabundo, mistura de formiga e mofo.

A palmatória figurava em nosso código. Nas sabatinas, questões difíceis percorriam as filas — e o aluno que as adivinhava punia os ignorantes. Os amigos da justiça batiam com vigor, dispostos a quebrar munhecas; outros, como eu, surdos ao conselho do mestre, encostavam de leve o instrumento às palmas. Isto não nos trazia vexame: foi costume até que se usaram cartões relativos às notas boas. Desde então pagamos os nossos enganos com essa moeda, chegamos a emprestá-la a colegas necessitados.

Impossível dá-la em troca daquele sofrimento diverso dos sofrimentos ordinários. Ninguém se arriscaria a oferecer resgate. Assistíamos a uma pena estranha, infligida sem processo. A acusação se desenvolvera em segredo. No decurso da tortura, o diretor rosnava, e pelo mover dos beiços percebíamos a injúria murmurada no recreio. Não havia defesa. Nenhuma interferência.

Livre dos tormentos, o pequeno regressava à ponta do banco, anulava-se, enquanto não o exigiam para recados, viagens ao correio e à bodega. Afinal se despojaram de escrúpulos, mandaram-no auxiliar a família no serviço doméstico. Insensível, nem compreendia o aviltamento: bom que o privassem do estudo e lhe recebessem os préstimos na cozinha. Solícito, esperava talvez escapar ao trato ríspido. Nunca lhe manifestaram gratidão: empurravam-no, como se ele tivesse o dever de rachar lenha e ir buscar a correspondência.

Em casa, o pai martelava-o sem cessar, inventava suplícios: amordaçava-o, punha-lhe as costas das mãos sobre a mesa da sala de jantar, malhava nas palmas, quase lhe triturava as falanges; prendia-lhe os rejeitos, pendurava-o num caibro, deixava-o de cabeça para baixo, como carneiro em matadouro. Fatigando-se das inovações, recorria às sevícias habituais: murros e açoites. O irmão presenciava as cenas aterrado, expandia-se em descrições torvas. E durante semanas o pobre repuxava as mangas, abotoava-se, endireitava a gola, para encobrir equimoses, sinais vermelhos, cinzentos, negros.

Apesar de tudo, a escola era um refúgio. Canseiras, adulações à mulher e aos filhos do diretor, rendiam pelo menos alguma indiferença. E isto convinha. Se o rapaz, findas as obrigações, se aquietasse, facilmente escaparia, anônimo e incolor. Não podia esconder-se. Precisava convívio, estava sempre ensaiando camaradagens que se malogravam.

Tipos de calças longas e buço tinham com ele um procedimento singular: enviavam-lhe bilhetes, acenavam-lhe, segredavam-lhe em gíria misteriosa. Esses escorregos não exprimiam dedicação. Evitavam-no em público, zangavam-se de chofre, perseguiam-no com ditos mordazes.

Ele suportava a ingratidão e os remoques, desvanecia-os depressa, ria mostrando os dentes amarelos, que me faziam pensar no gigante Adamastor. À minha entrada na escola, o sujeitinho me surgira, de cotovelos fincados nas pernas, gaguejando áspero e rouco:

> Os olhos encovados e a postura
> Medonha e má e a cor terrena e pálida.

A lembrança motivara a associação. Era realmente pálido e medonho. Os olhos tinham um brilho seco, fixavam-se na gente com impudência. Caretas deslocavam-lhe o queixo enorme, quadrado. A pele úmida e gordurosa roçava-nos — e isto era desagradável: usávamos cautela para fugir à umidade e à gordura, ao cheiro de formiga e mofo. Parecia não lavar-se, causava nojo.

Coitado. Que valiam, diante daquela desgraça, cocorotes e puxões de orelhas, logo esquecidos? A comparação revelou que me tratavam com benevolência. Infeliz.

Deixei-o no colégio, perdi-o de vista. E reencontrei-o modificado. Ao iniciar-se no crime, andaria talvez pelos quinze anos. Atirou num homem à traição, homiziou-se em casa do chefe político e foi absolvido pelo júri. Realizou depois numerosas façanhas; respeitaram-lhe a violência e a crueldade. Sapecou os preparatórios num liceu vagabundo. Na academia obteve aprovação ameaçando os examinadores. Bacharelou-se, fundou um jornal. Como o velho diretor, seu carrasco, fechara o estabelecimento e curtia privações, deu-lhe um emprego mesquinho e vingou-se. Caprichou no vestuário: desapareceram as nódoas, a formiga, o mofo. E teve muitas mulheres. Foi em casa de uma que o assassinaram. Deitou-se na espreguiçadeira, adormeceu. Um inimigo, no escuro da noite, crivou-o de punhaladas.

LAURA

Aos onze anos experimentei grave desarranjo. Atravessando uma porta, choquei no batente, senti dor aguda. Examinei-me, supus que tinha no peito dois tumores. Nasceram-me pelos, emagreci — e nos banhos coletivos do Paraíba envergonhei-me da nudez. Era como se o meu corpo se tivesse tornado impuro e feio de repente. Percebi nele vagas exigências, alarmei-me, pela primeira vez me comparei aos homens que se lavavam no rio.

Desejei avisar a família, consultar o dr. Mota, cair de cama. Achava-me, porém, numa grande perplexidade. Nunca usara franqueza com meus parentes: não me consentiam expansões. Agora a timidez se exagerava, o caso me parecia inconfessável. E se me atrevesse a falar ao dr. Mota, ele iria dizer que o mal não tinha cura.

Refleti, afirmei que não estava doente nem precisava deitar-me. Era ruim deitar-me. Na loja, no colégio, na agência do correio, distraía-me; à noite ficava horas pensando maluqueiras, rolava no colchão, contava as pancadas do relógio da sala, buscava o sono debalde. Levantava-me, acendia a lâmpada de querosene, pegava um romance, estirava-me na rede, lia até cansar. O espírito fugia do livro: necessário reler páginas inteiras. Inquietação inexplicável, depois meio explicável. O diagnóstico pouco a pouco se revelava, baseado em pedaços de conversas, lembranças de leituras, frases ambíguas que de chofre se esclareciam e me davam tremuras.

Aquilo ia passar: os outros rapazes certamente não viviam em tal desassossego. Mas a ansiedade aumentava, as horas de insônia dobravam-se, e de manhã o espelho me exibia olheiras fundas, uma cara murcha e pálida.

Recompus gradualmente o vestuário. Dispensava luxos, mas não sairia calçado em tamancos, metido em roupas de algodão, sem colarinho. Obtive um terno de casimira, chapéu de feltro, sapatos americanos, uma gravata vermelha. Não me animava a exigir mais de uma gravata: meu pai só me permitia, rigoroso, o suficiente. Isso bastava à minha representação — no colégio, no quinzenário, nas seções da Instrutora Viçosense, da Amor e Caridade, que me elegeu para segundo-secretário.

Foi então que vi Laura, num exame. Jovino Xavier fez-lhe perguntas comuns; notando-lhe a fortaleza, puxou por ela e declarou a análise sem jaça. Ouviu os discursos, recebeu os agradecimentos da professora e elogiou em demasia a inteligência e o progresso de Laura. Concordei. Invadiu-me súbita admiração, que em breve se mudou numa espécie de culto.

Mal percebi o rostinho moreno, as tranças negras, os olhos redondos e luminosos. O meu ideal de beleza estava nas donzelas finas, desbotadas, louras, que deslizavam à beira de lagos de folhetim, batidos pelos raios do luar, cruzados por cisnes vagarosos. Laura não possuía o azul e o ouro convencionais, mas dividia períodos, classificava orações com firmeza, trabalho em que as meninas vulgares em geral se espichavam. Imaginei-a compondo histórias curtas, a folhear o dicionário, entregue a ocupações semelhantes às minhas — e aproximei-a; encareci-lhe depois o mérito — e afastei-a. Se ela estivesse próxima, não me seria possível concluir a veneração que se ia maquinando. Situei-a além dos lagos azuis, considerei-a mais perfeita que as moças do folhetim.

Duas vezes por dia, no caminho da escola, retardava o passo diante de uma casa baixa, envesgava o olhar para as janelas, ordinariamente desertas, seguia com alívio e desânimo. Se via a pequena, acovardava-me, balbuciava um cumprimento — e distanciava-me, raspando as paredes, batendo nas ombreiras das portas, sacudindo uma pilha de livros segura por dois cadarços. Andava mergulhado num devaneio. Queria libertar-me, examinar a rua, desviar-me dos transeuntes; a imagem repelida voltava, transformava-se em ideia fixa, agradável e dolorosa.

As inquietações que me enchiam as noites eram quase palpáveis, tinham feições — e cabelos negros me acariciavam o rosto, um sopro me inteiriçava. Sensações desencontradas assaltavam-me: ardia-me a cabeça, os dedos tiritavam, frios como gelo. Impossível suportar o contato dos lençóis. Erguia-me sufocado, ia balançar-me devagar na rede. Já não acendia o candeeiro. Temia privar-me do fantasma, recuperar a calma. E a leitura me enfastiava: um mês a arrastar-me no *Sonho* de Zola, sem nenhum desejo de chegar ao fim, interpretando a narrativa a meu jeito. A bordadeira de paramentos, que se confundia com as santas de Jacques de Voragine, convertia-se em Laura, e eu a contemplava, personagem de romance também, num andaime, junto ao muro de uma catedral. Descia daí, retomava a individualidade, entretinha-me com a garota em longas conversas.

Não conseguiria dizer alto a décima parte daquilo: expressava-me a custo, afligia-me buscando as palavras, baralhava os assuntos e tinha um leve defeito de pronúncia: engolia *dd* e *tt*. A voz abafada, cortada de hiatos, inaudível. O discurso que fiz na Amor e Caridade foi um desastre: na vizinhança da tribuna findava o burburinho. Quando Mário Venâncio teimava em reputar-me um embrião de novelista, retraía-me duvidoso: não seria capaz de arranjar um diálogo.

Ali, na escuridão, a língua perra se desligava, perguntas e respostas afluíam claras. Essas entrevistas eram curiosas. Havia em Laura a boca vermelha, o sorriso cândido. Longas pestanas lhe ensombravam os olhos, as varandas da rede mudavam-se em cabeleira negra. Só, Laura não tinha corpo — e aí se originou o meu tormento. Eu suprimira as indecências. Embrulhara com ódio *O Cortiço* em muitas dobras de papel grosso, amarrara-o em muitas voltas de barbante forte, escondera-o por detrás dos outros volumes, na prateleira inferior da estante. Apontavam no romance passagens cruas — e a contaminação me horrorizava. Do naturalismo apenas conservava *O Sonho*, e não queria supor, com Mário Venâncio, que a bordadeira de paramentos fosse degenerada.

Certo não existia alma em Laura; indignava-me, porém, reduzi-la a um organismo sujeito às exigências comuns. Livrei-me do apuro fluidificando-a. Perispírito, o perispírito a que dr. Mota se referia com segurança. Ninguém pode abraçar um perispírito. Enfim evitava pensamentos: recorria a um meio de justificar a estranha glorificação.

Nesse estado, o sono me apavorava. Tinha sido um refúgio. Inficionara-se. Quando vinham bocejos e as pálpebras esmoreciam, eu saltava da rede, passeava no escuro, arrimava-me à cômoda. As pernas arrastavam-se à cama, vergavam. O torpor me agarrava e estendia — e dava-se a abominação. Laura surgia de novo, não a figurinha transparente: um ser membrudo e espesso, todo carne e osso. Os braços rijos seguravam-me, o peito largo caía sobre o meu, achatava-me, e era inútil qualquer esforço para desprender-me. Eu desejava acordar, fugir ao pesadelo, restituir à criança as qualidades anteriores: de algum modo me sentia responsável pela medonha substituição. Angústia, arrepios. E despertava arquejando, mordendo os beiços, em desespero. Bicho, bicho monstruoso — e afundava na tristeza, pedia a morte. As ilusões quebradas, em cacos. Tinha nojo de mim mesmo. Sujo, precisando água e sabão. Mas isto não me limparia, as manchas eram indeléveis. Dormir, esquecer a visão poluída. A noite não acabava, e às vezes a miséria se reproduzia. Terror, depois lassidão, repugnância.

Levantava-me cedo, tomava o café, dirigia-me ao Paraíba. Talvez o café me prejudicasse. Uma extensa lavagem, mergulhos e braçadas. Com certeza a minha gente perceberia o caso lastimoso. Devia ser efeito do café, um excitante. Abstive-me dele e bebi chá de folhas de laranja, sem proveito.

Durante o dia ocupava-me em reconstituir penosamente o ídolo partido. Ao regressar do colégio, ia assistir aos ensaios na Escola Dramática Pedro Silva. Não assistia. Insensível à declamação, esgueirava-me para trás dos bastidores, emboscava-me a uma janela, observava a cozinha de um prédio baixo, o quintal, onde floresciam roseiras. Apitos de trens, barulho de máquinas, carroças estrondeando no calçamento, numerosos cargueiros, estalos de buranhém. Isso misturava-se ao drama sanguinoso, em cinco atos e um prólogo, que decorria ali perto, além da floresta de pano, obra de Joaquim Correntão. O que me interessava era o jardim. Uma palmeirinha acenava-me de longe, sacudia-se, fazia-me promessas, que ordinariamente falhavam. Não obstante o rumor da rua, a tagarelice casada à voz do ponto, idas e vindas nas tábuas, tudo em redor permanecia deserto. Aferrava-me à espera inútil. Escurecia; os amadores guardavam as partes, deixavam o palco; o Pereira da iluminação, de escada ao ombro, subia a ladeira, ia acender os lampiões; as flores desbotavam; os leques da palmeirinha despediam-se, quase negros. Espionagem perdida. Bem. Necessário voltar. No dia seguinte o vulto de Laura surgiria entre as plantas, como um clarão.

Afinal houve resmungos: estranharam na Escola Pedro Silva a assiduidade, o esquisito amor ao teatro, que eu revelava dando as costas à cena, os cotovelos fincados no peitoril de uma janela. Assustei-me. Iriam conhecer o meu segredo? Se pudesse abrir-me com alguém, narrar alegrias e decepções, talvez conseguisse alívio. As confidências eram impossíveis.

Constantino, caixeiro novo da loja, autor de letras vulgarizadas no *Dilúculo*, reparou no abatimento e aconselhou-me, quis apresentar-me a Otília da Conceição. Recusei a proposta, vexado. Propriamente não a recusei: fugi do assunto ignóbil. Ao mesmo tempo achava-me ridículo, gaguejava, acanhado. Mas os horrores noturnos cresciam, as olheiras se aprofundavam e alargavam na magrém pálida. E o moço renovou o conselho, citou o dr. Garnier, ameaçou-me com a loucura. Realmente a obsessão já me havia endoidecido um pouco. Tergiversei, relutei, sucumbi.

Um dia, ao lusco-fusco, demos um passeio, enveredamos pela rua da Palha, entramos numa sala escura. Constantino falou baixo a alguém e retirou-se. Ao cabo de instantes vi-me num quarto, examinando, sério e encabulado, fotografias e santos que ornavam a parede, caixas de pó de arroz e frascos expostos na mesa forrada de papel. Otília da Conceição, à beira da cama, esperava em silêncio. Arriei sobre a mala pequena e, em silêncio também, comecei a descalçar-me. A vista se turvou, os dedos úmidos tremeram, o cordão do sapato deu um nó cego. Esforcei-me por desatá-lo: molhava-se de suor, cada vez mais se complicava. E o meu desgosto era imenso.

Entrei em casa nauseado, engolindo soluços.

Correram semanas. Adoeci. A artrite amarrou-me à espreguiçadeira, o meu desgraçado corpo se cobriu de manchas. Capengando, abri a estante, exumei *O Cortiço*, desempacavirei-o, restituí-o à convivência dos outros romances. Não me inspirava curiosidade. E já não era objeto de aversão. História razoável, com alguma safadeza para atrair leitores.

Embrenhava-me agora em novelas russas. Entrevado, submerso na lona da cadeira, tentava erguer um braço doído, mexer os dedos, volver as páginas.

A figura que me perseguia à noite serenou e fugiu. E a outra, nuvem colorida, evaporou-se.

POSFÁCIO

Cláudio Leitão

Infância veicula a formação de um escritor, desde as primeiras lembranças de menino até as do adolescente que lê e já escreve os primeiros manuscritos literários. O escritor adulto e consagrado pelos quatro romances publicados é a personagem que conta a história desse menino exilado num mundo sem livros nem leitores. Entre adulto e criança se estabelece uma sintonia que permeia os episódios narrados e referidos nos relatos que compõem o volume de memórias. O *eu* recente busca o *eu* remoto para reinventá-lo. O que resulta é um livro literário e autobiográfico. O passado não tem a solidez dos documentos. As dores, mais que os prazeres, estão na escrita e na vida narrada. O passado é uma densa bruma. O contador hesita, duvida, esquece-e-lembra, mas o romancista maduro e o artesão virtuoso mostram-se, fundem-se com o menino e se afastam dele nesta obra que encerra o texto mais bem-acabado dos livros que Graciliano Ramos fez.

Os originais de *Infância* encontram-se em inventário analítico da Série Originais Autógrafos, no Instituto de Estudos Brasileiros da Universidade de São Paulo. São quarenta relatos distribuídos em três pastas de manuscritos a tinta que os anos tornaram marrom, contendo as correções e alterações do autor. Foram publicados por entregas de cada capítulo, num periódico de Alagoas. A concepção e a produção dos relatos abrangem os anos de 1936 a 1944. Um deles, "Minha gata", não foi incluído na edição em livro, que contém trinta e nove capítulos. Não foram escritos na sequência em que se acham na edição do livro. O talhe folhetinesco e a sucessão diversa da sequência da produção são mais dois dados a conferir autonomia a cada relato. O tom de folhetim é reciclado na organização do livro impresso. Seria, em parte, uma paródia, um testemunho da existência dos relatos orais. Utilizar a sua forma significa recuperar, em novo território, o rico e vasto universo vocal, no formato de contos impressos.

Os três primeiros relatos, intitulados "Nuvens", "Manhã" e "Verão", são sínteses de muitos dos acontecimentos e das personagens mais presentes adiante na narrativa. Eles se desintegram como se mostrassem, de seu interior, estilhaços dos relatos subsequentes, de suas personagens, de fatos, sensações, formas e coisas lembradas, para reintegração posterior. São capítulos que constituem uma poética das memórias de Graciliano Ramos.

Em consideração ao livro inteiro, são capítulos sinópticos, na sua maneira fragmentadora e reorganizadora dos pedaços de coisas, fiapos de lembranças, segmentos narrativos e rítmicos. Neles os espaços se organizam de acordo com uma sintaxe que organiza o narrador adulto como um *eu*, espécie de *ele*, menino e distante. A memória que fixa a descrição do copiar e da sala da casa da fazenda dá conta de certa representação descritiva oitocentista. E rejeita-a através da hesitação ou da dúvida, elementos estes estranhos à relação de continuidade entre escrita e realidade, pretendida pela convenção, por exemplo, naturalista. Por motivos diversos, algumas passagens de *O cortiço*, de Aluísio Azevedo, provocaram repulsa na personagem do futuro escritor, a testar os instrumentos de escrita, ao descrever, mais adiante, uma cheia e um incêndio. O narrador passa, então, a nomear o mundo como o espaço de outro tempo, livre, principalmente, das convenções naturalistas do olhar. Com tal atitude, o personagem-escritor estará também, por todos os relatos de *Infância*, bem como ao exercer o seu ofício, distante de qualquer objetivo estritamente documental. A consideração "se não me engano", logo no início, introduz a distância.

Na verdade, afirma-se a liberdade da representação construída e imaginosa, literária, das lembranças, quer elas sejam arranjadas e compostas na visão de um menino, quer sejam fruto da habilidade do adulto. Quando se fala de aferição do valor do produto do seu trabalho escrito, menino e romancista adulto sobrepõem-se. Os leitores fazem "ainda hoje" falsos elogios percebidos pelo adulto, enquanto o menino descobria que, como as filhas de seu Nuno, as pessoas às vezes falam "pelo avesso". Quando se engendra o jeito de criança desse menino, o olhar infantil não é banalizador nem maçante sob visão adulta. Encontra-se para ele a representação adequada à poética das memórias mais remotas. O predomínio da coordenação de orações vem junto com uma enumeração descritiva que o olhar vai justapondo, numa sintaxe das coisas semelhante à das orações. A dor de uma cabeçada serve de técnica para lembrar. Fixa-se e firma-se com golpes bruscos o registro de alguns dados, ao lado do esquecimento de inúmeras outras coisas. A fixação e o esquecimento não são gratuitos, embora o narrador lhes escamoteie as razões. Não têm nada de aleatórias as lacunas trazidas para as lembranças expostas.

Os dois relatos seguintes, "Um cinturão" e "Uma bebedeira", têm títulos mais compatíveis com textos de folhetins, a circular por entregas, como todos os demais, uma vez que sugerem episódios. Esses dois relatos narram sensações brutais, no livro cuja leitura se inicia para o leitor. E na vida do menino cuja leitura do mundo também começa. Ironicamente, a noção de justiça é apresentada, num relato, através da injustiça que sofreu; noutro relato, embriagado, o infante — por definição etimológica, aquele que não fala — exerce a gostosa transgressão de tagarelar.

"Chegada à vila" e "A vila" são relatos que falam do olhar que o menino começa a construir para novas páginas da vida. Muda-se, com a família, da fazenda para a vila de Buíque, no sertão de Pernambuco. Na chegada, começa a fazer uma domesticação do olhar para a realidade nova. É uma leitura do espaço desconhecido que pretende começar a fazer. Em outra escala, é a alfabetização em território estranho — o da oralidade — que se inicia. Ouvidas algumas palavras novas, o menino procura compreendê-las. Quer logo associá-las aos novos ícones.

Predomina, durante a chegada à vila, o desconforto da nova disposição das coisas e das formas urbanas. Só a casa em que vai viver é vista de início. Não há o distanciamento necessário à percepção do conjunto. Quatro ou cinco casas juntas são suficientes para perturbar o menino. Sua leitura picotada do mundo afasta a visão do todo e prenuncia as dificuldades do aprendizado da leitura gráfica. A visão picotada ou metonímica exerce a função de representação da memória de que se vale o narrador. A visão panorâmica foi inicialmente obliterada pelas partes curiosas ou pelas coisas do mundo rural, raras na vila, embora o olhar comece a adequar-se ao novo espaço. No som das palavras percutem e repercutem sons repetidos das reminiscências agora escritas. São indispensáveis as repetições. Elas dão familiaridade ao menino perdido no espaço absurdo. Somadas às orações coordenadas e aos períodos simples, as repetições reproduzem a simplicidade da apreensão infantil do mundo. O acúmulo da representação infantil tem efeito angustiante na personagem, que quer crescer, que anseia por compreender melhor o novo e estranho espaço da vila.

Três aspectos fundamentam as lembranças e as estratégias de representação das memórias em *Infância*, nos primeiros cinco relatos mencionados. São eles: a hesitação do narrador, o estado líquido do passado e a autonomia do texto escrito. Cada relato isolado por um título tem o corte conclusivo e, ao mesmo tempo, suspensivo dos folhetins distribuídos por entregas. Precisam do suspense que atrai o leitor para o relato seguinte. Os episódios nem sempre coincidem com a extensão de cada relato. Um acontecimento aparece, reaparece ou é referido outras vezes. Os episódios são liames da ação unificadora que oscila entre o tempo do adulto e o do menino que se move pela cronologia da formação. Muitas passagens, porém, superpõem esses tempos. Os três espaços são bem marcados: a fazenda no sertão de Pernambuco, a vila de Buíque na mesma região e Viçosa, na zona da mata, em Alagoas. Os episódios interligam e também separam esses lugares. Duas viagens migratórias e a mudança da fazenda para a vila são registradas como episódios muito remotos ou muito vivos nas sensações do menino leitor e narrador em formação.

A hesitação do narrador, primeiro aspecto da poética, é um movimento do *eu*, na direção das névoas que encobrem o passado. As "nuvens" do primeiro relato deixam entrever, sob panos negros e "rasgões", os casos mais remotos. A nebulosidade, de onde saem sons, prefigura as crises de cegueira, e confunde-se com o sonho, a imaginação e o sono do esquecimento seletivo, sombras em que se criam os fantasmas da imaginação própria de escritor.

Desde o início do livro, a lembrança é matéria de hesitação: "Talvez nem me recorde bem do vaso." Narrar é a maneira mais eficaz de fixar ou recriar lembranças: "é possível que a imagem, brilhante e esguia, permaneça por eu a ter comunicado a pessoas". Os exemplos de hesitação do narrador multiplicam-se e estabelecem as regras da memória. A associação e a derivação dos acontecimentos são os processos que tomam o lugar da sucessão dos tempos passados, estabelecendo a sequência dos relatos e episódios, nas páginas, nas linhas e nas palavras em letra de fôrma.

O passado líquido, segundo aspecto da poética das memórias, encontra-se sob as névoas evaporadas dele. O mecanismo da lembrança traz um caso que deságua noutro caso que aflui para outros. O que está no passado é solução "de continuidade" ou diluição. O ato de escrever é que solidifica a existência. Um caso remoto pode desembocar noutro, posterior ou anterior, por motivos alheios à cronologia em que se deram. Acontecimentos perdidos "boiavam no passado. E se uma parte do caso não desaguasse noutro posterior, julgá-lo-ia sonho".

Numa gênese de si e do mundo pessoalmente apreendido, em paródia da linguagem bíblica do trecho da Criação, o narrador busca, no caos, a origem da cicatriz da escrita na personagem do menino. De uma cena da *Odisseia*, de Homero, em que a cicatriz de Ulisses permite que a velha ama Euricleia o reconheça, Erich Auerbach interpreta a *Odisseia* e faz apaixonada defesa do multiculturalismo helênico, demonstrado no texto homérico, em contraponto com o dogmatismo da exegese sobre os enormes silêncios do texto hebraico de *Gênesis*, na passagem da ordem divina do sacrifício de Isaac e das suas consequências.

Em outra clave, mas investindo contra dogmatismo tão violento quanto o que lê Auerbach, registra-se em *Infância*, através da paródia, a recusa de Graciliano Ramos a toda consideração estritamente documental dos seus textos, mesmo os autobiográficos. Como a denúncia de Auerbach, exilado na Turquia pelo nacional-socialismo alemão, o menino de *Infância* não esconde que se encontra exilado, mas dentro do raio de alcance de castigos cruéis e humilhações. O relato "Manhã" propõe reescrever a criação do cosmos, quando "Bem e mal ainda não existiam (...) como a chuva e o sol vinham do céu. E o céu era terrível". E propõe ainda vincular a origem do escritor à do leitor da tradição, numa tradução portuguesa clássica do texto bíblico, relativamente contemporânea da circulação da imprensa em português.

"Manhã" fala dos tempos da origem de todos e de todas as coisas, nestas incluída a escrita impressa. As conjunções *e* repetidas em trechos de *Infância* não deixam dúvidas estilísticas sobre a paródia. Não havia pecado, mas já havia justiça na "ordem dos acontecimentos". Porque estava escrito. A letra impressa reforça a magia. A escrita era indiscutível como a certeza do fim do mundo, a existência do inferno e os motivos da morte da mulher no incêndio. Na escrita, águas e terras separam-se, distinguem-se trevas e luz, e organiza-se o caos do passado liquefeito. O livro escrito solidifica o novo cosmo. Origem, registros e usos da língua vêm à tona com a afluência do passado.

O terceiro aspecto da poética de *Infância* é a autonomia da escrita. Autonomia radical, uma vez que a nebulosidade das lembranças, a fluidez do passado e o processo de derivação e associação de acontecimentos somente se articulam na escrita sobre papel. Só "em letra de fôrma tomam consistência, ganham raízes". Com esta afirmação da escrita do ficcional sobre a escrita documental, o texto de Graciliano Ramos se afasta do corpo não escrito e rompe com os quadros pintados pela tradição regionalista do Nordeste. A relação com os fatos é construída pela mesma liberdade que será evidenciada na poética depreendida das *Memórias do cárcere*, segundo a qual haveria repetições, reduções e ampliações, "se isto me parecer conveniente", diz o narrador. Assim, a leitura dos episódios de *Infância* transita ludicamente por memórias, ficção, romance de formação e pelo universo da oralidade traduzido para o da escrita.

Em *Infância*, o fragmentário é construído por ouvidos atentos ao ritmo de sons desconhecidos, letras, sílabas e palavras. Antes da habilitação para a leitura da grafia, os ouvidos e os olhos leem o mundo. O estilo fundador, da frequente paródia da Bíblia, move-se sobre a superfície das águas do passado sem escrita. Parodiar a Bíblia também faz alusão, de modo mais distante, à revolução representada pela invenção da imprensa, que possibilitou a reprodução do texto bíblico nas línguas circulantes. Essa revolução pontua uma referência marcante ao novo universo, estranho e desejado no final da Idade Média europeia. E pontua também o final do século XIX, no sertão do Nordeste. Ali transitava o menino das primeiras lembranças. Por lá não circulava a letra impressa.

Fragmentação e descontinuidade são traços metonímicos das primeiras apreensões do mundo. O relato "Nuvens" apresenta uma protossintaxe desse mundo, sua organização prévia, em etapa antecedente à sucessão que a natureza da escrita exige.

O inverno do relato "Manhã" contrapõe-se a "Verão" porque antecipa abstrações, como masculino/feminino (a manhã, o verão), que emergiriam de várias experiências sensoriais posteriores. Nessa manhã, o aprendiz de leitor e futuro escritor que há no menino ainda se confundem com o avô paterno, paciente e obstinado nas tarefas inúteis. Perfaz-se entre os dois um hesitante *nós*: avô e *eu*. Como um recém-nascido, que não percebe a separação entre o seu corpo e o da mãe, o neto se confunde em semelhanças com o avô. Como um escritor que cria os seus precursores, o menino, recriado pelo adulto, elege o avô e, nos dias de cegueira, acha-se atento ao valor "enorme" das palavras, assim como o avô atento às fibras das urupemas. Para Jorge Luis Borges, não se pode mais ler os textos anteriores a Kafka, senão sob a influência deste, uma vez lido. Esse avô preenche o lugar de precursor para o menino ainda sem o domínio da leitura gráfica. Não será mais possível ao menino ler o mundo sem lançar mão dos atributos desse avô. Paciência, atenção concentrada e obstinação são alguns traços perceptíveis no fazedor-desfazedor de urupemas, primeiro autor e primeiros livros lidos pelo menino, não por simples hereditariedade, mas por afinidade e escolha.

Em "Verão", masculino, posterior à "Manhã" feminina, erige-se o varão, através do poder essencial que o pai detém. O verão descrito é incompleto, porque não se pretende corroborar a tópica tradicional de descrições, quer de regionalistas do Nordeste, quer dos clichês de escritores em formação, de qualquer língua ou geografia. O geográfico, em

Infância, não determina o histórico, diferindo de Euclides da Cunha e Joaquim Nabuco. Em lugar de um quadro geográfico, com história previsível, salienta-se, mais uma vez, a leitura que o menino faz do mundo circundante. Nessa altura do "Verão", observa as pessoas e suas alterações sazonais. A experiência sensorial é forte. É a da grande sede que se desenha, num transe primal vivenciado por todo aquele que é capaz de ler. Ler o mundo ou ler a vida. Ou seja: ler supõe exposição ao inusitado, ao inesperado, à surpresa e ao sofrimento. Dentre as surpresas, sobressai a fragilização do pai, faceta minimizadora do poder essencial, apenas momentaneamente esvaziado pela falência da pecuária. Imediatamente, o relato seguinte entroniza o poder essencial. O aspecto permansivo — os tempos e a semântica dos verbos denotam retardamento das ações — dominante no relato intitulado "Um cinturão" fala da continuidade do sofrimento do menino, para quem o tempo percebido é muito mais longo do que para o adulto, sobretudo durante a dor: "Onde estava o cinturão? Hoje não posso ouvir uma pessoa falar alto. (...) Onde estava o cinturão? A pergunta repisada ficou-me na lembrança."

O poder do pai nubla os olhos, confunde a leitura e cala as palavras do infante: "os beiços trêmulos e silenciosos". O silêncio será alternado pela loquacidade da experiência erógena descrita no relato de "Uma bebedeira". De forma semelhante, a tagarelice nervosa nascida da cena relanceada em

"Um incêndio" provoca a hesitação narrada de devaneios nebulosos.

Ver o que restou do incêndio representa a experiência cirúrgica de abrir os olhos para a leitura, em pleno mundo da oralidade. Descrever um incêndio, como uma enchente, é exercício obrigatório ou batismo de quem deseja tornar-se escritor, como desenhar um palhaço, uma bailarina e um cavalo representou iniciação para futuros desenhistas ou pintores. Nessa altura, com a obra de Graciliano Ramos constituída, esse aspecto do exercício da descrição carrega contornos irônicos, com passagens alusivas aos trechos correspondentes das obras de inúmeros autores. Por isso, não se trata de uma descrição modelar de incêndio ou cheia, assim como o Nordeste do cenário deu-se como incompleto.

Se o falar nasce do ouvir, o regime forte que subjuga o menino só lhe permite que fale embriagado, porque acervo auditivo não lhe falta. Mas o menino loquaz, ferido pelas visões do incêndio, enfastiado e nauseado pela repetição alucinatória, renasceu para as assombrações, para a imaginação de leitor e de escritor. Na verdade, reconstrói-se em *Infância* o mundo da oralidade, exilado do estabelecimento e da circulação da grafia. A história dessa reconstrução trabalha com a recriação de livros memorizados e traduzidos para a língua oral, não ágrafa e caeté, mas fabiana e distante do universo da imprensa. Adquirir a capacidade de ler resulta na descoberta de um oceano. Resulta em desejar fazer navegar a imaginação livremente até ilhas, reinos e fantasmas, de quantidade e distância ilimitadas.

Em lugar do convencionado prefácio, o primeiro capítulo, "Nuvens", sintetiza a construção da origem nas mais remotas recordações e a projeção de episódios e personagens que se seguirão no livro. A origem do escritor reside na capacidade do menino pré-alfabetizado de organizar pessoas e coisas, na leitura enumerativa que faz do mundo. A origem da literatura produzida nasceu no universo da oralidade, que se traduz em letra impressa. Esboça-se, para o leitor das entregas, como de um periódico, mas editadas em livro, aquilo que pode atraí-lo na série iniciada. De dentro de uma espécie de sono do esquecimento, "hibernação", "inércia", "letargia", refazem-se as atrações exercidas por algumas coisas vividas pela primeira vez e suas impressões. Aí está o vaso de louça como primeiro ingrediente da memória.

A segunda coisa é a percepção de caras e palavras insensatas, junto a um painel de coisas e sensações. A perigosa tendência à generalização, cedo identificada. Novas palavras. A primeira sala de aula com a remotíssima cantoria da soletração. Onomatopeias. A primeira condensação dos traços fisionômicos — da "grande moça", professora, com os da irmã natural. Uma primeira viagem, sonolenta como as lembranças antigas, a da mudança de Alagoas para o sertão de Pernambuco.

Talvez seja essa viagem o fato cronologicamente mais remoto, embora muito menos nítido que a lembrança do vaso de louça com as pitombas. A mudança da fazenda para a vila. Primeiras descrições sumárias de pai, mãe e irmãs. A zoomorfização de si e de outros, dado configurador do mundo sem escrita e, para o menino, sem palavras. Mãos finas, mãos grossas, lágrimas, gibão, dentes alvos, vozes ásperas, rugas, olhos raivosos. O medo e o pavor sentidos nesses primeiros tempos. Polarizações: os limites do mundo e o açude infinito. A redondilha autobiográfica de José Baía, cuja rima somente acontece na versão vocal.

"Eu nasci de sete meses,
Fui criado sem mamar.
Bebi leite de cem vacas
Na porteira do curral."

Os fragmentos de uma narrativa ouvida. As principais estratégias de representação estão contidas entre os primeiros relatos. Dentre elas, a principal, o procedimento gerador da produção do escritor cuja formação começa a ser apresentada.

Trata-se do "hábito de corrigir a língua falada", que, no universo exposto, será a fonte do ato de escrever, correção que se resumiria numa espécie de tradução. O exercício da memória é comandado pelo uso específico, mnemônico, da língua falada. Além da prosódia que propicia a memorização e o recorte da realidade, o ato de contar oralmente é registrador de memória. Seria confundida com sonho a imagem do vaso de louça, caso não tivesse sido narrada a outras pessoas. E os versos, que dão contornos de narrativas orais a esse primeiro relato, dão conta de uma origem literária específica, com nítidas ligações ibéricas e de circulação vocal. A escrita em que se narra *Infância* fala de uma origem literária específica, graficamente construída pela tradução do mundo e da oralidade vigente no universo distante de leitores da escrita sobre papel.

Cada livro de Graciliano Ramos constitui um experimento literário único e diverso dos demais. *Caetés*, *S. Bernardo* e *Angústia* pouco têm em comum além da coincidência do foco narrativo de primeira pessoa. *Vidas secas* tem fatura e acabamento exclusivos dentro do conjunto das obras. Dos livros publicados em vida, *Infância* abre um ciclo memorialístico concluído com as *Memórias do cárcere* e um volume de cartas a destinatários diversos. O *eu* em formação dialoga com o romancista, que expõe uma tríplice poética das memórias. Hesitação do narrador, estado líquido do passado e autonomia da escrita sobre o documental são os aspectos básicos. O desejo de autoexplicação, que percorre os *eus* e as obras de Graciliano Ramos, compõe, com a publicação de *Infância*, a viva oscilação entre a ficção e a autobiografia.

VIDA E OBRA DE GRACILIANO RAMOS

Cronologia

1892   Nasce a 27 de outubro em Quebrangulo, Alagoas.

1895   O pai, Sebastião Ramos, compra a Fazenda Pintadinho, em Buíque, no sertão de Pernambuco, e muda com a família. Com a seca, a criação não prospera e o pai acaba por abrir uma loja na vila.

1898   Primeiros exercícios de leitura.

1899   A família se muda para Viçosa, Alagoas.

1904   Publica o conto "Pequeno pedinte" em *O Dilúculo*, jornal do internato onde estudava.

1905   Muda-se para Maceió e passa a estudar no colégio Quinze de Março.

1906   Redige o periódico *Echo Viçosense*, que teve apenas dois números.
Publica sonetos na revista carioca *O Malho*, sob o pseudônimo Feliciano de Olivença.

1909   Passa a colaborar no *Jornal de Alagoas*, publicando o soneto "Céptico", como Almeida Cunha. Nesse jornal, publicou diversos textos com vários pseudônimos.

1910-1914   Cuida da casa comercial do pai em Palmeira dos Índios.

1914   Sai de Palmeira dos Índios no dia 16 de agosto, embarca no navio *Itassucê* para o Rio de Janeiro, no dia 27, com o amigo Joaquim Pinto da Mota Lima Filho. Entra para o *Correio da Manhã*, como revisor. Trabalha também nos jornais *A Tarde* e *O Século*, além de colaborar com os jornais *Paraíba do Sul* e *O Jornal de Alagoas* (cujos textos compõem a obra póstuma *Linhas tortas*).

1915   Retorna às pressas para Palmeira dos Índios. Os irmãos Otacílio, Leonor e Clodoaldo, e o sobrinho Heleno, morrem vítimas da epidemia da peste bubônica.

Casa-se com Maria Augusta de Barros, com quem tem quatro filhos: Márcio, Júnio, Múcio e Maria Augusta.

1917   Assume a loja de tecidos A Sincera.

1920   Morte de Maria Augusta, devido a complicações no parto.

1921   Passa a colaborar com o semanário *O Índio*, sob os pseudônimos J. Calisto e Anastácio Anacleto.

1925   Inicia *Caetés*, concluído em 1928, mas revisto várias vezes, até 1930.

1927   É eleito prefeito de Palmeira dos Índios.

1928   Toma posse do cargo de prefeito.

Casa-se com Heloísa Leite de Medeiros, com quem tem outros quatro filhos: Ricardo, Roberto, Luiza e Clara.

1929   Envia ao governador de Alagoas o relatório de prestação de contas do município. O relatório, pela sua qualidade literária, chega às mãos de Augusto Schmidt, editor, que procura Graciliano para saber se ele tem outros escritos que possam ser publicados.

1930   Publica artigos no *Jornal de Alagoas*.

Renuncia ao cargo de prefeito em 10 de abril.

Em maio, muda-se com a família para Maceió, onde é nomeado diretor da Imprensa Oficial de Alagoas.

1931 Demite-se do cargo de diretor.
1932 Escreve os primeiros capítulos de S. Bernardo.
1933 Publicação de Caetés.
Início de Angústia.
É nomeado diretor da Instrução Pública de Alagoas, cargo equivalente a Secretário Estadual de Educação.
1934 Publicação de S. Bernardo.
1936 Em março, é preso em Maceió e levado para o Rio de Janeiro.
Publicação de Angústia.
1937 É libertado no Rio de Janeiro.
Escreve A terra dos meninos pelados, que recebe o prêmio de Literatura Infantil do Ministério da Educação.
1938 Publicação de Vidas secas.
1939 É nomeado Inspetor Federal de Ensino Secundário do Rio de Janeiro.
1940 Traduz Memórias de um negro, do norte-americano Booker Washington.
1942 Publicação de Brandão entre o mar e o amor, romance em colaboração com Rachel de Queiroz, José Lins do Rego, Jorge Amado e Aníbal Machado, sendo a sua parte intitulada "Mário".
1944 Publicação de Histórias de Alexandre.
1945 Publicação de Infância.
Publicação de Dois dedos.
Filia-se ao Partido Comunista Brasileiro.
1946 Publicação de Histórias incompletas.
1947 Publicação de Insônia.
1950 Traduz o romance A peste, de Albert Camus.
1951 Torna-se presidente da Associação Brasileira de Escritores.

1952 Viaja pela União Soviética, Tchecoslováquia, França e Portugal.
1953 Morre no dia 20 de março, no Rio de Janeiro.
Publicação póstuma de *Memórias do cárcere*.
1954 Publicação de *Viagem*.
1962 Publicação de *Linhas tortas* e *Viventes das Alagoas*.
Vidas secas recebe o Prêmio da Fundação William Faulkner como o livro representativo da literatura brasileira contemporânea.
1980 Heloísa Ramos doa o Arquivo Graciliano Ramos ao Instituto de Estudos Brasileiros da Universidade de São Paulo, reunindo manuscritos, documentos pessoais, correspondência, fotografias, traduções e alguns livros.
Publicação de *Cartas*.
1992 Publicação de *Cartas de amor a Heloísa*.

Bibliografia de autoria de Graciliano Ramos

Caetés
Rio de Janeiro: Schmidt, 1933. 2ª ed. Rio de Janeiro: J. Olympio, 1947. 6ª ed. São Paulo: Martins, 1961. 11ª ed. Rio de Janeiro: Record, 1973. [35ª ed., 2021]

S. Bernardo
Rio de Janeiro: Ariel, 1934. 2ª ed. Rio de Janeiro: J. Olympio, 1938. 7ª ed. São Paulo: Martins, 1964. 24ª ed. Rio de Janeiro: Record, 1975. [109ª ed., 2022]

Angústia
Rio de Janeiro: J. Olympio, 1936. 8ª ed. São Paulo: Martins, 1961. 15ª ed. Rio de Janeiro: Record, 1975. [94ª ed., 2023]

Vidas secas
Rio de Janeiro: J. Olympio, 1938. 6ª ed. São Paulo: Martins, 1960. 34ª ed. Rio de Janeiro: Record, 1975. [161ª ed., 2023]

A terra dos meninos pelados
Ilustrações de Nelson Boeira Faedrich. Porto Alegre: Globo, 1939. 2ª ed. Rio de Janeiro: Instituto Estadual do Livro, INL, 1975. 4ª ed.

Ilustrações de Floriano Teixeira. Rio de Janeiro: Record, 1981. 24ª ed. Ilustrações de Roger Mello. Rio de Janeiro: Record, 2000. 46º ed. [1ª ed. Galera Record] Ilustrações de Jean-Claude Ramos Alphen. Rio de Janeiro: Galera Record, 2014. [63ª ed., 2023]

Histórias de Alexandre
Ilustrações de Santa Rosa. Rio de Janeiro: Leitura, 1944. Ilustrações de André Neves. Rio de Janeiro: Record, 2007. [18ª ed., 2022]

Dois dedos
Ilustrações em madeira de Axel de Leskoschek. R. A., 1945. Conteúdo: Dois dedos, O relógio do hospital, Paulo, A prisão de J. Carmo Gomes, Silveira Pereira, Um pobre-diabo, Ciúmes, Minsk, Insônia, Um ladrão.

Infância (memórias)
Rio de Janeiro: J. Olympio, 1945. 5ª ed. São Paulo: Martins, 1961. 10ª ed. Rio de Janeiro: Record, 1975. [52ª ed., 2023]

Histórias incompletas
Rio de Janeiro: Globo, 1946. Conteúdo: Um ladrão, Luciana, Minsk, Cadeia, Festa, Baleia, Um incêndio, Chico Brabo, Um intervalo, Venta-romba.

Insônia
Rio de Janeiro: J. Olympio, 1947. 5ª ed. São Paulo: Martins, 1961. Ed. Crítica. São Paulo: Martins; Brasília: INL, 1973. 16ª ed. Rio de Janeiro: Record, 1980. [36ª ed., 2023]

Memórias do cárcere
Rio de Janeiro: J. Olympio, 1953. 4 v. Conteúdo: v. 1 Viagens; v. 2 Pavilhão dos primários; v. 3 Colônia correcional; v. 4 Casa de correção. 4ª ed. São Paulo: Martins, 1960. 2 v. 13ª ed. Rio de Janeiro: Record, 1980. 2 v. Conteúdo: v. 1, pt. 1 Viagens; v. 1, pt. 2 Pavilhão dos primários; v. 2, pt. 3 Colônia correcional; v. 2, pt. 4 Casa de correção. [54ª ed., 2022]

Viagem
Rio de Janeiro: J. Olympio, 1954. 3ª ed. São Paulo: Martins, 1961. 10ª ed. Rio de Janeiro: Record, 1980. [22ª ed., 2022]

Contos e novelas (organizador)
Rio de Janeiro: Casa do Estudante do Brasil, 1957. 3 v. Conteúdo: v. 1 Norte e Nordeste; v. 2 Leste; v. 3 Sul e Centro-Oeste.

Linhas tortas
São Paulo: Martins, 1962. 3ª ed. Rio de Janeiro: Record; São Paulo: Martins, 1975. 280 p. 8ª ed. Rio de Janeiro: Record, 1980. [22ª ed., 2015]

Viventes das Alagoas: quadros e costumes do Nordeste
São Paulo: Martins, 1962. 5ª ed. Rio de Janeiro: Record, 1975. [19ª ed., 2007]

Alexandre e outros heróis
São Paulo: Martins, 1962. 16ª ed. Rio de Janeiro: Record, 1978. [65ª ed., 2023]

Cartas
Desenhos de Portinari... [et al.]; caricaturas de Augusto Rodrigues, Mendez, Alvarus. Rio de Janeiro: Record, 1980. [9ª ed., 2022]

O estribo de prata
Ilustrações de Floriano Teixeira. Rio de Janeiro: Record, 1984. (Coleção Abre-te Sésamo). 5ª ed. Ilustrações de Simone Matias. Rio de Janeiro: Galerinha Record, 2012.

Cartas de amor a Heloísa
Edição comemorativa do centenário de Graciliano Ramos. São Paulo: Secretaria Municipal de Cultura, 1992. 2ª ed. Rio de Janeiro: Record, 1992. [2ª ed., 1996]

Garranchos
Organização de Thiago Mio Salla. Rio de Janeiro: Record, 2012. [2ª ed., 2013]

Minsk
Ilustrações de Rosinha. Rio de Janeiro: Galera Record, 2013. [2ª ed., 2019]

Cangaços
Organização de Ieda Lebensztayn e Thiago Mio Salla. Rio de Janeiro: Record, 2014.

Conversas
Organização de Ieda Lebensztayn e Thiago Mio Salla. Rio de Janeiro: Record, 2014.

Pequena história da República
Rio de Janeiro: Record, 2020.

O antimodernista: Graciliano Ramos e 1922
Organização de Thiago Mio Salla e Ieda Lebensztayn. Rio de Janeiro: Record, 2022.

Antologias, entrevistas e obras em colaboração

CHAKER, Mustafá (Org.). *A literatura no Brasil*. Graciliano Ramos ... [et al.]. Kuwait: [s. n.], 1986. 293 p. Conteúdo: Dados biográficos de escritores brasileiros: Castro Alves, Joaquim de Souza Andrade, Carlos Drummond de Andrade, Vinicius de Moraes, Haroldo de Campos, Manuel Bandeira, Manuel de Macedo, José de Alencar, Graciliano Ramos, Cecília Meireles, Jorge Amado, Clarice Lispector e Zélia Gattai. Texto e título em árabe.

FONTES, Amando et al. *10 romancistas falam de seus personagens*. Amando Fontes, Cornélio Penna, Erico Verissimo, Graciliano Ramos, Jorge Amado, José Geraldo Vieira, José Lins do Rego, Lucio Cardoso, Octavio de Faria, Rachel de Queiroz; prefácio de Tristão de Athayde; ilustradores: Athos Bulcão, Augusto Rodrigues, Carlos Leão, Clóvis Graciano, Cornélio Penna, Luís Jardim, Santa Rosa. Rio de Janeiro: Edições Condé, 1946. 66 p., il., folhas soltas.

MACHADO, Aníbal M. et al. *Brandão entre o mar e o amor*. Romance por Aníbal M. Machado, Graciliano Ramos, Jorge Amado, José Lins do Rego e Rachel de Queiroz. São Paulo: Martins, 1942. 154 p. Título da parte de autoria de Graciliano Ramos: "Mário".

QUEIROZ, Rachel de. *Caminho de pedras*. Poesia de Manuel Bandeira; Estudo de Olívio Montenegro; Crônica de Graciliano Ramos. 10ª ed. Rio de Janeiro: J. Olympio, 1987. 96 p. Edição comemorativa do Jubileu de Ouro do Romance.

RAMOS, Graciliano. *Angústia 75 anos*. Edição comemorativa organizada por Elizabeth Ramos. 1ª ed. Rio de Janeiro: Record, 2011. 384 p.

RAMOS, Graciliano. *Coletânea*: seleção de textos. Rio de Janeiro: Civilização Brasileira; Brasília: INL, 1977. 315 p. (Coleção Fortuna Crítica, 2).

RAMOS, Graciliano. "Conversa com Graciliano Ramos". *Temário — Revista de Literatura e Arte*, Rio de Janeiro, v. 2, n. 4, p. 24-29, jan.-abr., 1952. "A entrevista foi conseguida desta forma: perguntas do suposto repórter e respostas literalmente dos romances e contos de Graciliano Ramos."

RAMOS, Graciliano. *Graciliano Ramos*. Coletânea organizada por Sônia Brayner. Rio de Janeiro: Civilização Brasileira; Brasília: INL, 1977. 316 p. (Coleção Fortuna Crítica, 2). Inclui bibliografia. Contém dados biográficos.

RAMOS, Graciliano. *Graciliano Ramos*. 1ª ed. Seleção de textos, notas, estudos biográfico, histórico e crítico e exercícios por: Vivina de Assis Viana. São Paulo: Abril Cultural, 1981. 111 p., il. (Literatura Comentada). Bibliografia: p. 110-111.

RAMOS, Graciliano. *Graciliano Ramos*. Seleção e prefácio de João Alves das Neves. Coimbra: Atlântida, 1963. 212 p. (Antologia do Conto Moderno).

RAMOS, Graciliano. *Graciliano Ramos*: trechos escolhidos. Por Antonio Candido. Rio de Janeiro: Agir, 1961. 99 p. (Nossos Clássicos, 53).

RAMOS, Graciliano. *Histórias agrestes*: contos escolhidos. Seleção e prefácio de Ricardo Ramos. São Paulo: Cultrix, [1960]. 201 p. (Contistas do Brasil, 1).

RAMOS, Graciliano. *Histórias agrestes*: antologia escolar. Seleção e prefácio Ricardo Ramos; ilustrações de Quirino Campofiorito. Rio de Janeiro: Tecnoprint, [1967]. 207 p., il. (Clássicos Brasileiros).

RAMOS, Graciliano. "Ideias Novas". Separata de: *Rev. do Brasil*, [s. l.], ano 5, n. 49, 1942.

RAMOS, Graciliano. *Para gostar de ler*: contos. 4ª ed. São Paulo: Ática, 1988. 95 p., il.

RAMOS, Graciliano. *Para gostar de ler*: contos. 9ª ed. São Paulo: Ática, 1994. 95 p., il. (Para Gostar de Ler, 8).

RAMOS, Graciliano. *Relatórios*. [Organização de Mário Hélio Gomes de Lima.] Rio de Janeiro: Editora Record, 1994. 140 p. Relatórios e artigos publicados entre 1928 e 1953.

RAMOS, Graciliano. *Seleção de contos brasileiros*. Rio de Janeiro: Ed. de Ouro, 1966. 3 v. (333 p.), il. (Contos brasileiros).

RAMOS, Graciliano. [Sete] *7 histórias verdadeiras*. Capa e ilustrações de Percy Deane; [prefácio do autor]. Rio de Janeiro: Ed. Vitória, 1951. 73 p. Contém índice. Conteúdo: Primeira história verdadeira. O olho torto de Alexandre, O estribo de prata, A safra dos tatus, História de uma bota, Uma canoa furada, Moqueca.

RAMOS, Graciliano. "Seu Mota". *Temário — Revista de Literatura e Arte*, Rio de Janeiro, v. 2, n. 4, p. 21-23, jan.-abr., 1952.

RAMOS, Graciliano et al. *Amigos*. Ilustrações de Zeflávio Teixeira. 8ª ed. São Paulo: Atual, 1999. 66 p., il. (Vínculos), brochura.

RAMOS, Graciliano (Org.). *Seleção de contos brasileiros*. Ilustrações de Cleo. Rio de Janeiro: Tecnoprint, [1981]. 3 v.: il. (Ediouro. Coleção Prestígio). "A apresentação segue um critério geográfico, incluindo escritores antigos e modernos de todo o país." Conteúdo: v. 1 Norte e Nordeste; v. 2 Leste; v. 3 Sul e Centro-Oeste.

RAMOS, Graciliano. *Vidas Secas 70 anos*: edição especial. Fotografias de Evandro Teixeira. 1ª ed. Rio de Janeiro: Record, 2008. 208 p.

ROSA, João Guimarães. *Primeiras estórias*. Introdução de Paulo Rónai; poema de Carlos Drummond de Andrade; nota biográfica de Renard Perez; crônica de Graciliano Ramos. 5ª ed. Rio de Janeiro: J. Olympio, 1969. 176 p.

WASHINGTON, Booker T. *Memórias de um negro*. [Tradução de Graciliano Ramos.] São Paulo: Cia. Ed. Nacional, 1940. 226 p.

Obras traduzidas

Alemão
Angst [Angústia]. Surkamp Verlag, 1978.
Karges Leben [Vidas secas]. 1981.
Karges Leben [Vidas secas]. Verlag Klaus Wagenbach, 2013. Obra publicada com o apoio do Ministério da Cultura do Brasil / Fundação Biblioteca Nacional.
Kindheit [Infância]. Verlag Klaus Wagenbach, 2013. Obra publicada com o apoio do Ministério da Cultura do Brasil / Fundação Biblioteca Nacional.
Nach eden ist es weit [Vidas secas]. Horst Erdmann Verlag, 1965.
Raimundo im Land Tatipirún [A terra dos meninos pelados]. Zurique: Verlag Nagel & Kimche. 1996.
São Bernardo: roman. Frankfurt: Fischer Bucherei, 1965.

Búlgaro
Cyx Knbot [Vidas secas]. 1969.

Catalão
Vides seques. Martorell: Adesiara Editorial, 2011.

Dinamarquês
Tørke [Vidas secas]. 1986.

Espanhol
Angustia. Madri: Ediciones Alfaguara, 1978.
Angustia. México: Páramo Ediciones, 2008.
Angustia. Montevidéu: Independencia, 1944.
Infancia. Buenos Aires, Rosario: Beatriz Viterbo Editora, 2010.
Infancia. Buenos Aires: Siglo Veinte, 1948.
San Bernardo. Caracas: Monte Avila Editores, 1980.
Vidas secas. Buenos Aires: Editorial Futuro, 1947.
Vidas secas. Buenos Aires: Editora Capricornio, 1958.
Vidas secas. Havana: Casa de las Américas, [1964].
Vidas secas. Montevidéu: Nuestra América, 1970.
Vidas secas. Madri: Espasa-Calpe, 1974.
Vidas secas. Buenos Aires: Corregidor, 2001.
Vidas secas. Montevidéu: Ediciones de la Banda Oriental, 2004.

Esperanto
Vivoj Sekaj [Vidas secas]. El la portugala tradukis Leopoldo H. Knoedt. Fonto (Gersi Alfredo Bays), Chapecó, SC — Brazilo, 1997.

Finlandês
São Bernardo. Helsinki: Porvoo, 1961.

Flamengo
De Doem van de Droogte [Vidas secas]. 1971.
Vlucht Voor de Droogte [Vidas secas]. Antuérpia: Nederlandse vertaling Het Wereldvenster, Bussum, 1981.

Francês

Angoisse [Angústia]. Paris: Gallimard, 1992.
Enfance [Infância]. Paris: Gallimard.
Insomnie: Nouvelles [Insônia]. Paris: Gallimard, 1998.
Mémoires de Prison [Memórias do Cárcere]. Paris: Gallimard.
São Bernardo. Paris: Gallimard, 1936, 1986.
Secheresse [Vidas secas]. Paris: Gallimard, 1964.

Holandês

Angst [Angústia]. Amsterdam: Coppens & Frenks, Uitgevers, 1995.
Dorre Levens [Vidas secas]. Amsterdam: Coppens & Frenks, Uitgevers, 1998.
Kinderjaren [Infância]. Amsterdam: De Arbeiderspers, Uitgevers, 2007.
São Bernardo. Amsterdam: Coppens & Frenks, Uitgevers, 1996.

Húngaro

Aszaly [Vidas secas]. Budapeste: Europa Könyvriadó, 1967.
Emberfarkas [S. Bernardo]. Budapeste, 1962.

Inglês

Anguish [Angústia]. Nova York: A. A. Knopf, 1946; Westport, Conn.: Greenwood Press, 1972.
Barren Lives [Vidas secas]. Austin: University of Texas Press, 1965; 5ª ed, 1999.
Childhood [Infância]. Londres: P. Owen, 1979.
São Bernardo: a novel. Londres: P. Owen, 1975.

Italiano

Angoscia [Angústia]. Milão: Fratelli Bocca, 1954.

Insonnia [Insônia]. Roma: Edizioni Fahrenheit 451, 2008.
San Bernardo. Turim: Bollati Boringhieri Editore, 1993.
Siccità [Vidas secas]. Milão: Accademia Editrice, 1963.
Terra Bruciata [Vidas secas]. Milão: Nuova Accademia, 1961.
Vite Secche [Vidas secas]. Roma: Biblioteca Del Vascello, 1993.

Polonês
Zwiedle Zycie [Vidas secas]. 1950.

Romeno
Vieti Seci [Vidas secas]. 1966.

Sueco
Förtorkade Liv [Vidas secas]. 1993.

Tcheco
Vyprahlé Zivoty [Vidas secas]. Praga, 1959.

Turco
Kiraç [Vidas secas]. Istambul, 1985.

Bibliografia sobre Graciliano Ramos

Livros, dissertações, teses e artigos de periódicos

ABDALA JÚNIOR, Benjamin. *A escrita neorrealista*: análise socio-estilística dos romances de Carlos de Oliveira e Graciliano Ramos. São Paulo: Ática, 1981. xii, 127 p. Bibliografia: p. [120]-127 (Ensaios, 73).

ABDALA JÚNIOR, Benjamin (Org.). *Graciliano Ramos*: muros sociais e aberturas artísticas. Rio de Janeiro: Record, 2017. 336 p. Bibliografia: p. [334]-335.

ABEL, Carlos Alberto dos Santos. *Graciliano Ramos, cidadão e artista*. Rio de Janeiro: UFRJ, 1983. 357 f. Tese (Doutorado) — Faculdade de Letras, Universidade Federal do Rio de Janeiro.

ABEL, Carlos Alberto dos Santos. *Graciliano Ramos, cidadão e artista*. Brasília, DF: Editora UnB, c1997. 384 p. Bibliografia: p. [375]-384.

ABREU, Carmem Lucia Borges de. *Tipos e valores do discurso citado em Angústia*. Niterói: UFF, 1977. 148 f. Dissertação (Mestrado) — Instituto de Letras, Universidade Federal Fluminense.

ALENCAR, Ubireval (Org.). *Motivos de um centenário*: palestras — programação centenária em Alagoas — convidados do simpósio internacional. Alagoas: Universidade Federal de Alagoas:

Instituto Arnon de Mello: Estado de Alagoas, Secretaria de Comunicação Social, 1992. 35 p., il.

ALMEIDA FILHO, Leonardo. *Graciliano Ramos e o mundo interior*: o desvão imenso do espírito. Brasília, DF: Editora UnB, 2008. 164 p.

ALVES, Fabio Cesar. *Armas de papel*: Graciliano Ramos, as Memórias do Cárcere e o Partido Comunista Brasileiro. Prefácio de Francisco Alambert. São Paulo: Editora 34, 2016 (1ª edição). 336 p.

ANDREOLI-RALLE, Elena. *Regards sur la littérature brésilienne*. Besançon: Faculté des Lettres et Sciences Humaines; Paris: Diffusion, Les Belles Lettres, 1993. 136 p., il. (Annales Littéraires de l'Université de Besançon, 492). Inclui bibliografia.

AUGUSTO, Maria das Graças de Moraes. *O absurdo na obra de Graciliano Ramos, ou, de como um marxista virou existencialista*. Rio de Janeiro: UFRJ, Instituto de Filosofia e Ciências Sociais, 1981. 198 p.

BARBOSA, Sonia Monnerat. *Edição crítica de Angústia de Graciliano Ramos*. Niterói: UFF, 1977. 2 v. Dissertação (Mestrado) — Instituto de Letras, Universidade Federal Fluminense.

BASTOS, Hermenegildo. *Memórias do cárcere, literatura e testemunho*. Brasília: Editora UnB, c1998. 169 p. Bibliografia: p. [163]-169.

BASTOS, Hermenegildo. *Relíquias de la casa nueva*. La narrativa Latinoamericana: El eje Graciliano-Rulfo. México: Universidad Nacional Autónoma de México, 2005. Centro Coordinador Difusor de Estúdios Latinoamericanos. Traducción de Antelma Cisneros. 160 p. Inclui bibliografia.

BASTOS, Hermenegildo. BRUNACCI, Maria Izabel. ALMEIDA FILHO, Leonardo. *Catálogo de benefícios*: o significado de uma homenagem. Edição conjunta com o livro *Homenagem a Graci-*

liano Ramos, registro do jantar comemorativo do cinquentenário do escritor, em 1943, quando lhe foi entregue o Prêmio Filipe de Oliveira pelo conjunto da obra. Reedição da publicação original inclui os discursos pronunciados por escritores presentes ao jantar e artigos publicados na imprensa por ocasião da homenagem. Brasília: Hinterlândia Editorial, 2010. 125 p.

BISETTO, Carmen Luc. *Étude quantitative du style de Graciliano Ramos dans Infância*. [S.l.], [s.n.]: 1976.

BOSI, Alfredo. *História concisa da literatura brasileira*. 32ª ed. Editora Cultrix, São Paulo: 1994. 528 p. Graciliano Ramos. p. 400-404. Inclui bibliografia.

BRASIL, Francisco de Assis Almeida. *Graciliano Ramos*: ensaio. Rio de Janeiro: Org. Simões, 1969. 160 p., il. Bibliografia: p. 153-156. Inclui índice.

BRAYNER, Sônia. *Graciliano Ramos*: coletânea. 2ª ed. Rio de Janeiro: Civilização Brasileira, 1978. 316 p. (Coleção Fortuna Crítica).

BRUNACCI, Maria Izabel. *Graciliano Ramos*: um escritor personagem. Belo Horizonte: Autêntica Editora, 2008. Crítica e interpretação. 190 p. Inclui bibliografia.

BUENO, Luís. *Uma história do romance de 30*. São Paulo: Ed. da Universidade de São Paulo; Campinas: Editora da Unicamp, 2006. 712 p. Graciliano Ramos, p. 597-664. Inclui bibliografia.

BUENO-RIBEIRO, Eliana. *Histórias sob o sol*: uma interpretação de Graciliano Ramos. Rio de Janeiro: UFRJ, 1989. 306 f. Tese (Doutorado) — Faculdade de Letras, Universidade Federal do Rio de Janeiro, 1980.

BULHÕES, Marcelo Magalhães. *Literatura em campo minado*: a metalinguagem em Graciliano Ramos e a tradição brasileira. São Paulo: Annablume, FAPESP, 1999.

BUMIRGH, Nádia R.M.C. *S. Bernardo de Graciliano Ramos*: proposta para uma edição crítica. São Paulo: USP, 1998. Dissertação (Mestrado) — Faculdade de Filosofia, Letras e Ciências Humanas, Universidade de São Paulo.

CANDIDO, Antonio. *Ficção e confissão*: ensaio sobre a obra de Graciliano Ramos. Rio de Janeiro: J. Olympio, 1956. 83 p.

CANDIDO, Antonio. *Ficção e confissão*: ensaios sobre Graciliano Ramos. Rio de Janeiro: Editora 34, 1992. 108 p., il. Bibliografia: p. [110]-[111].

CARVALHO, Castelar de. *Ensaios gracilianos*. Rio de Janeiro: Ed. Rio, Faculdades Integradas Estácio de Sá, 1978. 133 p. (Universitária, 6).

CARVALHO, Elizabeth Pereira de. *O foco movente em Liberdade*: estilhaço e ficção em Silviano Santiago. Rio de Janeiro: UFRJ, 1992. 113 p. Dissertação (Mestrado) — Faculdade de Letras, Universidade Federal do Rio de Janeiro.

CARVALHO, Lúcia Helena de Oliveira Vianna. *A ponta do novelo*: uma interpretação da "mise en abîme" em *Angústia* de Graciliano Ramos. Niterói: UFF, 1978. 183 f. Dissertação (Mestrado) — Instituto de Letras, Universidade Federal Fluminense.

CARVALHO, Lúcia Helena de Oliveira Vianna. *A ponta do novelo*: uma interpretação de *Angústia*, de Graciliano Ramos. São Paulo: Ática, 1983. 130 p. (Ensaios, 96). Bibliografia: p. [127]-130.

CARVALHO, Lúcia Helena de Oliveira Vianna. *Roteiro de leitura*: *São Bernardo* de Graciliano Ramos. São Paulo: Ática, 1997. 152 p. Brochura.

CARVALHO, Luciana Ribeiro de. *Reflexos da Revolução Russa no romance brasileiro dos anos trinta*: Jorge Amado e Graciliano Ramos. São Paulo, 2000. 139 f. Dissertação (Mestrado) — Faculdade de Filosofia, Letras e Ciências Humanas, Universidade de São Paulo.

CARVALHO, Sônia Maria Rodrigues de. *Traços de continuidade no universo romanesco de Graciliano Ramos*. São Paulo: Universidade Estadual Paulista, 1990. 119 f. Dissertação (Mestrado) — Universidade Estadual Paulista Júlio Mesquita Filho.

CASTELLO, José Aderaldo. *Homens e intenções*: cinco escritores modernistas. São Paulo: Conselho Estadual de Cultura, Comissão de Literatura, 1959. 107 p. (Coleção Ensaio, 3).

CASTELLO, José Aderaldo. *A literatura brasileira*. Origens e Unidade (1500-1960). Dois vols. Editora da Universidade de São Paulo, SP, 1999. Graciliano Ramos, autor-síntese. Vol. II, p. 298-322.

CENTRE DE RECHERCHES LATINO-AMÉRICAINES. *Graciliano Ramos*: Vidas secas. [S.l.], 1972. 142 p.

CERQUEIRA, Nelson. *Hermenêutica e literatura*: um estudo sobre *Vidas secas* de Graciliano Ramos e *Enquanto agonizo* de William Faulkner. Salvador: Editora Cara, 2003. 356 p.

CÉSAR, Murilo Dias. *São Bernardo*. São Paulo: Imprensa Oficial do Estado, 1997. 64 p. Título de capa: *Adaptação teatral livre de São Bernardo, de Graciliano Ramos*.

[CINQUENTA] 50 anos do romance *Caetés*. Maceió: Departamento de Assuntos Culturais, 1984. 106 p. Bibliografia: p. [99]-100.

COELHO, Nelly Novaes. *Tempo, solidão e morte*. São Paulo: Conselho Estadual de Cultura, Comissão de Literatura, [1964]. 75 p. (Coleção Ensaio, 33). Conteúdo: O "eterno instante" na poesia de Cecília Meireles; Solidão e luta em Graciliano Ramos; O tempo e a morte: duas constantes na poesia de Antônio Nobre.

CONRADO, Regina Fátima de Almeida. *O mandacaru e a flor*: a autobiografia *Infância* e os modos de ser Graciliano. São Paulo:

Arte & Ciência, 1997. 207 p. (Universidade Aberta, 32. Literatura). Parte da dissertação do autor (Mestrado) — UNESP, 1989. Bibliografia: p. [201]-207.

CORRÊA JUNIOR, Ângelo Caio Mendes. *Graciliano Ramos e o Partido Comunista Brasileiro*: as memórias do cárcere. São Paulo, 2000. 123 p. Dissertação (Mestrado) — Faculdade de Filosofia, Letras e Ciências Humanas, Universidade de São Paulo.

COURTEAU, Joanna. *The World View in the Novels of Graciliano Ramos*. Ann Arbor: Univ. Microfilms Int., 1970. 221 f. Tese (Doutorado) — The University of Wisconsin. Ed. Fac-similar.

COUTINHO, Fernanda. *Imagens da infância em Graciliano Ramos e Antoine de Saint-Exupéry*. Recife: UFPE, 2004. 231 f. Tese (doutorado) — Centro de Artes e Comunicação, Universidade Federal de Pernambuco. Inclui bibliografia.

COUTINHO, Fernanda. *Imagens da infância em Graciliano Ramos e Antoine de Saint-Exupéry*. Fortaleza: Banco do Nordeste do Brasil, 2012. 276p. (Série Textos Nômades). Esta edição comemora os 120 anos de nascimento de Graciliano Ramos.

COUTINHO, Fernanda. *Lembranças pregadas a martelo*: breves considerações sobre o medo em *Infância* de Graciliano Ramos. In *Investigações*: Revista do Programa de Pós-graduação em Letras e Linguística da UFPE. Recife: vol. 13 e 14, dezembro, 2001.

CRISTÓVÃO, Fernando Alves. *Graciliano Ramos*: estrutura e valores de um modo de narrar. Rio de Janeiro: Ed. Brasília; Brasília: INL, 1975. 330 p. il. (Coleção Letras, 3). Inclui índice. Bibliografia: p. 311-328.

CRISTÓVÃO, Fernando Alves. *Graciliano Ramos*: estrutura e valores de um modo de narrar. 2ª ed., rev. Rio de Janeiro: Ed. Brasília/Rio, 1977. xiv, 247 p., il. (Coleção Letras). Bibliografia: p. 233-240.

CRISTÓVÃO, Fernando Alves. *Graciliano Ramos*: estrutura e valores de um modo de narrar. Prefácio de Gilberto Mendonça Teles. 3ª ed., rev. e il. Rio de Janeiro: J. Olympio, 1986. xxxiii, 374 p., il. (Coleção Documentos Brasileiros, 202). Bibliografia: p. 361-374. Apresentado originalmente como tese do autor (Doutorado em Literatura Brasileira) — Universidade Clássica de Lisboa. Brochura.

CRUZ, Liberto; EULÁLIO, Alexandre; AZEVEDO, Vivice M. C. *Études portugaises et brésiliennes*. Rennes: Faculté des Lettres et Sciences Humaines, 1969. 72 p. facsims. Bibliografia: p. 67-71. Estudo sobre: Júlio Dinis, Blaise Cendrars, Darius Milhaud e Graciliano Ramos. Travaux de la Faculté des Lettres et Sciences Humaines de l'Université de Rennes, Centre d'Études Hispaniques, Hispano-Américaines et Luso-Brésiliennes (Series, 5), (Centre d'Études Hispaniques, Hispano-américaines et Luso-Brésiliennes. [Publications], 5).

DANTAS, Audálio. *A infância de Graciliano Ramos*: biografia. Literatura infantojuvenil. São Paulo: Instituto Callis, 2005.

DIAS, Ângela Maria. *Identidade e memória*: os estilos Graciliano Ramos e Rubem Fonseca. Rio de Janeiro: UFRJ, 1989. 426 f. Tese (Doutorado) — Faculdade de Letras, Universidade Federal do Rio de Janeiro.

D'ONOFRIO, Salvatore. *Conto brasileiro*: quatro leituras (Machado de Assis, Graciliano Ramos, Guimarães Rosa, Osman Lins). Petrópolis: Vozes, 1979. 123 p.

DUARTE, Eduardo de Assis (Org.). *Graciliano revisitado*: coletânea de ensaios. Natal: Ed. Universitária, UFRN, 1995. 227 p. (Humanas letras).

ELLISON, Fred P. *Brazil's New Novel*: Four Northeastern Masters: José Lins do Rego, Jorge Amado, Graciliano Ramos [and] Rachel de Queiroz. Berkeley: University of California Press, 1954. 191 p. Inclui bibliografia.

ELLISON, Fred P. *Brazil's New Novel*: Four Northeastern Masters: José Lins do Rego, Jorge Amado, Graciliano Ramos, Rachel de Queiroz. Westport, Conn.: Greenwood Press, 1979 (1954). xiii, 191 p. Reimpressão da edição publicada pela University of California Press, Berkeley. Inclui índice. Bibliografia: p. 183-186.

FABRIS, M. "Função Social da Arte: Cândido Portinari e Graciliano Ramos". *Rev. do Instituto de Estudos Brasileiros*, São Paulo, n. 38, p. 11-19, 1995.

FARIA, Viviane Fleury. *Um fausto cambembe*: Paulo Honório. Tese (Doutorado) — Brasília: UnB, 2009. Orientação de Hermenegildo Bastos. Programa de Pós-Graduação em Literatura, UnB.

FÁVERO, Afonso Henrique. *Aspectos do memorialismo brasileiro*. São Paulo, 1999. 370 p. Tese (Doutorado) — Faculdade de Filosofia, Letras e Ciências Humanas, Universidade de São Paulo. Graciliano Ramos é um dos três autores que "figuram em primeiro plano na pesquisa, com *Infância* e *Memórias do cárcere*, duas obras de reconhecida importância dentro do gênero".

FELDMANN, Helmut. *Graciliano Ramos*: eine Untersuchung zur Selbstdarstellung in seinem epischen Werk. Genève: Droz, 1965. 135 p. facsims. (Kölner romanistische Arbeiten, n.F., Heft 32). Bibliografia: p. 129-135. Vita. Thesis — Cologne.

FELDMANN, Helmut. *Graciliano Ramos*: reflexos de sua personalidade na obra. [Tradução de Luís Gonzaga Mendes Chaves e José Gomes Magalhães.] Fortaleza: Imprensa Universitária do Ceará, 1967. 227 p. (Coleção Carnaúba, 4). Bibliografia: p. 221-227.

FELINTO, Marilene. *Graciliano Ramos*. São Paulo: Brasiliense, 1983. 78 p., il. "Outros heróis e esse Graciliano". Lista de trabalhos de Graciliano Ramos incluída em "Cronologia": p. 68-75. (Encanto Radical, 30).

FERREIRA, Jair Francelino; BRUNETI, Almir de Campos. *Do meio aos mitos*: Graciliano Ramos e a tradição religiosa. Brasília, 1999. Dissertação (Mestrado) — Universidade de Brasília. 94 p.

FISCHER, Luis Augusto; GASTAL, Susana; COUTINHO, Carlos Nelson (Org.). *Graciliano Ramos*. [Porto Alegre]: SMC, 1993. 80 p. (Cadernos Ponto & Vírgula). Bibliografia: p. 79-80.

FONSECA, Maria Marília Alves da. *Análise semântico-estrutural da preposição "de" em Vidas secas, S. Bernardo e Angústia*. Niterói: UFF, 1980. 164 f. Dissertação (Mestrado) — Instituto de Letras, Universidade Federal Fluminense.

FRAGA, Myriam. *Graciliano Ramos*. São Paulo: Moderna, 2007. Coleção Mestres da Literatura. (Literatura infantojuvenil).

FREIXIEIRO, Fábio. *Da razão à emoção II*: ensaios rosianos e outros ensaios e documentos. Rio de Janeiro: Tempo Brasileiro, 1971. 192 p. (Temas de Todo o Tempo, 15).

GARBUGLIO, José Carlos; BOSI, Alfredo; FACIOLI, Valentim. *Graciliano Ramos*. Participação especial, Antonio Candido [et al.]. São Paulo: Ática, 1987. 480 p., il. (Coleção Autores Brasileiros. Antologia, 38. Estudos, 2). Bibliografia: p. 455-480.

GIMENEZ, Erwin Torralbo. O olho torto de Graciliano Ramos: metáfora e perspectiva. *Revista USP*, São Paulo, n° 63, p. 186-196, set/nov, 2004.

GUEDES, Bernadette P. *A Translation of Graciliano Ramos' Caetes*. Ann Arbor: Univ. Microfilms Int, 1976. 263 f. Tese (Doutorado) — University of South Carolina. Ed. fac-similar.

GUIMARÃES, José Ubireval Alencar. *Graciliano Ramos*: discurso e fala das memórias. Porto Alegre: PUC/RS, 1982. 406 f. Tese (Doutorado) — Instituto de Letras e Artes, Pontifícia Universidade Católica do Rio Grande do Sul.

GUIMARÃES, José Ubireval Alencar. *Graciliano Ramos e a fala das memórias*. Maceió: [Serviços Gráficos de Alagoas], 1988. 305 p., il. Bibliografia: p. [299]-305.

GUIMARÃES, José Ubireval Alencar. *Vidas secas*: um ritual para o mito da seca. Maceió: EDICULTE, 1989. 160 p. Apresentado originalmente como dissertação de Mestrado do autor. — Pontifícia Universidade Católica do Rio Grande do Sul. Bibliografia: p. [155]-157.

HAMILTON JUNIOR, Russell George. *A arte de ficção de Graciliano Ramos*: a apresentação de personagens. Ann Arbor: Univ. Microfilms Int., 1965. Tese (Doutorado) — Yale University. Ed. fac-similar, 255 f.

HESSE, Bernard Hermann. *O escritor e o infante*: uma negociação para a representação em Infância. Brasília, 2007. Tese (Doutorado) — Orientação de Hermenegildo Bastos. Programa de Pós-graduação de Literatura — Universidade de Brasília.

HILLAS, Sylvio Costa. *A natureza interdisciplinar da teoria literária no estudo sobre Vidas secas*. Rio de Janeiro: UFRJ, 1999. 105 f. Dissertação (Mestrado) — Faculdade de Letras, Universidade Federal do Rio de Janeiro.

HOLANDA, Lourival. *Sob o signo do silêncio*: Vidas secas e O estrangeiro. São Paulo: EDUSP, 1992. 91 p. Bibliografia: p. [89]-91. (Criação & Crítica, 8).

LEBENSZTAYN, Ieda. *Graciliano Ramos e a Novidade*: o astrônomo do inferno e os meninos impossíveis. São Paulo: Ed. Hedra em parceria com a Escola da Cidade (ECidade), 2010. 524 p.

LEITÃO, Cláudio Correia. *Origens e fins da memória*: Graciliano Ramos, Joaquim Nabuco e Murilo Mendes. Belo Horizonte, 1997. 230 f. Tese (Doutorado) — Universidade Federal de Minas Gerais.

LEITÃO, Cláudio. *Líquido e incerto:* memória e exílio em Graciliano Ramos. Niterói: EdUFF, São João del Rei: UFSJ, 2003. 138 p.

LIMA, Valdemar de Sousa. *Graciliano Ramos em Palmeira dos Índios.* [Brasília]: Livraria-Editora Marco [1971]. 150 p., il. 2ª ed. Civilização Brasileira, 1980.

LIMA, Yêdda Dias; REIS, Zenir Campos (Coord.). *Catálogo de manuscritos do arquivo Graciliano Ramos.* São Paulo: EDUSP, [1992]. 206 p. (Campi, 8). Inclui bibliografia.

LINS, Osman. *Graciliano, Alexandre e outros.* Vitral ao sol. Recife, Editora Universitária da UFPE, p. 300-307, julho, 2004.

LOUNDO, Dilip. *Tropical rhymes, tropical reasons.* An Anthology of Modern Brazilian Literature. National Book Trust, Índia. Nova Délhi, 2001.

LUCAS, Fabio. *Lições de literatura nordestina.* Salvador: Fundação Casa de Jorge Amado, 2005. Coleção Casa de Palavras, 240 p. "Especificações de Vidas secas", p. 15-35, "A textualidade contida de Graciliano Ramos", p. 39-53, "Graciliano retratado por Ricardo Ramos", p. 87-98. Inclui bibliografia.

MAGALHÃES, Belmira. *Vidas secas:* os desejos de sinha Vitória. HD Livros Editora Curitiba, 2001.

MAIA, Ana Luiza Montalvão; VENTURA, Aglaeda Facó. *O contista Graciliano Ramos*: a introspecção como forma de perceber e dialogar com a realidade. Brasília, 1993. 111 f. Dissertação (Mestrado) — Universidade de Brasília.

MAIA, Pedro Moacir. *Cartas inéditas de Graciliano Ramos a seus tradutores argentinos Benjamín de Garay e Raúl Navarro.* Salvador: EDUFBA, 2008. 164 p.: il.

MALARD, Letícia. *Ensaio de literatura brasileira*: ideologia e realidade em Graciliano Ramos. Belo Horizonte: Itatiaia, [1976]. 164 p. (Coleção Universidade Viva, 1). Bibliografia: p. 155-164.

Apresentado originalmente como tese de Doutorado da autora — Universidade Federal de Minas Gerais, 1972.

MANUEL Bandeira, Aluisto [i.e. Aluisio] Azevedo, Graciliano Ramos, Ariano Suassuna: [recueil de travaux présentés au séminaire de 1974]. Poitiers: Centre de Recherches Latino-Américaines de l'Université de Poitiers, 1974. 167 p. (Publications du Centre de Recherches Latino-Américaines de l'Université de Poitiers). Francês ou português. Conteúdo: Roig, A. Manuel Bandeira, ou l'enfant père du poète, Garbuglio, J. C. Bandeira entre o Beco e Pasárgada, Vilhena, M. da C. Duas cantigas medievais de Manuel Bandeira, Mérian, J.-Y. Un roman inachevé de Aluisio Azevedo, Alvès, J. Lecture plurielle d'un passage de *Vidas secas*, David-Peyre, Y. Les personnages et la mort dans *Relíquias de Casa Velha*, de Machado de Assis, Moreau, A. Remarques sur le dernier acte de l'*Auto da Compadecida*, Azevedo-Batard, V. Apports inédits à l'oeuvre de Graciliano Ramos.

MARINHO, Maria Celina Novaes. *A imagem da linguagem na obra de Graciliano Ramos*: uma análise da heterogeneidade discursiva nos romances *Angústia* e *Vidas secas*. São Paulo: Humanitas, FFLCH/USP, 2000. 110 p. Apresentado originalmente como dissertação do autor (Mestrado) — Universidade de São Paulo, 1995. Bibliografia: p. [105]-110.

MAZZARA, Richard A. *Graciliano Ramos*. Nova York: Twayne Publishers, [1974]. 123 p. (Twayne's World Authors Series, TWAS 324. Brazil). Bibliografia: p. 121-122.

MEDEIROS, Heloísa Marinho de Gusmão. *A mulher na obra de Graciliano Ramos*. Maceió, Universidade Federal de Alagoas/ Depto de Letras Estrangeiras, 1994.

MELLO, Marisa Schincariol de. *Graciliano Ramos*: criação literária e projeto político (1930-1953). Rio de Janeiro, 2005. Dissertação

(Mestrado). História Contemporânea. Universidade Federal Fluminense (UFF).

MERCADANTE, Paulo. *Graciliano Ramos*: o manifesto do trágico. Rio de Janeiro: Topbooks, 1993. 167 p. Inclui bibliografia.

MIRANDA, Wander Melo. *Corpos escritos*: Graciliano Ramos e Silviano Santiago. São Paulo: EDUSP; Belo Horizonte: Editora UFMG, 1992. 174 p. Apresentado originalmente como tese do autor (Doutorado) — Universidade de São Paulo, 1987. Bibliografia: p. [159]-174.

MIRANDA, Wander Melo. *Graciliano Ramos*. São Paulo: Publifolha, 2004. 96 p.

MORAES, Dênis de. *O velho Graça*. Rio de Janeiro: J. Olympio, 1992. xxiii, 407 p., il. Subtítulo de capa: Uma biografia de Graciliano Ramos. Bibliografia: p. 333-354. Inclui índice. São Paulo: Boitempo Editorial, 2012. 2ª ed., 360 p.

MOTTA, Sérgio Vicente. *O engenho da narrativa e sua árvore genealógica*: das origens a Graciliano Ramos e Guimarães Rosa. São Paulo: UNESP, 2006.

MOURÃO, Rui. *Estruturas*: ensaio sobre o romance de Graciliano. Belo Horizonte: Edições Tendências, 1969. 211 p. 2ª ed., Arquivo, INL, 1971. 3ª ed., Ed. UFPR, 2003.

MUNERATTI, Eduardo. *Atos agrestes*: uma abordagem geográfica na obra de Graciliano Ramos. São Paulo, 1994. 134 p. Dissertação (Mestrado em Geografia Humana) — Faculdade de Filosofia, Letras e Ciências Humanas, Universidade de São Paulo.

MURTA, Elício Ângelo de Amorim. *Os nomes (próprios) em Vidas secas*. Concurso monográfico "50 anos de Vidas secas". Universidade Federal de Alagoas, 1987.

NASCIMENTO, Dalma Braune Portugal do. *Fabiano, herói trágico na tentativa do ser*. Rio de Janeiro: UFRJ, 1976. 69 f. Dissertação (Mestrado) — Faculdade de Letras, Universidade Federal do Rio de Janeiro.

NASCIMENTO, Dalma Braune Portugal do. *Fabiano, herói trágico na tentativa do ser*. Rio de Janeiro: Edições Tempo Brasileiro, 1980. 59 p. Bibliografia: p. 55-59.

NEIVA, Cícero Carreiro. *Vidas secas e Pedro Páramo*: tecido de vozes e silêncios na América Latina. Rio de Janeiro: UFRJ, 2001. 92 f. Dissertação (Mestrado) — Faculdade de Letras, Universidade Federal do Rio de Janeiro.

NERY, Vanda Cunha Albieri. *Graça eterno*. No universo infinito da criação. (Doutorado em Comunicação e Semiótica). Pontifícia Universidade Católica de São Paulo, 1995.

NEVES, João Alves das. *Graciliano Ramos*. Coimbra: Atlântida, 1963. 212 p.

NOGUEIRA, Ruth Persice. *Jornadas e sonhos*: a busca da utopia pelo homem comum: estudo comparativo dos romances *As vinhas da ira* de John Steinbeck e *Vidas secas* de Graciliano Ramos. Rio de Janeiro: UFRJ, 1994. 228 f. Tese (Doutorado) — Faculdade de Letras, Universidade Federal do Rio de Janeiro.

NUNES, M. Paulo. *A lição de Graciliano Ramos*. Teresina: Editora Corisco, 2003.

OLIVEIRA, Celso Lemos de. *Understanding Graciliano Ramos*. Columbia, S.C.: University of South Carolina Press, 1988. 188 p. (Understanding Contemporary European and Latin American Literature). Inclui índice. Bibliografia: p. 176-182.

OLIVEIRA NETO, Godofredo de. *A ficção na realidade em São Bernardo*. 1ª ed. Belo Horizonte: Nova Safra; [Blumenau]: Editora da FURB, c1990. 109 p., il. Baseado no capítulo da tese do autor (Doutorado — UFRJ, 1988), apresentado sob o título: *O nome e o verbo na construção de São Bernardo*. Bibliografia: p. 102-106.

OLIVEIRA, Jurema José de. *O espaço do oprimido nas literaturas de língua portuguesa do século XX*: Graciliano Ramos, Alves Redol e Fernando Monteiro de Castro Soromenho. Rio de Janeiro: UFRJ, 1998. 92 p. Dissertação (Mestrado) — Faculdade de Letras, Universidade Federal do Rio de Janeiro.

OLIVEIRA, Luciano. *O bruxo e o rabugento*. Ensaios sobre Machado de Assis e Graciliano Ramos. Rio de Janeiro: Vieira & Lent, 2010.

OLIVEIRA, Maria de Lourdes. *Cacos de Memória*: Uma leitura de *Infância*, de Graciliano Ramos. Belo Horizonte, 1992. 115 f. Dissertação (Mestrado) — Universidade Federal de Minas Gerais.

PALMEIRA DOS ÍNDIOS. Prefeitura. *Dois relatórios ao governador de Alagoas*. Apresentação de Gilberto Marques Paulo. Recife: Prefeitura da Cidade do Recife, Secretaria de Educação e Cultura, Fundação de Cultura Cidade do Recife, 1992. 44 p. "Edição comemorativa ao centenário de nascimento do escritor Graciliano Ramos (1892-1953)." Primeiro trabalho publicado originalmente: Relatório ao Governador do Estado de Alagoas. Maceió: Impr. Official, 1929. Segundo trabalho publicado originalmente: 2º Relatório ao Sr. Governador Álvaro Paes. Maceió: Impr. Official, 1930.

PEÑUELA CAÑIZAL, Eduardo. *Duas leituras semióticas*: Graciliano Ramos e Miguel Ángel Asturias. São Paulo: Perspectiva, Secretaria da Cultura, Ciência e Tecnologia do Estado de São Paulo, 1978. 88 p. (Coleção Elos, 21).

PEREGRINO JÚNIOR. *Três ensaios*: modernismo, Graciliano, Amazônia. Rio de Janeiro: São José, 1969. 134 p.

PEREIRA, Isabel Cristina Santiago de Brito; PATRIOTA, Margarida de Aguiar. *A configuração da personagem no romance de Graciliano Ramos*. Brasília, 1983. Dissertação (Mestrado) — Universidade de Brasília. 83 p.

PINTO, Rolando Morel. *Graciliano Ramos, autor e ator*. [São Paulo: Faculdade de Filosofia, Ciências e Letras de Assis, 1962.] 189 p. fac-sím. Bibliografia: p. 185-189.

PÓLVORA, Hélio. "O conto na obra de Graciliano." Ensaio p. 53-61. *Itinerários do conto: interfaces críticas e teóricas de modern short stories*. Ilhéus: Editus, 2002. 252 p.

PÓLVORA, Hélio. *Graciliano, Machado, Drummond e outros*. Rio de Janeiro: F. Alves, 1975. 158 p.

PÓLVORA, Hélio. "Infância: A maturidade da prosa." "Imagens recorrentes em *Caetés*." "O anti-herói trágico de *Angústia*." Ensaios, p. 81-104. *O espaço interior*. Ilhéus: Editora da Universidade Livre do Mar e da Mata, 1999. 162 p.

PUCCINELLI, Lamberto. *Graciliano Ramos*: relações entre ficção e realidade. São Paulo: Edições Quíron, 1975. xvii, 147 p. (Coleção Escritores de Hoje, 3). "Originalmente a dissertação de Mestrado Graciliano Ramos — figura e fundo, apresentada em 1972 na disciplina de Sociologia da Literatura à Faculdade de Filosofia, Letras e Ciências Humanas da Universidade de São Paulo." Bibliografia: p. 145-146.

RAMOS, Clara. *Cadeia*. Rio de Janeiro: J. Olympio, 1992. 213 p., il. Inclui bibliografia.

RAMOS, Clara. *Mestre Graciliano*: confirmação humana de uma obra. [Capa, Eugênio Hirsch]. Rio de Janeiro: Civilização Brasileira, 1979. 272 p., il. (Coleção Retratos do Brasil, 134). Inclui bibliografia.

RAMOS, Elizabeth S. *Histórias de bichos em outras terras*: a transculturação na tradução de Graciliano Ramos. Salvador: UFBA, 1999. Dissertação (Mestrado) — Instituto de Letras, Universidade Federal da Bahia.

RAMOS, Elizabeth S. *Vidas Secas e The Grapes of Wrath* — o implícito metafórico e sua tradução. Salvador: UFBA, 2003. 162 f.

Tese (Doutorado) — Instituto de Letras, Universidade Federal da Bahia.

RAMOS, Elizabeth S. *Problems of Cultural Translation in Works by Graciliano Ramos.* Yale University-Department of Spanish and Portuguese, Council on Latin American and Iberian Studies. New Haven, EUA, 2004.

RAMOS, Ricardo. *Graciliano*: retrato fragmentado. São Paulo: Globo, 2011. 2ª ed. 270 p.

REALI, Erilde Melillo. *Itinerario nordestino di Graciliano Ramos.* Nápoles [Itália]: Intercontinentalia, 1973. 156 p. (Studi, 4).

REZENDE, Stella Maris; VENTURA, Aglaeda Facó. *Graciliano Ramos e a literatura infantil.* Brasília, 1988. 101 p. Dissertação (Mestrado) — Universidade de Brasília.

RIBEIRO, Magdalaine. Infância de Graciliano Ramos. Autobiografia ou radiografia da realidade nordestina? In: *Identidades e representações na cultura brasileira.* Rita Olivieri-Gadot, Lícia Soares de Souza (Org.). João Pessoa: Ideia, 2001.

RIBEIRO, Maria Fulgência Bomfim. *Escolas da vida e grafias de má morte*: a educação na obra de Graciliano Ramos. Dissertação (Mestrado). Departamento de Letras e Artes, Universidade Estadual de Feira de Santana, 2003.

RISSI, Lurdes Theresinha. *A expressividade da semântica temporal e aspectual em S. Bernardo e Angústia.* Niterói: UFF, 1978. 142 f. Dissertação (Mestrado) — Instituto de Letras, Universidade Federal Fluminense.

SALLA, Thiago Mio. As marcas de um autor revisor: Graciliano Ramos à roda dos jornais e das edições de seus próprios livros. *Revista de Núcleo de Estudos do Livro e da Edição,* n. 5, p. 95-121. USP, 2015.

SALLA, Thiago Mio. *Graciliano Ramos e a Cultura Política*: mediação editorial e construção do sentido. São Paulo: Editora da

Universidade de São Paulo/ Fapesp, 2016. 584 p., il. Inclui bibliografia e índice onomástico.

SALLA, Thiago Mio. *Graciliano na terra de Camões*. Cotia, SP: Ateliê Editorial; São Paulo: Nankin, 2021.

SANT'ANA, Moacir Medeiros de. *A face oculta de Graciliano Ramos*. Maceió: Secretaria de Comunicação Social: Arquivo Público de Alagoas, 1992. 106 p., il. Subtítulo de capa: Os 80 anos de um inquérito literário. Inclui: "A arte e a literatura em Alagoas", do Jornal de Alagoas, publicado em 18/09/1910 (p. [37]-43). Inclui bibliografia.

SANT'ANA, Moacir Medeiros de. *Graciliano Ramos*: achegas bio-bibliográficas. Maceió: Arquivo Público de Alagoas, SENEC, 1973. 92 p., il. Inclui bibliografias.

SANT'ANA, Moacir Medeiros de. *Graciliano Ramos*: vida e obra. Maceió: Secretaria de Comunicação Social, 1992. 337 p., il. ret., fac-símiles. Dados retirados da capa. Bibliografia: p. 115-132.

SANT'ANA, Moacir Medeiros de. *Graciliano Ramos antes de Caetés*: catálogo da exposição biobibliográfica de Graciliano Ramos, comemorativa dos 50 anos do romance *Caetés*, realizada pelo Arquivo Público de Alagoas em novembro de 1983. Maceió: Arquivo Público de Alagoas, 1983. 42 p., il. Título de capa: Catálogo, Graciliano Ramos antes de Cahetés. Inclui bibliografia. Contém dados biográficos.

SANT'ANA, Moacir Medeiros de. *História do romance Caetés*. Maceió: Arquivo Público: Subsecretaria de Comunicação Social, 1983. 38 p., il. Inclui bibliografia.

SANT'ANA, Moacir Medeiros de. *O romance S. Bernardo*. Maceió: Universidade Federal de Alagoas, 1984. 25 p. "Catálogo da Exposição Bibliográfica 50 Anos de *S. Bernardo*" realizada pelo Arquivo Público de Alagoas em dezembro de 1984. Contém dados biográficos. Bibliografia: p. 17-25.

SANT'ANA, Moacir Medeiros de. *Vidas secas*: história do romance. Recife: Sudene, 1999. 150 p., il. "Bibliografia sobre *Vidas secas*": p. [95]-117.

SANTIAGO, Silviano. *Em liberdade*: uma ficção de Silviano Santiago. Rio de Janeiro: Paz e Terra, 1981. 235 p. (Coleção Literatura e Teoria Literária, 41).

SANTOS, Valdete Pinheiro. *A metaforização em Vidas secas*: a metáfora de base animal. Rio de Janeiro: UFRJ, 1979. 65 f. Dissertação (Mestrado) — Faculdade de Letras, Universidade Federal do Rio de Janeiro.

SÉMINAIRE GRACILIANO RAMOS, 1971, Poitiers. *Graciliano Ramos*: Vidas secas. Poitiers [França]: Centre de Recherches Latino-Américaines de l'Université de Poitiers, 1972. 142 p. (Publications du Centre de Recherches Latino-Américaines de l'Université de Poitiers). Seminários: fev.-jun. de 1971. Inclui bibliografia.

SERRA, Tânia Rebelo Costa. *Análise histórica de Vidas secas de Graciliano Ramos*. Brasília, 1980. 17 f.

SILVA, Bélchior Cornelio da. *O pio da coruja*: ensaios literários. Belo Horizonte: Ed. São Vicente, 1967. 170 p.

SILVA, Enaura Quixabeira Rosa e outros. *Angústia 70 anos depois*. Maceió: Ed. Catavento, 2006. 262 p.

SILVA, Hélcio Pereira da. *Graciliano Ramos*: ensaio crítico-psicanalítico. Rio de Janeiro, Aurora, 1950. 134 p., 2ª ed. rev., Ed. G. T. L., 1954.

SILVEIRA, Paulo de Castro. *Graciliano Ramos*: nascimento, vida, glória e morte. Maceió: Fundação Teatro Deodoro, 1982. 210 p.: il.

SOUZA, Tânia Regina de. *A infância do velho Graciliano*: memórias em letras de forma, Florianópolis: Editora da UFSC, 2001.

STEGAGNO-PICCHIO, Luciana. *História da literatura brasileira*. Rio de Janeiro: Nova Aguilar, 2ª ed., 2004. 744 p. "O Nordeste em ponta seca: Graciliano Ramos." p. 531-533. Inclui bibliografia.

TÁTI, Miécio. "Aspectos do romance de Graciliano Ramos". *Temário — Revista de Literatura e Arte*, Rio de Janeiro, v. 2, n. 4, p. 1-19, jan.-abr., 1952.

UNIVERSIDADE DE BRASÍLIA. *Roteiro de Vidas secas*: seminário sobre o livro de Graciliano Ramos e o filme de Nelson Pereira dos Santos. Brasília, 1965. 63 p.

UNIVERSITÉ DE POITIERS. *Manuel Bandeira, Aluísio Azevedo, Graciliano Ramos, Ariano Suassuna*. Poitiers, 1974. Texto em francês e português. 167 p.

VENTURA, Susanna Ramos. *Escritores revisitam escritores*: a leitura de Fernando Pessoa e Ricardo Reis, por José Saramago, e de Graciliano Ramos e Cláudio Manuel da Costa, por Silviano Santiago. São Paulo, 2000. 194 p. Anexos. Dissertação (Mestrado) — Faculdade de Filosofia, Letras e Ciências Humanas, Universidade de São Paulo.

VERDI, Eunaldo. *Graciliano Ramos e a crítica literária*. Prefácio de Edda Arzúa Ferreira. Florianópolis: Ed. da UFSC, 1989. 184 p., il. Apresentado originalmente como dissertação de Mestrado do autor — Universidade Federal de Santa Catarina, 1983. Bibliografia: p. 166-180.

VIANA, Vivina de Assis. *Graciliano Ramos*. São Paulo: Nova Cultural, 1990. 144 p.

VIANNA, Lúcia Helena. *Roteiro de leitura*: *São Bernardo* de Graciliano Ramos. São Paulo: Ática, 1997. 152 p., il.

ZILBERMAN, Regina. *São Bernardo e os processos da comunicação*. Porto Alegre: Movimento, 1975. 66 p. (Coleção Augusto Meyer: Ensaios, 8). Inclui bibliografia.

Produções cinematográficas

Vidas secas — Direção de Nelson Pereira dos Santos, 1963.
São Bernardo — Direção, adaptação e roteiro de Leon Hirszman, 1972.
Memórias do cárcere — Direção de Nelson Pereira dos Santos, 1983.

Produção para rádio e TV

São Bernardo — novela em capítulos baseada no romance, adaptado para a Rádio Globo do Rio de Janeiro por Amaral Gurgel, em 1949.

São Bernardo — Quarta Nobre baseada no romance, adaptado em um episódio para a TV Globo por Lauro César Muniz, em 29 de junho de 1983.

A terra dos meninos pelados — musical infantil baseado na obra homônima, adaptada em quatro episódios para a TV Globo por Cláudio Lobato e Márcio Trigo, em 2003.

Graciliano Ramos — Relatos da Sequidão. DVD — Vídeo. Direção, roteiro e entrevistas de Maurício Melo Júnior. TV Senado, 2010.

Prêmios literários

Prêmio Lima Barreto, pela Revista Acadêmica (conferido a *Angústia*, 1936).

Prêmio de Literatura Infantil, do Ministério da Educação (conferido a *A terra dos meninos pelados*, 1937).

Prêmio Felipe de Oliveira (pelo conjunto da obra, 1942).

Prêmio Fundação William Faulkner (conferido a *Vidas secas*, 1962).

Por iniciativa do governo do Estado de Alagoas, os Serviços Gráficos de Alagoas S.A. (SERGASA) passaram a se chamar, em 1999, Imprensa Oficial Graciliano Ramos (Iogra).

Em 2001 é instituído pelo governo do Estado de Alagoas o ano Graciliano Ramos, em decreto de 25 de outubro. Neste mesmo ano, em votação popular, Graciliano é eleito o alagoano do século.

Medalha Chico Mendes de Resistência, conferida pelo grupo Tortura Nunca Mais, em 2003.

Prêmio Recordista 2003, Categoria Diamante, pelo conjunto da obra.

Exposições

Exposição Graciliano Ramos, 1962, Rio de Janeiro, Biblioteca Nacional.

Exposição Retrospectiva das Obras de Graciliano Ramos, 1963, Curitiba (10º aniversário de sua morte).

Mestre Graça: "Vida e Obra" — comemoração ao centenário do nascimento de Graciliano Ramos, 1992. Maceió, Governo de Alagoas.

Lembrando Graciliano Ramos — 1892-1992. Seminário em homenagem ao centenário de seu nascimento. Fundação Cultural do Estado da Bahia. Salvador, 1992.

Semana de Cultura da Universidade de São Paulo. Exposição Interdisciplinar Construindo Graciliano Ramos: *Vidas secas*. Instituto de Estudos Brasileiros/USP, 2001-2002.

Colóquio Graciliano Ramos — Semana comemorativa de homenagem pelo cinquentenário de sua morte. Academia de Letras da Bahia, Fundação Casa de Jorge Amado. Salvador, 2003.

Exposição O Chão de Graciliano, 2003, São Paulo, SESC Pompeia. Projeto e curadoria de Audálio Dantas.

Exposição O Chão de Graciliano, 2003, Araraquara, SP. SESC — Apoio UNESP. Projeto e curadoria de Audálio Dantas.

Exposição O Chão de Graciliano, 2003/04, Fortaleza, CE. SESC e Centro Cultural Banco do Nordeste. Projeto e curadoria de Audálio Dantas.

Exposição O Chão de Graciliano, 2003, Maceió, SESC São Paulo e Secretaria de Cultura do Estado de Alagoas. Projeto e curadoria de Audálio Dantas.

Exposição O Chão de Graciliano, 2004, Recife, SESC São Paulo, Fundação Joaquim Nabuco e Banco do Nordeste. Projeto e curadoria de Audálio Dantas.
4º Salão do Livro de Minas Gerais. Graciliano Ramos — 50 anos de sua morte, 50 anos de *Memórias do cárcere*, 2003. Câmara Brasileira do Livro. Prefeitura de Belo Horizonte.
Entre a morte e a vida. Cinquentenário da morte: Graciliano Ramos. Centenário do nascimento: Domingos Monteiro, João Gaspar Simões, Roberto Nobre. Exposição Bibliográfica e Documental. Museu Ferreira de Castro. Portugal, 2003.
Exposição Conversas de Graciliano Ramos, 2014, São Paulo, Museu da Imagem e do Som. Projeto e curadoria de Selma Caetano.
Exposição O Cronista Graciliano, 2015, Rio de Janeiro, Arte SESC. Projeto e curadoria de Selma Caetano.

Home page
www.graciliano.com.br
www.gracilianoramos.com.br

Este livro foi composto na tipografia
Minion Pro, em corpo 11,5/17,5, e impresso em
papel off-white no Sistema Digital Instant Duplex
da Divisão Gráfica da Distribuidora Record.